GTB
Gütersloher Taschenbücher
1323

Peter L. Berger

geboren 1929, ist Professor für Soziologie an der Boston University.
Bekannt geworden ist Berger durch seinen Klassiker
Die gesellschaftliche Konstruktion der Wirklichkeit
(zus. mit Thomas Luckmann).

Peter L. Berger

SEHNSUCHT NACH SINN
Glauben in einer Zeit
der Leichtgläubigkeit

Gütersloher Verlagshaus

Die Originalausgabe erschien 1992 im Verlag The Free Press, New York,
unter dem Titel
A far Glory. The Quest for Faith in an Age of Credulity.
© 1992 by Peter L. Berger

Die Deutsche Bibliothek- CIP-Einheitsaufnahme

Berger, Peter L.:
Sehnsucht nach Sinn: Glauben in einer Zeit der Leichtgläubigkeit/
Peter L. Berger. Aus dem Engl. von Hanne Herkommer.–1. Aufl.–
Gütersloh: Gütersloher Verl.-Haus, 1999
(Gütersloher Taschenbücher ; 1323)
Einheitssacht.: A far glory <dt.>
ISBN 3-579-01323-8

ISBN 3-579-01323-8
1. Auflage der Taschenbuchausgabe, Gütersloher Verlagshaus, Gütersloh 1999

Lizenzausgabe mit freundlicher Genehmigung des Campus Verlages,
Frankfurt/New York
© der deutschsprachigen Ausgabe: Campus Verlag, Frankfurt/New York 1994

Das Werk einschließlich aller seiner Teile ist urheberrechtlich geschützt. Jede
Verwertung außerhalb der engen Grenzen des Urheberrechtsgesetzes ist
ohne Zustimmung des Verlages unzulässig und strafbar. Das gilt insbesondere für
Vervielfältigungen, Übersetzungen, Mikroverfilmungen und die Einspeicherung
und Verarbeitung in elektronischen Systemen.

Umschlaggestaltung: INIT, Bielefeld
Gesamtherstellung: Clausen & Bosse, Leck
Gedruckt auf chlorfrei gebleichtem Werkdruckpapier

Printed in Germany

INHALT

Teil I
Der Zusammenhang von Religion und Gesellschaft

Prolog: Die verschiedenen Torheiten 9
1. Säkularisierung und Pluralismus 31
2. Religion und Kulturkonflikt im heutigen Amerika . . . 53
3. Der Westen und seine Herausforderung durch den
   kulturellen Pluralismus 69

Teil II
Die Gläubigen und ihr Glaube

4. Der einsame Gläubige 87
Exkurs: Robert Musil und die Errettung des Ich 111
5. Der Glaubensakt 128
6. Der eine Gott, an den wir glauben 149

Teil III
Die Konsequenzen des Glaubens für den Gläubigen

7. Die Frage der Kirchenzugehörigkeit 173
8. Das Problem moralischen Handelns 195
Epilog: Die Last des Schweigens 217

Danksagung 223

TEIL I

DER ZUSAMMENHANG VON RELIGION UND GESELLSCHAFT

PROLOG

DIE VERSCHIEDENEN TORHEITEN

Im Zentrum der nachfolgenden Überlegungen steht eine Passage aus dem Ersten Brief des Apostels Paulus an die Korinther:

»*Denn das Wort vom Kreuz ist eine Torheit denen, die verloren werden; uns aber, die wir selig werden, ist's eine Gotteskraft. Denn es steht geschrieben:* ›*Ich will zunichte machen die Weisheit der Weisen, und den Verstand der Verständigen will ich verwerfen.*‹
  Wo sind die Klugen? Wo sind die Schriftgelehrten? Wo sind die Weltweisen? Hat nicht Gott die Weisheit dieser Welt zur Torheit gemacht? Denn dieweil die Welt durch ihre Weisheit Gott in seiner Weisheit nicht erkannte, gefiel es Gott wohl, durch törichte Predigt selig zu machen die, so daran glauben.
  Sintemal die Juden Zeichen fordern und die Griechen nach Weisheit fragen, wir aber predigen den gekreuzigten Christus, den Juden ein Ärgernis und den Griechen eine Torheit; denen aber, die berufen sind, Juden und Griechen, predigen wir Christum, göttliche Kraft und göttliche Weisheit. Denn die göttliche Torheit ist weiser, als die Menschen sind; und die göttliche Schwachheit ist stärker, als die Menschen sind.« (1. Korinther 1, 18–25)

Bibeltexte künden oftmals von Zeiten und Orten, die uns so fern sind, daß wir Mühe haben, sie uns konkret vorzustellen oder uns gar in sie zurückzuversetzen. Eine Schwierigkeit, die im Falle der Paulus-Briefe sehr viel geringer ist, mutet die spätgriechische Welt, aus der diese Episteln stammen und an die sie gerichtet sind, mit ihren hochentwickelten, wohlhabenden, kosmopolitischen, pluralistischen und nicht wenig libertären Stadtstaaten doch recht modern an. Korinth dürfte uns, würden wir mittels Zeitmaschine dorthin zurückkatapultiert, durchaus vertraut erscheinen: als eine quirlige Hafen- und Provinzhauptstadt mit einem lebhaften Handel, einer ethnisch wie religiös heterogenen Bevölkerung und (neben anderen Dingen) einer blühenden Sex-Industrie. Und wenn die Gemeinde, an die Paulus schrieb, auch nicht gerade die Oberklasse der Metropole darstellte, sondern ihre Mitglieder aller Wahrscheinlichkeit nach zumeist einer Schicht angehörten, die wir heute als untere Mittelschicht bezeichnen würden, so durften diese Gemeindemitglieder doch das Gefühl haben, Teil eines wichtigen, »weltweisen« Zentrums zu sein. Denn auch sie partizipierten, zumindest mittelbar, an der »Weisheit der Welt«. So gesehen muß ihnen der Apostel als ein recht sonderbarer Kauz erschienen sein und seine Botschaft als noch sonderbarer. Was er den Korinthern schreibt, läßt erkennen, daß er sich dieser Tatsache voll bewußt war.

Der Historiker Michael Grant bezeichnet ihn in der Einleitung zu seiner Paulus-Biographie als einen der »weltgeschichtlich wichtigsten und bedeutendsten Männer, die jemals gelebt haben«. Eine Feststellung, deren Gültigkeit sich überzeugend nachweisen läßt, und zwar nicht auf der Basis einer theologischen Prämisse, sondern als sachlich begründete historische Wertung. Es war Paulus, der aus einer obskuren jüdischen Konfession eine Weltreligion machte, die dem Gang der Geschichte eine entscheidende Wendung gab. Aus den verfügbaren Quellen geht hervor, daß er ein außergewöhnlicher Mann gewesen sein muß – ein Mann von großer Gelehrsamkeit und geistiger Brillanz, ein begnadeter Redner und eine starke Persönlichkeit, die sich nicht zuletzt durch einen ehrfurchtgebietenden Mut auszeichnete. Trotz dieser Qualitäten, die den korinthischen Christen gewiß nicht verborgen blieben, dürfte Paulus von den Gebildeten seiner Zeit kaum als eine gewinnende Lichtgestalt wahrgenommen worden sein, sondern sie eher, vorsichtig ausgedrückt, in eine erhebliche Verwirrung und Verlegenheit gestürzt haben. Von seiner Mission besessen, war er unbeugsam und aggressiv in seinen religiösen Anschauungen, despotisch und autoritär im Umgang mit anderen Menschen und – dazuhin – von einer Krankheit befallen, über die wir zwar nichts Genaueres wissen, die aber seine soziale Wertschätzung nicht eben gesteigert haben dürfte. Nachzuvollziehen, welche Etikettierungen auf den Cocktail-Parties der korinthischen Elite (sofern sie überhaupt von ihm Kenntnis nahm) und in den Kneipen, in denen seine kleinbürgerliche Klientel sich versammelte, zu seiner Beschreibung aufgeboten wurden, ist nicht schwer – sie dürften gereicht haben von »fundamentalistisch« über »vergröbernd«, »zwanghaft«, »dringt zu sehr auf andere Menschen ein«, »nimmt die Argumente der Gegenseite überhaupt nicht zur Kenntnis« bis zu der Feststellung: »spinnt wohl ein bißchen« – alles in allem: ein wenig liebenswürdiger Fanatiker.

Dennoch ist klar, daß der Hauptgrund für die Verwirrung und die Verlegenheit, die er auslöste, nicht der Mann als Person, sondern seine Botschaft war: das von ihm gepredigte »Wort vom Kreuz«, welches Juden wie Nichtjuden als skandalöse Torheit erschien, als ein Angriff auf die Weisheit der Gebildeten und den gesunden Menschenverstand des einfachen Bürgers. Natürlich sind Weisheit und common sense zu Paulus' Zeiten nicht identisch mit der Weisheit und dem gesunden Menschenverstand unserer Tage, auch wenn wir uns der hellenischen Welt wesensverwandt fühlen. Um die Abartigkeit von Paulus' Botschaft für die damaligen Adressaten einigermaßen einschätzen zu können, sollten wir deshalb die Diskrepanzen von damals in unsere heutige Sprache »übersetzen«. Nehmen wir irgend etwas, das in unserem unmittelbaren Umfeld als wissenschaftlich gesichertes Wissen oder als selbstverständlich im Sinne des gesunden Menschenverstandes gilt, und versuchen wir, uns unsere Reaktion auf jemanden vorzustellen, der selbstsicher und aggressiv das Gegenteil behauptet.

<u>Paulus' »Wort vom Kreuz« ist ohne Zweifel das Herzstück des Evangeliums</u>. Sein Inhalt: Gott kam in die Welt in der unwahrscheinlichen Gestalt eines kleinstädtischen Zimmermanns, der sich in einen Wanderprediger verwandelte, welcher als Rechtsbrecher verurteilt, geschmäht, verraten, getötet und begraben wurde –

und welcher dann, in einem Augenblick, der die irdische Wirklichkeit in ihrer gesamten Struktur veränderte, von den Toten auferstand, um die höchste Macht im Universum und damit Herr und Gebieter über alle Menschenschicksale zu werden. Die Menschen waren und sind, damals wie heute, relativ willig, wenn es darum geht, Rettergestalten, die Erlösung von den Übeln des menschlichen Daseins versprechen, anzuerkennen. Es ist das »Kreuz«, das ihnen die Botschaft vergällt, das zum »Stein des Anstoßes« für sie wird und das sie nur als törichte »Verrücktheit« wahrnehmen können. Es ist dieses Kreuzmotiv in der christlichen Lehre, welches die Theologen als *kénosis*, als Selbstentäußerung und Erniedrigung Gottes, bezeichnet haben: Derselbe allmächtige Gott, der diese Welt und alle möglichen Welten erschaffen hat, hat Gestalt und Schicksal eines einfachen Mannes an- und auf sich genommen, eines Mannes gar, der die qualvollsten Heimsuchungen des Verrats, der Folter, der Verzweiflung und des Todes erlitt. Niemand, ob Jude oder Nichtjude, hätte sich über die Feststellung gewundert, Gottes Macht sei größer als die Macht der Menschen; Paulus' skandalöse Behauptung bestand darin, daß er sagte, es sei die *Schwäche* Gottes, in der sich seine wahre Stärke offenbare, die Kraft, über Sünde und Tod zu triumphieren, eingeschlossen.

Die Juden zu Paulus' Zeiten sahen der Ankunft des Messias, eines wundertätigen Erlösers, der den Leiden des von Gott auserwählten Volkes ein Ende setzen und ein Reich vollkommener Gerechtigkeit errichten würde, erwartungsvoll und freudig entgegen. Der »Stein des Anstoßes« bestand für sie in der in ihren Augen wahrhaft schändlichen Behauptung, die messianischen Erwartungen und Hoffnungen der jüdischen Überlieferung erfüllten sich in diesem Jesus von Nazareth, von dem sie entweder nie etwas gehört hatten oder der, sofern sie von ihm wußten, vor mehr als zehn Jahren eines obskuren Todes gestorben war. Unter den Nichtjuden waren Erlöserkulte damals keine Besonderheit, und Korinth scheint kein übermäßig religiöser Ort gewesen zu sein (Handelszentren sind dies selten). Hans Conzelmann, Erforscher und Kenner des Neuen Testaments, beschreibt Korinth als »einen völlig normalen griechisch-römischen Stadtstaat«, allerdings ohne die

Kultstätten zu erwähnen, die den in der Antike so beliebten Gottheiten Isis und Serapis geweiht waren; ob es andere Religionen am Ort gab, können wir nicht mit Sicherheit sagen. Es waren immer sehr starke, sehr mächtige Wesen, die verehrt und angebetet wurden – schließlich ist es ihre Macht und ihre Stärke, welche Götter und Göttinnen zu dem machen, was sie sind –, und die neu importierten Kulte taten sich besonders dadurch hervor, daß sie ihren Anhängern ein Heilsangebot machten, welches das Versprechen auf ein ewiges Leben einschloß. Die »Verrücktheit« in den Augen auch der Nichtjuden bestand, noch einmal sei's gesagt, im Kern der paulinischen Botschaft – nämlich der tiefen Erniedrigung des Erlösers als der notwendigen Voraussetzung für seinen Triumph. Zweifellos gab es auch andere fremdartige Aspekte in dem von Paulus gepredigten Christentum, doch dürfte dieser Punkt am meisten Anstoß erregt haben.

Zur Christengemeinde von Korinth dürften Menschen jüdischer wie auch nichtjüdischer Herkunft gehört haben, Menschen, die auch nach ihrer Bekehrung zeitlebens unter den Diskrepanzen zwischen ihrem neuen Glauben und den Grundannahmen ihrer Kultur gelitten haben müssen. Die von modernen Psychologen so genannte »kognitive Dissonanz« – jene schmerzliche Nichtübereinstimmung dessen, was wir glauben, mit dem, was andere mit großer Selbstsicherheit behaupten – muß ihnen schwer zu schaffen gemacht haben. Soweit wir wissen, hat sich die menschliche Natur im Lauf der Geschichte nicht wesentlich verändert, so daß wohl die korinthischen Christen das gleiche taten, was Menschen in dieser Lage auch heute noch tun – sie versuchten die Dissonanz zu *verringern*. Sie mußten also einen Weg finden, die Unstimmigkeiten und Widersprüche zwischen dem Evangelium und ihrer Kultur zu vermindern, das Evangelium irgendwie an die »Weisheit der Welt« anzupassen und es so als *weniger* »verrückt« erscheinen zu lassen.

Aus Paulus' Brief geht hervor, daß es eine Reihe von Häresien in der korinthischen Gemeinde gab, die er mißbilligte. Die Neutestamentler sind sich zwar nicht einig, wenn es darum geht, diese Häresien im einzelnen zu benennen; ein großer Teil neigt jedoch der Auffassung zu, daß es Lehren gab, die auf das hinausliefen, was später als Gnostizismus bezeichnet wurde, jene ingeniöse Synthese aus christlicher Lehre und verschiedenen asiatischen Erlösungskulten, die der »kenotischen« Dimension des Evangeliums einiges von ihrem Gewicht nahm. Wie dem auch sei, auf jeden Fall dürften die korinthischen Häresien den Versuch dargestellt haben, die anstoßerregenden Widersinnigkeiten der christlichen Botschaft einigermaßen zu entschärfen, ihr den Ruch der Spinnerei zu nehmen und sie etwas mehr in Einklang mit den gewohnten kulturellen Werten zu bringen. Anders ausgedrückt, Paulus sah sich, um einen modernen römisch-katholischen Terminus zu gebrauchen, einer frühen Form von »aggiornamento« gegenüber, was wörtlich genommen nichts anderes bedeutet als das Bestreben, die christliche Lehre zu modernisieren, sie auf den neuesten Stand zu bringen. Die Protestanten bedienen sich einer anderen Terminologie, wenn sie solcherlei Anpassungen an den jeweils herrschenden Zeitgeist empfehlen – sie sprechen davon, daß es gelte, dem Christentum »mehr Relevanz« zu verleihen, die Kirche »auf die richtige Seite der Geschichte zu ziehen« und ähnliches.

Der Apostel beklagt den Zwist zwischen verschiedenen Gruppierungen innerhalb der korinthischen Christengemeinde, die sich augenscheinlich um Glaubensinterpretationen streiten. Er konstatiert eine Gruppe, die von sich sagt, sie folge ihm, Paulus, nach, zwei andere Gruppierungen, die sich Apollon bzw. Kepheus verbunden fühlen, und eine weitere Strömung, die (in grotesker Demut) schlichtweg behauptet, sie »gehöre Christus an«. Diese Gruppierung war möglicherweise die erste in der Geschichte der Kirche, die sich selbst zu den einzig »wahren Christen« erklärt hat – im Gegensatz zu den vielen anderen, die, so die logische Konsequenz, allesamt falsche oder schlechte Christen sind. Man fühlt sich daran erinnert, wie eine Reihe moderner, zum Teil winziger Sekten den Begriff »Christ« verwenden; das soll uns jedoch nicht daran hindern, uns in die dogmatischen Gruppierungen Korinths einzufühlen. Da gibt es natürlich den hochlöblichen Professor Apoll, der am MIT oder in Harvard lehrt, und die Intellektuellenberühmtheit Kepheus, die in allen wichtigen Zeitschriften publiziert und allwöchentlich ihren Auftritt in TV-Sendungen hat; da gibt es die Apollinier, die Neoapollinier und die Postapollinier – und da gibt es Stiftungen, die mit beträchtlichen Geldsummen die eine oder die andere Seite in ihrem Streit miteinander unterstützen. Jede Gruppierung behauptet von sich, den Zeitgeist gepachtet zu haben und die allein maßgebende Gruppe, wenn nicht gar das einzige Sprachrohr »der Weisheit der Welt« zu sein. Und was besonders wichtig ist, da gibt es ganze Heerscharen von christlichen Lehrern, Klerikern und Laien, die allein damit beschäftigt sind, die Glaubenslehre auf den letzten Stand apollinischer und kepheischer Weisheit zu bringen.

Soziologisch gesprochen: Jede menschliche Gesellschaft hat ihren eigenen Korpus von offiziell anerkannten Weisheiten, d. h. von Überzeugungen und Werten, die den meisten ihrer Mitglieder als selbstverständlich und wahr gelten. Jede Gesellschaft hat dazuhin Institutionen und Funktionäre, deren Aufgabe darin besteht, diesen Kanon von Wahrheiten zu repräsentieren, sie der nächsten Generation zu vermitteln, sie in Ritualen immer wieder zu bekräftigen und sich bisweilen (zumindest verbal) mit denen auseinanderzusetzen, die dumm oder boshaft genug sind, diese Wahrheiten in Frage zu stellen. In den meisten uns bekannten Gesellschaften war diese Aufgabe insofern leicht zu bewältigen, als es jeweils nur ein Glaubens- und Wertesystem, eine einheitliche und kohärente Weltanschauung gab, die jeder kannte und die fast jeder für selbstverständlich nahm. Nicht so in den modernen Gesellschaften, in denen, genau wie in der hellenischen Welt, der vorherrschende Pluralismus die Situation erheblich komplizierter macht: Statt eines einzigen allumfassenden Weltverständnisses gibt es hier verschiedene Glaubens- und Wertesysteme, die miteinander konkurrieren. Diese Situation verlangt den Menschen in der Regel zwar ein gewisses Maß an Toleranz ab, sie verschärft aber auch die kognitiven Dissonanzen und führt so ein Element des Fanatismus in den Streit um die Wahrheit ein. Dieses Nebeneinander von Toleranz und Fanatismus ist ein wichtiges Merkmal modernen amerikanischen Lebens, doch ist es zu früh, bereits jetzt näher darauf einzugehen. Der Punkt hier ist, daß die verschiedenen Versuche von Christen, sich an die »Weisheit der Welt« anzupassen, in dieser Situation zu einem schwierigen, hilflosen, wenn nicht gar lächerlichen Unterfangen werden: Jedesmal, wenn man es mit viel Mühe gerade geschafft hat, sich der herrschenden Kultur anzunähern, ändert diese erneut ihre Richtung, wandelt sie sich. Der anglikanische Theologe W. R. Inge drückt dies so aus: »Wer den Zeitgeist heiratet, findet sich bald als Witwer wieder.«

Und dennoch ist es so, daß bestimmte Überzeugungen und Werte auch in einer von Pluralismus und raschem kulturellen Wandel geprägten Situation allgemein geteilt werden und zumindest eine Zeitlang (sagen wir für ein paar Generationen) ihre Geltung behalten. Die moderne Wissenschaft hat einige elementare Einsichten dieser Art hervorgebracht, und die moderne Technik hat dafür gesorgt, daß sie von allen Menschen anerkannt werden können, auch von denen, die nur wenig von Wissenschaft verstehen. Andere Überzeugungen und Wertvorstellungen dagegen sind je nach Schichtzugehörigkeit, Bildung, ethnischer Herkunft und anderen Faktoren sehr viel ungleicher verteilt. Dies gilt vor allem für moralische und politische Werte, deren Verankerung mittels wissenschaftlicher Methoden sehr viel schwerer zu bewerkstelligen ist und die, sollen sie sich allgemein durchsetzen, vor allem der sozialen Anerkennung bedürfen. So kann ein moderner Mensch mit der Behauptung, die Erde sei wirklich eine Kugel oder ein entzündeter Blinddarm lasse sich mittels Chirurgie kurieren, sehr viel gelassener umgehen als mit der moralischen Feststellung, Abtreibung sei (bzw. sei nicht) Mord, oder mit der politischen Aussage, die Reagan-Präsidentschaft habe (bzw. habe nicht) der amerikanischen Demokratie erst voll zum Durchbruch verholfen. Fazit: Manche Auffassungen gelten praktisch allen Mitgliedern der Gesellschaft als »verrückt«, während andere – je nach sozialem Milieu – den einen als gesichertes Wissen und den anderen als riesige Dummheit erscheinen.

Unsere pluralistische Kultur versetzt diejenigen, die das Christentum »modernisieren« möchten, in einen Zustand permanenter Nervosität. Die »Weisheit der Welt«, die ihnen bei der erstrebten Modifizierung der religiösen Tradition als Richtmaß dient, hat je nach dem sozialen Ort sehr unterschiedliche Erscheinungsformen, und, was noch schlimmer ist, selbst an ein und demselben Ort wandelt sie sich, und oftmals sogar sehr schnell. Da so gesehen jede neue Theologie zeit- und ortsgebunden und damit vergänglich ist, sollte sie mit einem Etikett versehen sein, auf dem der Ort ihrer Gültigkeit ebenso vermerkt ist wie ihr Verfallsdatum. Vielleicht ist »Verrücktheit« für Menschen, die eine Zeitlang in dieser Weise hinter dem Zeitgeist hergejagt sind, gar keine so unattraktive Alternative mehr.

Der verläßlichste aller soziologischen Indikatoren für die Anschauungen und Prinzipien von Menschen ist die Schichtzugehörigkeit. Schon die Kenntnis von Beruf und Einkommen (die Hauptdeterminanten von Schichtzugehörigkeit) erlauben eine Vielzahl von Voraussagen hinsichtlich der Überzeugungen eines Individuums (religiöse und moralische eingeschlossen), seiner politischen Einstellung einschließlich seiner vermeintlich privatesten Angelegenheiten (wie z. B. sexuelle Praktiken). So legt z. B. ein Professor oder eine Professorin für englische Literatur mit mittlerem Einkommen die Prognose nahe, daß er bzw. sie vermutlich keiner Kirche angehört, politisch liberal ist, die Demokratische Partei wählt, ein benzinsparendes ausländisches Auto fährt und Schwangerschaftsabbrüche billigt. Diese Prognose kann sich im konkreten Einzelfall als falsch erweisen: So könnte sich dieser Professor oder diese Professorin als ein(e) Dekonstruktivist(in) aus Harvard entpuppen, der/die nicht nur ein(e) strenge(r) Protestant(in) und glühende(r) Republikaner(in) ist, sondern auch mit einem gebrauchten Cadillac von einer Umweltschutzkonferenz zur andern fährt. Als Soziologe muß ich einräumen, daß es solche Menschen grundsätzlich geben kann, aber ich kann auch sagen, daß sie eine *Ausnahme* sind. Umgekehrt würden wir bei einem Börsenmakler mit mittlerem Einkommen erwarten, daß er nichts dagegen hätte, in die Kirche zu gehen, daß er kein liberaler Demokrat, kein umweltbewußter Konsument oder engagierter Verfechter der Straffreiheit in Sachen Abtreibung ist. Und, noch einmal sei's gesagt, ein anderes Set von Wahrscheinlichkeiten würde gelten, wenn Beruf und Einkommen die Person, über die gemutmaßt wird, in die Arbeiterklasse verwiesen.

Das Ergebnis dieser Überlegungen besteht in der recht simplen Erkenntnis: *Die »Weisheit der Welt« hat heutzutage immer eine soziologische Dimension*. Das heißt, jede Anpassung von seiten der Christen an diese Weisheit ist nur in einem ganz bestimmten (zumeist schichtspezifischen) Kontext »relevant«, während sie in anderen sozialen Kontexten »irrelevant« bleibt. Christen, die sich daran machen, ihren Glauben an die moderne Welt anzugleichen, sollten sich deshalb fragen, welchen Sektor dieser Welt sie erreichen wollen. Wie immer ihr »aggiornamento« aussehen wird, die Wahrscheinlichkeit, daß sie nicht alle, sondern nur manche Menschen ein-, andere hingegen ausschließen werden, ist hoch. Wird das »aggiornamento« mit Blick auf die kulturelle Elite betrieben, dann ist es wichtig zu wissen, daß just diese Spezialgruppe in ihren Anschauungen die wankelmütigste von allen ist.

Natürlich gibt es – auch heute – *einige* kognitive und normative Grundannahmen, deren gesellschaftliche Gültigkeit fast allgemein ist. (Wäre es nicht so, fiele die Gesellschaft auseinander.) Ihrem Wesen nach handelt es sich dabei jedoch nicht um Überzeugungen und Werte, die politisch »relevant« sind; schließlich drehen sich politische Kämpfe um Ideen und Vorstellungen, die die Menschen *nicht* miteinander gemein haben. Die gesellschaftsübergreifenden Postulate leiten sich vielmehr, wir haben bereits davon gesprochen, aus der modernen Wissenschaft und ihrer täglichen Anwendung via Technik her. Das heißt, die weitverbreitete Vorstellung, daß es so etwas wie ein »modernes Weltverständnis« und einen »modernen Menschen« gebe, hat durchaus ihre Berechtigung. Die Frage, die religiöse Menschen sich in dieser Situation stellen müssen, ist weniger eine soziologische als eine philosophische: Angenommen, die moderne Wissenschaft hat uns tatsächlich neue und in vielen Fällen profunde Einsichten in die Realität vermittelt und die moderne Technik hat unsere Kontrolle über unser Leben tatsächlich enorm gesteigert, kann es nicht sein, daß einige besonders wertvolle Dinge in diesem Prozeß auch verloren gingen? Ich denke nicht nur an die unglückseligen und verhängnisvollen Nebenprodukte unserer hochtechnisierten Welt, die uns heute so große Sorgen bereiten. Ich denke auch und vornehmlich an *Wahrheiten*, die möglicherweise im Prozeß der Modernisierung verschüttgegangen sind und weiterhin verschüttgehen. Unsere Vorfahren wußten nichts von der Teilchenphysik, sprachen aber mit Engeln. Nehmen wir an, daß wir durch unsere Kenntnis der Kernphysik tatsächlich eine neue Dimension von *Wahrheit* hinzugewonnen haben. Könnte es nicht sein, daß uns auch eine Wahrheit *verloren* ging, als unser Gespräch mit Engeln sein Ende fand? *Können* wir so sicher wissen, daß die Wahrheiten der modernen Physik notwendig die Unwirklichkeit von Engeln implizieren? Ich weiß es nicht nur nicht, sondern neige stark dazu, das Gegenteil für richtig zu halten. In diesem Falle würden die christlichen Kirchen (und andere religiöse Institutionen) einen sehr hohen Preis für die »Modernisierung« ihrer Lehre zahlen, denn dieser Preis bestünde in der Preisgabe einiger kostbarer Wahrheiten, an denen sie als letzte festhielten.

Wenn Paulus von der »Torheit« des Evangeliums spricht und ihr die »Weisheit der Welt« gegenüberstellt, dann weist er damit auf einen kognitiven Aspekt der *kénosis* Gottes hin, auf dessen Erniedrigung. In der christlichen Lehre, wie sie uns generell gepredigt wird, ist es zu Recht eher der *moralische* Aspekt, der im Vordergrund steht: Jesus kam vor allem zu den Armen und den Verachteten an den Rändern der Gesellschaft; der Tod, den er starb, war der Tod eines Kriminellen. Tatsächlich suchen wir ihn auch heute noch eher in den Randzonen der Gesellschaft als unter den Reichen, Mächtigen und Angesehenen. Dies ist der moralisch-revolutionäre Gehalt des »Wortes vom Kreuz«; und wie mir scheint, ist diese schockierende Botschaft in den vielen Jahrhunderten christlicher Geschichte niemals voll akzeptiert und verdaut worden. Sie erschüttert nach wie vor die Fundamente aller von Menschen erfundenen Moralsysteme, sie relativiert alle sozialen Hierarchien und läßt die Hohlheit aller menschlichen Gesellschaftsordnungen sichtbar werden. Aber während die »Weisheit der Welt« wesentlicher Bestandteil aller dieser Sozialordnungen ist, besteht die »Torheit« des Evangeliums eben darin, daß es alles, was als »Weisheit« gilt, und jeden, der behauptet, sie zu besitzen, relativiert und in Frage stellt.

Protestantische Theologen haben Gottes Werk der Erlösung als ein *opus alienum*, ein »überirdisches, jenseitiges Werk« bezeichnet. Sie wollten deutlich machen, daß unsere Errettung nicht in unseren eigenen Händen liegt, sondern ganz und gar Gottes Sache ist. Dieser Gedanke stand im Zentrum der protestantischen Reformation, die den Primat der Gnade betonte und die »Erlösung durch gute Werke« verwarf. Doch ist dies nicht der Punkt, der hier interessiert. Ich möchte vielmehr auf die *Jenseitigkeit* der christlichen Botschaft als Ganzer hinaus: Der im Evangelium verheißene Erlöser ist einer, der in die irdische Wirklichkeit von außen eindringt – unerwartet, unerkannt und unscheinbar. In diesem Auftreten erweist sich seine göttliche Herkunft. Das Göttliche manifestiert sich immer als etwas Überirdisches, *Nichtmenschliches*, als etwas, das *nicht* Teil der Alltagswirklichkeit ist. Rudolf Otto, der große Religionsgeschichtler, spricht von dem »gänzlich Anderen«, das als solches das Wesen religiöser Erleuchtung ausmache. Die gleiche Qualität ist angesprochen in dem Wort »transzendent« – das Göttliche, wo immer es sich manifestiert, geht über alles hinaus, was Menschen kennen, was ihnen vertraut ist. Dieses Moment der Andersartigkeit unterscheidet das Christentum nicht grundsätzlich von anderen Religionen – ein Umstand, der angesichts der Tatsache, daß die christliche Lehre eine Religion unter anderen Religionen ist, einen Christen weder überraschen noch beunruhigen sollte. Anders die »kenotische« Dimension: Sie verleiht der christlichen Botschaft eine zusätzliche und völlig eigene, überirdische Qualität, bestehend in eben jener »Torheit«, von der Paulus spricht.

Wenn die Kirche diese »Torheit« preisgibt, verliert sie ihre Existenzberechtigung, gibt sie sich selbst auf – der Grund, weshalb das Streben nach der »Weisheit der Welt« letztlich so verderblich ist. Nicht nur, daß diese Weisheit aus den bereits genannten soziologischen Gründen mehr oder weniger nichtig oder, philosophisch gesprochen, zweifelhaft ist; wenn die Kirche (oder in diesem Fall einzelne Christen) den transzendenten Kern der christlichen Lehre preisgeben, um sich mit dem Zeitgeist zu arrangieren, dann geht dabei die wertvollste Wahrheit verloren, die der Kirche anvertraut ist – die Wahrheit von der Erlösung der Menschen durch Christus, in welchem Gott in die Welt kam.

Wir wissen nicht, welche Ideen es waren, die die Christengemeinde von Korinth, jene Anhänger von Apollon oder Kepheus, uneins machten. Sie zu kennen, wäre gewiß interessant; und vielleicht gelingt es ja auch einmal, sie herauszufinden. Für die zentrale Botschaft des Apostels sind sie indes weitgehend unwichtig. Es ist das gleiche wie bei den Doktrinen und Ideologien, die uns heute trennen; sie zu kennen ist interessant – vielleicht sogar politisch wichtig und moralisch erforderlich. Mit Blick auf das Evangelium, welches uns den Weg in die Ewigkeit weist, sind diese Unterschiede und Differenzen jedoch relativ nebensächlich, wenn nicht gar vollkommen irrelevant. Das Evangelium ist nicht von dieser Welt; es ihr anzupassen, heißt der erlösenden Kraft, die in ihm steckt, verlustig zu gehen.

Vor einiger Zeit hatte ich ein Gespräch mit einem spanischen Soziologen, der die großen Veränderungen analysiert hat, die sich seit dem Zweiten Vatikanischen Konzil in der römisch-katholischen Kirche ereignet haben. Er sagte etwas, was mir sehr einleuchtete: Christen, die sich für »progressiv« halten, so seine Worte, fordern uns ständig dazu auf, »die Zeichen der Zeit zu lesen«. Ist diesen Menschen, so fuhr er fragend fort, denn niemals der Gedanke gekommen, daß sie einige dieser Zeichen selber *schreiben* könnten? Tatsächlich ist die Haltung denkender Christen (und keineswegs nur römisch-katholischer) gegenüber der »Weisheit« der modernen Welt zumindest in jüngster Zeit eine vornehmlich passive, wenn nicht gar indifferente Haltung – sie »lesen« sehr viel eher, als daß sie »schreiben«. Das Evangelium wird an diesem oder jenem weltlichen Richtmaß gemessen, während die umgekehrte Operation nur höchst selten zu beobachten ist. Sicher, es geistern eine ganze Menge christlicher Orthodoxien und Fundamentalismen herum, die – zumindest in Amerika – erheblichen Anklang finden, nicht allerdings bei denen, die als Denker und Präzeptoren der Kirche geachtet werden. Damit will ich keineswegs andeuten, daß ich es für besser hielte, wenn sie deren Zustimmung fänden. Das letzte, wofür ich mich stark machen würde, ist irgendeine Art von Fundamentalismus oder gar von Orthodoxie. Was ich vielmehr sagen möchte, ist, daß es einen Mittelweg gibt zwischen einer »progressiven« Kapitulation vor dem Zeitgeist und dessen grundsätzlicher Verneinung. Die Vertreter der Kapitulation beschränken sich darauf, die Zeichen der Zeit *nur* zu »lesen«, die der Verneinung, sie *nur* zu »schreiben«. Oder, um ein anderes Bild zu gebrauchen, die einen hören ausschließlich zu und sagen selber gar nichts, die anderen reden, ohne jemals zugehört zu haben. Christliche Weisheit sollte immer beide Verhaltensweisen umfassen.

Die vorangehenden Seiten enthalten in nuce die Position, die ich in bezug auf Glaubensfragen und Religionsbekenntnisse in heutiger Zeit das ganze Buch hindurch einnehme. Einerseits ist es eine Position, die in keines der offiziell definierten Lager so recht passen will. Andererseits bilde ich mir nicht ein, daß es sich um eine besonders originelle Position handelt. Mir scheint, daß es heute viele Menschen gibt, die sich, aus Gründen, die den meinen gar nicht unähnlich sind, keinem der bestehenden Lager zuordnen lassen. Ich empfinde mich keineswegs als einsamen Rufer in der Wüste. Ich glaube sogar, daß ich durchaus ein Auditorium habe. Glaubte ich dies nicht, hätte ich keinen Grund, dieses Buch zu schreiben.

Die Position, die ich im folgenden entwickeln will, beginnt mit einer bewußten Anerkennung des sozialen Kontexts, in dem der je Einzelne seinen Kampf um Wahrheit und Identität ausficht. Was mich selbst angeht, so kann kein Zweifel daran bestehen, daß dieser Ansatz mit der Tatsache zu tun hat, daß ich Soziologe bin und mich sozusagen von Berufs wegen für den sozialen Kontext allen menschlichen Handelns und Denkens interessiere. Doch ist die bewußte Kenntnisnahme vom eigenen Standort in Zeit und Raum, in Geschichte und Gesellschaft kein Privileg, das allein Soziologen genießen. Sie ist meines Erachtens ein Akt, den jeder denkende Mensch früher oder später vollzieht. In der heutigen Zeit bedeutet dies die Anerkennung der Tatsache, daß wir in der modernen Welt leben und daß wir moderne Menschen sind. Wie ich später im Detail ausführen werde, heißt dies jedoch *nicht*, daß wir Modernität mit unkritischen Augen betrachten und irgendeine vermeintlich moderne Weltsicht zum Maßstab nehmen sollten, an dem wir jede Aussage über die Wirklichkeit messen, oder daß wir in unserem persönlichen Leben einem bestimmten Ideal von moderner Lebensführung nachjagen sollten. Es bedeutet – sehr viel bescheidener – nur, daß man die Situation, in der man sich befindet, nicht leugnet.

Es gibt Menschen (und dies sind nicht nur Theologen und religiös Gläubige), die bestreiten, daß ihr Leben in einem sozialen Kontext stattfindet, und es gibt Menschen, die Modernität rundweg ablehnen. Meines Erachtens ist dieses Leugnen eines sozialen Zusammenhangs unredlich und die Ablehnung jeglicher Modernität unangebracht, wenn nicht sinnlos. Anerkennung unseres heutigen sozialen Kontexts bedeutet die Anerkennung der Tatsache, daß wir nicht über die Gewißheit verfügen, über die traditionelle, vormoderne oder nichtmoderne Gesellschaften verfügt haben. Wenn uns an der Wahrheit gelegen ist, werden wir versuchen, uns von dieser Erkenntnis aus den Weg zu ihr zu bahnen. Das ist nicht leicht, aber es ist sehr viel produktiver, als die Situation, in der wir mit unserer Suche beginnen müssen, schlichtweg zu negieren. Natürlich kann man Modernität ablehnen, sei's in toto oder zu Teilen. Es ist sogar etwas Heroisches an einer solchen Haltung, wenn Einzelpersonen oder ganze Gemeinschaften versuchen, ihr Leben zu leben und sich mächtigen Kräften und Strömungen in ihrer Umgebung bewußt entgegenzustellen. Ich denke hier z. B. an das Erste Vatikanische Konzil, das 1870 just in dem Moment zusammentrat, da die Kräfte der Moderne, verkörpert in der Armee des neuen italienischen Staates, sich daran machten, Rom zu stürmen. Allem zum Trotz, was damals in modischer Übereinstimmung mit dem Zeitgeist als progressiv und intellektuell korrekt angesehen wurde, proklamierte das Konzil feierlich die Dogmen von der unbefleckten Empfängnis Mariens und der Unfehlbarkeit des Papstes – jedes für sich ein Schlag ins Gesicht der Moderne. Man braucht an keines der beiden Dogmen zu glauben, um die damalige Geste des Vatikans richtig einschätzen zu können. Und dennoch ist Heroismus kein Garant für privilegierte Einsichten. Helden können fürchterlich irren. Die Position, die ich hier einnehme, akzeptiert die Moderne nicht nur deshalb, weil sie den Zusammenhang bestimmt, in dem wir leben, sondern, was wichtiger ist, weil sie es ermöglicht, die Welt und das menschliche Dasein aus Perspektiven zu betrachten, die ich für richtig und angemessen erachte – so etwa aus der naturgemäß relativistischen und relativierenden Perspektive der modernen historischen, psychologischen und sozialen Wissenschaften. Um mich an meine eigenen soziologischen Feststellungen zu halten: Diese Perspektive macht sichtbar, daß die Realität ein gesellschaftliches Konstrukt ist und daß deshalb die Wahrheit hinter und jenseits dieses gesellschaftlichen Konstrukts sich gar nicht so leicht dingfest machen läßt. Doch beklage ich diese Erkenntnis nicht, sondern glaube vielmehr, daß sie frischen, neuen Ansätzen zur Ergründung der Wahrheit, in religiösen wie in anderen Belangen, den Boden bereitet. Wie bereits festgestellt, besteht an diesem Punkt eine überraschende Ähnlichkeit zwischen unserer heutigen sozialen Situation und der Situation, in der sich die frühen Christen befanden, denn auch sie lebten in einer quasimodernen Welt konkurrierender Glaubenslehren.

Die moderne pluralistische Situation erzeugt Ängste und Spannungen. Man kann diesen Ängsten und Spannungen in zwei gegenläufigen Richtungen entfliehen, wobei der eine Fluchtweg in eine falsche Gewißheit führt, der andere in eine Haltung der absoluten Hoffnungslosigkeit, den Zugang zur Wahrheit irgendwann doch noch zu finden. Beide Fluchtmöglichkeiten sind um uns herum reichlich vorhanden, je nach sozialem Milieu in etwas anderer Form. Jede neue Orthodoxie wird auf den Markt gebracht mit dem Versprechen, sie verhelfe zu neuer Gewißheit: »Kommen Sie zu uns und Sie werden die Wahrheit erfahren, Sie werden lernen, richtig zu leben, und, was das beste ist, Sie werden wissen, wer Sie wirklich sind.« Natürlich gibt es nicht nur religiöse Orthodoxien, sondern auch weltliche, um von den wissenschaftlichen, politischen, ästhetischen und vielen anderen gar nicht zu reden. Was den Bereich der Religion anlangt, geht aus den vorhandenen religionssoziologischen Untersuchungen klar hervor, daß – entgegen den Erwartungen vieler Theologen und Kirchenführer – gerade die

Gruppen den größten Zulauf haben, die Gewißheit ausstrahlen, auf strengen Glaubenssätzen beharren und beschwerliche Verhaltensrichtlinien vorgeben. Umgekehrt haben religiöse Gruppen, die Unsicherheiten eingestehen und im Umgang mit ihrer Lehre und ihrem Verhaltenskodex eher lax sind, Schwierigkeiten, ihre Mitglieder bei der Stange zu halten, geschweige denn neue Anhänger hinzuzugewinnen. Dahinter steckt kein psychologisches Geheimnis. Die Ungewißheiten der Moderne sind bedrückend; von ihnen befreit zu werden, ist ein großes Glücksgefühl. Wenn man es schafft, sich der Gewißheit, die eine – sei's religiöse, sei's säkulare – orthodoxe Gemeinschaft anbietet, voll hinzugeben, dann ist das Glücksgefühl besonders intensiv. Ich selbst bin unfähig, ein solches Angebot anzunehmen, was nicht bedeutet, daß ich diejenigen verurteilte, die es tun; handelt es sich um moderne Menschen, so gestatte ich mir allerdings eine gewisse Skepsis, was die Aufrichtigkeit ihrer Hingabe anbelangt.

Der Gegenpol zu dieser Fluchtmöglichkeit besteht in der einen oder anderen Form von Nihilismus oder auch in einem extremen Relativismus, der entweder der Religion jeden Wahrheitsgehalt oder den Menschen die Fähigkeit abspricht, die Wahrheit auch nur andeutungsweise zu erfassen. Auch diese Flucht hat eine befreiende Wirkung, denn auch sie nimmt dem Fliehenden die Last der Suche nach Gewißheit ab. Sie tut es, indem sie die Existenz dieser Gewißheit einfach bestreitet. Wenn es »da draußen« gar keine objektive Wahrheit gibt, wenn religiöse Behauptungen nichts anderes sind als subjektive Äußerungen, über die zu debattieren sinnlos ist, dann gibt es wirklich keine Last zu tragen. Vielleicht ist es ja so, daß ich, wenn man mir überzeugend darlegt, daß es nirgendwo auf der Welt Äpfel gibt, meine kuriose Gier nach diesen imaginären Früchten überwinde. Aber selbst dann, wenn uns die Existenz einer religiösen Wahrheit irgendwo »da draußen« als möglich zugestanden wird, läßt uns die Behauptung derer, die uns versichern, wir hätten nicht die mindeste Chance, auch nur einen Zipfel von ihr zu erhaschen, irgendwie erleichtert aufatmen. Jawohl, ich kann an einer Krankheit leiden, für die es absolut keine Heilung gibt; ist wissenschaftlich erwiesen, daß es sich mit dieser Krankheit dennoch irgendwie leben läßt, dann vermag ich auf eine gewisse Weise trotzdem zu entspannen. Ich verstehe sehr wohl den Prozeß, der hier abläuft, mag aber meinerseits auch diesen Fluchtweg nicht einschlagen. Der Grund: Ich halte die Vorstellungen, Religion sei nichts anderes als ein Ausfluß menschlicher Gegebenheiten und Bedürfnisse, für irrig. Und wenn ich auch noch so gut weiß, wie schwer es ist, eine einigermaßen sichere Behauptung in Sachen Religion aufzustellen, so bin ich dennoch nicht bereit, den Versuch, es zu tun, aufzugeben.

Vermutlich ist meine Haltung als Position der Mitte richtig beschrieben. Ich habe diese Position keineswegs selbst erfunden. Sie kennzeichnet vielmehr seit über zweihundert Jahren eine wichtige Strömung des religiösen Denkens und Lebens, die Strömung des liberalen Protestantismus. Ich identifiziere mich seit langem mit dieser Tradition, auch wenn ich hier und dort einen Vorbehalt anzumelden habe. Die in diesem Buch vorgetragene Argumentation kann so gesehen durchaus als eine liberal-protestantische Argumentation bezeichnet werden. Dennoch scheint sie mir auch für solche Leser faßlich, die keine persönliche Affinität zum liberalen Protestantismus haben, anderen christlichen oder nichtchristlichen Gemeinschaften angehören oder sich mit überhaupt keiner bestimmten Religion identifizieren. Dies liegt daran, daß es im Leben von Menschen, die ihre Glaubenssuche mit einer aufrichtigen Anerkennung ihres aktuellen sozialen Kontexts verbinden, wichtige gemeinsame Erfahrungen gibt. Ob diese Menschen Christen, Juden, Muslime, Buddhisten oder Agnostiker sind, tut nichts zur Sache. Meiner Argumentation folgend, werden sie zwar höchstwahrscheinlich den Wunsch verspüren, meine Gedanken in ihre eigene Sprache, die Sprache ihrer persönlichen Erfahrungen und ihrer Lebenssituation, zu übersetzen, aber ausgeschlossen werden sie sich vermutlich nicht fühlen. Gläubig zu sein oder es auch nur *zu versuchen* und die von den Strenggläubigen verkündeten Gewißheiten dennoch als trügerisch zurückzuweisen – eine solche Haltung erzeugt Probleme und Sehnsüchte, die sich ungeachtet der je persönlichen Ausgangsbasis sehr stark ähneln. Zu den Problemen zählt ganz gewiß die Moralfrage: Wie kann ich auf der

Basis meiner religiösen Überzeugung im weltlichen Alltag verantwortungsvoll handeln? Zu den Sehnsüchten gehört zweifellos das Bestreben, einer konkret sichtbaren Gemeinschaft anzugehören, ein Wunsch, der direkten Wegs in ein weiteres allgemeines Problem hineinführt: Wo finde ich mit meiner speziellen religiösen Einstellung eine Gemeinschaft, in der sich Menschen wie ich zu Hause fühlen? Am Ende des Buches werde ich auf diese Fragen zurückkommen.

Immanuel Kant hatte recht, als er sagte, die Grundfrage aller menschlichen Denkanstrengungen sei die Frage: »Wer bin ich?« Die Moderne hat uns auch in diesem Punkt eine neue Ungewißheit beschert. Gewißheit über die eigene wahre Identität läßt sich ebenso schwer gewinnen wie Gewißheit über die letztendliche Realität der Welt – und zwar aus exakt den gleichen Gründen. Man kann sich, ich sage es noch einmal, dieser unangenehmen Situation entziehen, indem man sich entweder in eine falsche Gewißheit flüchtet oder indem man die Möglichkeit einer Antwort auf die Frage, wer bin ich, rundweg verneint. Auch in diesem Punkt werde ich eine Position der Mitte einnehmen, angesiedelt irgendwo zwischen einer Orthodoxie des Ich (»*dies* bin ich und sonst nichts«) und einer Ablehnung sowohl der Suche als auch der Frage nach diesem Ich (»es gibt kein wahres Ich«). Die präziseste Formulierung dieses Problems, die ich in der modernen Literatur gefunden habe, stammt von Robert Musil, dem ich aus diesem Grund ein eigenes Kapitel widme. Ich bezeichne dieses Kapitel in der Überschrift als »Exkurs«, um allen, die keinen Gefallen daran finden, sich mit dem mitteleuropäischen Angstphänomen zu befassen, zu signalisieren, daß sie es überschlagen können, ohne den Faden der Argumentation zu verlieren. Letztlich fallen, so zumindest sehe ich es, die Probleme des religiösen Glaubens und des wahren Ich zusammen, gehen ineinander auf: Eine Antwort auf die Frage nach dem wahren Ich kann es nur im Rahmen eines religiösen Realitätsverständnisses geben. Anders ausgedrückt: Wenn ich ein wahres Ich besitze, dann ist dieses Ich Gottes Entwurf.

Noch ein paar Bemerkungen zu den Implikationen des Gesagten für diejenigen unter uns, die echte »Schriftgelehrte« sind, mithin jener Klasse angehören, die ihren Lebensunterhalt mit der Produktion und Distribution dessen verdient, was heute als offiziell beglaubigte »Weisheit« figuriert. Ein großer Teil dessen, was ich hier gesagt habe, könnte als eine Demontage dieser Klasse verstanden werden; soweit ich ihr selbst angehöre, könnte man mich sogar des Masochismus oder des Selbsthasses verdächtigen. Ich möchte diesem Eindruck entgegentreten. Es steckt sicherlich ein Moment von Demontage darin, denn es ist durchaus mein Bestreben, dem arroganten Irrglauben von Intellektuellen, sie seien bessere Menschen, und der noch gefährlicheren Idee, sie stellten dank dieser angemaßten Überlegenheit eine moralische oder gar politische Elite dar, den Boden zu entziehen. Diese irrigen Vorstellungen sind zutiefst unchristlich; doch brauchen wir das Christentum gar nicht, um die Torheit solcher Anmaßungen zu erkennen – ein realistischer Blick auf die Welt genügt. Intellektuelle haben kein besseres moralisches Urteil als Menschen mit einer bescheidenen oder gar keiner Ausbildung; weder sind sie in ihrer Lebensführung klüger, noch ist ihr Mitgefühl mit anderen auch nur um ein Jota größer, ihr Aberglaube ist nicht geringer, sondern nur *anders*, und zu den hirnlosesten Fanatismen sind sie ebenfalls allemal fähig. Dies auszusprechen heißt nicht, die anderen mit der bescheidenen oder nicht vorhandenen Ausbildung auch nur einen Moment lang zu idealisieren oder zu romantisieren. Die Unwissenden, die Armen, die Menschen aus der Unterschicht sind ihrerseits moralisch keineswegs besser (der Grund, weshalb Jesus ihre Gesellschaft bevorzugte, liegt nicht in einer moralischen Überlegenheit auf ihrer Seite); weder haben sie tiefere Einsichten ins Leben, noch kommt ihren Werten und Auffassungen ein privilegierter Status zu. Das »Wort vom Kreuz« ist radikal egalitär, *nicht* in einem politischen, wohl aber in dem unendlich viel tieferen Sinn, daß sich vor Gott alle menschlichen Anmaßungen als gleichermaßen nichtig erweisen.

An späterer Stelle seines Briefes spricht Paulus von verschiedenen, für die Gemeinschaft wichtigen christlichen Berufen. »Schriftgelehrte« finden keine Erwähnung, wohl aber »Lehrer« und solche, die »interpretieren«, zu deutsch »auslegen«. Was immer die entsprechenden Bezeichnungen im korinthischen Text bedeutet haben mögen, ich bin der Meinung, daß es sehr wohl einen legitimen intellektuellen oder akademischen Beruf gibt – den Beruf dessen, der lehrt und, wenn er kann, etwas zu den vielfältigen Wissenssystemen hinzufügt, welche die »Weisheit« unserer modernen Welt konstituieren. Dieser Beruf muß verantwortungsvoll und redlich ausgeübt werden und darf dafür seinerseits auf Respekt und Achtung rechnen. Er verleiht kein moralisches oder politisches Privileg, nicht in der Gesellschaft im allgemeinen und ganz gewiß nicht in der Kirche im besonderen. Auch wenn dies nicht der richtige Ort ist, um meine Vorstellungen von der Rolle der Intellektuellen in unserer Gesellschaft zu entwickeln, so möchte ich doch deutlich sagen, daß mein Bestreben, ihre Anmaßungen als nichtig zu entlarven, nicht im mindesten mit einer Ablehnung des Intellektuellenberufs einhergeht.

Am Ende des Lebens betrifft das »Wort vom Kreuz« uns alle, gleich welchen Beruf wir haben und wie unsere Lebenssituation beschaffen ist. Wenn Jesus auf seinem Gang durch die Welt auch die Ränder der Gesellschaft bevorzugte, so ist er doch in der Lage, an jedem sozialen Ort zu erscheinen. Das »Wort vom Kreuz« errettet uns, weil es uns sagt, daß wir nicht stark sein müssen, um an Gottes Stärke teilzuhaben. Gott offenbart sich in der Schwäche, auch in *unserer* Schwäche. Er begibt sich unter die Armen, die Sünder und die »Toren«. Haben wir unsere diversen Anmaßungen in ihrer Hohlheit erst einmal entlarvt, dann werden wir in dieser Botschaft großen Trost finden.

Unsere Aufmerksamkeit hier ist auf die Schwäche Gottes gerichtet – auf sein Kommen in die Welt in der Gestalt eines schwachen Menschen, auf die Verfolgung und Demütigung dieses Menschen, auf seine einsame Verzweiflung und seinen schmerzvollen Tod. Indem wir über die Schwäche Gottes und den Leidensweg Jesu nachdenken, denken wir zugleich über die Schwäche und die Leiden aller Geschöpfe nach, jener Geschöpfe, die in der Bibel »die Mühseligen und Beladenen« heißen, »die Armen im Geiste, die Kranken und Schwachen und die Elenden, die nichts besitzen« (und natürlich auch und vor allem derjenigen, deren Schmerz oder Leid unser eigenes Leben berührt). Wäre dies allerdings die ganze christliche Lehre, dann wäre sie die traurigste Religion der Welt, ein wahrhaft masochistischer und zutiefst pathologischer Glaube. Aber genau das ist nicht der Fall. Die Fastenzeit ist nur das Vorspiel, nicht der Höhepunkt. Am Ende der Fastenzeit steht Ostern, der äußersten Schwäche Gottes folgt in hellem Glanz die Offenbarung seiner Allmacht. Das »Wort vom Kreuz« kulminiert und findet seine wahre Bedeutung im Wort von der Auferstehung – der Auferstehung Christi und unserer eigenen. Es ist dieses Wort von der Erlösung, das Paulus auf seinen rastlosen Reisen verkündete und das er vor den falschen Weisheiten der Welt zu schützen versuchte. Und es ist dieses Wort, welches heute den einzigen Existenzgrund für die christliche Kirche abgibt, denn es ist nach wie vor der Anfang und das Ende unseres Glaubensbekenntnisses.

1

SÄKULARISIERUNG UND PLURALISMUS

Die Ansicht, die Moderne habe einen steilen Niedergang der Religion sowohl im öffentlichen Leben im allgemeinen als auch in den Köpfen und Herzen der je einzelnen Menschen verursacht, ist eine weithin akzeptierte Sichtweise. Zu sagen, sie stoße auf breite Zustimmung, ist ganz sicher keine Über-, sondern eher eine Untertreibung, denn es gibt Bevölkerungsgruppen (wie z. B. die Gebildeten), bei denen sie längst den Status einer unumstößlichen Wahrheit errungen hat, über die zu streiten schlechterdings dumm wäre. Der gemeinhin zur Kennzeichnung dieses angeblichen Niedergangs der Religion benutzte Terminus heißt »Säkularisierung« und seine theoretische Durchleuchtung durch Historiker oder Sozialwissenschaftler »Säkularisierungstheorie«. Zu den glühendsten Anhängern dieser Theorie zählen neben anderen auch jene zahlreichen Theologen, die – seit nunmehr hundert Jahren – von der ungeprüften Behauptung ausgehen, der moderne Mensch sei unvermeidlich und unwiderruflich ein säkularisiertes Wesen und die Theologie müsse sich mit dieser angeblichen Tatsache abfinden. Daß ein solches Postulat jeden Theologen nachhaltig in Verlegenheit bringt, braucht nicht betont zu werden, befindet er sich doch in der wenig beneidenswerten Lage eines Menschen, der in einer Gemeinschaft von Impotenten die Freuden der geschlechtlichen Liebe rühmt oder vor Tauben den Genuß des Musikhörens preist.

Auch über die Ursachen und Gründe der Säkularisierung herrscht weitgehend Einigkeit. Schuld an diesem metaphysischen

Verkehrsunfall der modernen Geschichte ist nach allgemeiner Auffassung die Wissenschaft, genauer die *moderne* Wissenschaft, welche die Bedingungen menschlicher Existenz binnen weniger Jahrhunderte von Grund auf verändert hat. Dabei wird dem Säkularisierungseffekt so etwas wie ein Doppelcharakter attestiert, wirke er sich – so die Argumentation – doch auf zwei Ebenen zugleich aus: auf der Ebene des Verstandes, wo er hochrationale Denkweisen begünstige und erfordere, und auf der Ebene der praktischen Lebensführung, wo er die Anwendung gleichermaßen rationaler Techniken bei der Lösung von Problemen befördere, denen die Menschen bislang hilflos gegenübergestanden hätten. Nimmt man den Wissenschaftler und den Ingenieur als typische Vertreter der Moderne, dann kann man sagen, daß Religion für den ersteren undenkbar und für den letzteren überflüssig geworden ist. Den Ausgangspunkt dieser Erklärung bildet ganz ohne Zweifel die Behauptung, es sei die Unbegreifbarkeit der Welt und die Hilflosigkeit der Menschen in dieser für sie unbegreifbaren Welt, die der Religion den Boden bereiteten und sie, wenn sie nicht mehr gegeben seien, gleichsam automatisch ihre Bedeutung einbüßen ließen. Das eindringlichste Schlagwort zur Kennzeichnung der neuen Situation lieferte Nietzsche mit seiner Feststellung: »Gott ist tot.« Zu betonen ist an dieser Stelle, daß die so gestellte Diagnose sehr unterschiedliche Bewertungen erfahren hat; manche beklagen sie als eine entsetzliche Verarmung, andere preisen sie als die ersehnte Befreiung von Aberglauben und Abgötterei und als eine wichtige Voraussetzung für Fortschritt und Weiterentwicklung.

Wie an allen Allerweltsweisheiten ist auch an dieser etwas dran. So kann kein Zweifel daran bestehen, daß in bestimmten Teilen der Welt (insbesondere in der *westlichen* Welt, wo diese Sichtweise ihren Ursprung hat) so etwas wie eine Säkularisierung stattgefunden hat und daß diese Säkularisierung mit dem historischen Prozeß der Modernisierung oder der von Wissenschaft und Technik in Gang gesetzten Veränderung des menschlichen Lebens zusammenhängt. Daß der Vormarsch der Moderne mit einem zunehmenden Verfall religiöser Praktiken und Glaubensvorstellungen einherging, läßt sich an vielen Stellen nachweisen. Er vollzog sich an jenen Orten, an denen die Kräfte der Moderne sich konkret und handfest etablierten, oder aber als Begleiterscheinung von Wanderungsbewegungen. So konnte E. R. Wickham in seiner Studie über *Church and People in an Industrial City* zeigen, wie in Sheffield, einem der Zentren der britischen Industrialisierung, die Kirchen sich im 19. und 20. Jahrhundert in dem Maße leerten, in dem die neue Industriegesellschaft einen Wandel im Verhältnis zwischen der Religion und den verschiedenen Bevölkerungsgruppen (zunächst in der Arbeiterklasse, dann aber auch in den Mittelschichten) bewirkte. Oder nehmen wir Gabriel LeBras, den Begründer der sogenannten »Religionssoziologie« in Frankreich, der die Auswirkungen der Landflucht untersuchte, welche die Bewohner ländlicher Gebiete in den Strudel der Modernisierung hineinzog, den die Metropole Paris damals darstellte. Es gibt eine eindrucksvolle Beschreibung in LeBras' ansonsten eher nüchterner Prosa. In einer Studie über Abwanderung aus der Normandie (vermutlich die konservativste katholische Region Frankreichs) fragt er sich, ob es nicht vielleicht ein magisches Stück Pflaster in der Gare du Nord gebe (dem Bahnhof, an dem man, aus der Normandie kommend, normalerweise in Paris anlangte): Kaum betritt jemand den dortigen Boden, so zumindest hat es den Anschein, wird aus einem praktizierenden, gehorsamen Katholiken ein Mensch, der nie wieder zur Messe geht und der offensichtlich jedes Interesse an der Religion verloren hat. Natürlich glaubten weder Wickham noch LeBras an eine säkularisierende Zauberkraft im Sinne einer Magie: Die Ursache der Säkularisierung war für den einen wie für den anderen die transformierende Kraft der Moderne.

Richtig ist diese verbreitete Sichtweise sicherlich auch dort, wo sie Wissenschaft und Technik als Säkularisierungsfaktoren ausmacht. Auch wenn es stimmt, daß viele einzelne Wissenschaftler tiefreligiöse Menschen waren, so gilt doch auch, daß die moderne Wissenschaft eine Geisteshaltung begünstigt, die nicht mehr an übernatürliche Erscheinungen und Wirkungen glaubt und alle Phänomene rational zu erklären versucht. Da die Menschheit zudem nicht aus Wissenschaftlern besteht, dürfte den konkreten Auswirkungen der modernen Technik sehr viel mehr Gewicht im Sinne einer säkularisierenden Kraft zukommen als der doch eher geringen Zahl von berufsmäßigen Zweiflern. Nicht nur der Ingenieur, sondern jeder, der moderne technische Maschinen und Apparate benutzt, gewöhnt sich daran, die Probleme des Alltags mit hochrationalen und pragmatischen Mitteln und Methoden anzugehen. Und da – zumindest in fortgeschrittenen Industriegesellschaften – heute praktisch jeder in diesen Prozeß einbezogen ist, müssen wir davon ausgehen, daß die Rationalisierung der Lebenswelt weitreichende Folgen zeitigen wird – für die Religion ebenso wie für alles andere. Einen Zusammenhang zwischen dem »Tod Gottes« und dem Fortschritt der modernen industriellen Produktion samt dem Konsum ihrer Produkte herzustellen ist deshalb durchaus sinnvoll.

So weit, so gut. Und dennoch gerät eine Theorie, die zwischen Säkularisierung und Modernität eine unauflösliche Verknüpfung postuliert, in ernste Schwierigkeiten. Zum einen gibt es interessante Erscheinungsformen von Diesseitigkeit lange vor der Heraufkunft der Moderne; die Hochkultur Chinas ist hierfür der wichtigste Beleg (auch wenn es gewiß chinesische Wissenschaftler gibt, die dies bestreiten würden). Zum anderen, und dies ist sehr viel gewichtiger, finden sich heute riesige Regionen, in denen die Modernisierung nicht nur keine Säkularisierung bewirkt, sondern umgekehrt eine Stärkung der Religion gebracht hat. Die islamische Welt fließt derzeit über von Glaubensbekundungen und -beteuerungen. Der Zusammenhang zwischen Religion und Modernität scheint mithin doch etwas komplizierter zu sein.

Max Weber, der den Begriff der »Säkularisierung« selbst nicht benutzt hat, sprach von der »Entzauberung der Welt«. Welch eindringliches Bild: Menschen, die aus dem verzauberten Garten urzeitlicher Religiosität überwechseln in den kalten Komfort moderner Wirklichkeit! Das moderne wissenschaftliche Denken stellt die Menschen in ein von übernatürlichen Erscheinungen entleertes Universum, und die moderne Technik tröstet sie dafür mit der begrenzten Aussicht, ihre Herrschaft über dieses Universum immer weiter ausdehnen zu können – begrenzt deshalb, weil diese Menschen an den Grundgegebenheiten menschlicher Endlichkeit und Sterblichkeit kaum jemals etwas ändern können. Es ist keine Herabsetzung Webers, wenn ich sage, er habe es versäumt, die Möglichkeiten einer *Wieder*verzauberung der Welt genauer ins Auge zu fassen, Möglichkeiten, die gegeben sind, gerade weil die Welt so kalt und trostlos ist. Mit anderen Worten, das moderne Zeitalter ist ganz gewiß der Schauplatz einer massiven Säkularisierung, es ist aber *ebenso* der Schauplatz mächtiger Gegenbewegungen. Einige dieser Gegenbewegungen entstanden und agierten innerhalb der Grenzen von traditionellen Religionen. Ein Beispiel dafür ist der Geistertanz, in dem nordamerikanische Indianerstämme sich im späten 19. Jahrhundert ihrer traditionellen Identität versicherten. Andere entwickelten neue, traditionsfremde Formen, und wieder andere bildeten sich in Kontexten heraus, die auf den ersten Blick mit Religion überhaupt nichts zu tun zu haben schienen (die sogenannte »Gegenkultur« der sechziger Jahre ist ein jüngeres Beispiel dafür). Um Mark Twain zu paraphrasieren: Die Berichte vom Tod Gottes sind reichlich übertrieben. Natürlich ist umgekehrt diese Feststellung kein Gottesbeweis. Mag sein, daß das periodisch wiederkehrende Streben der Menschen nach Transzendenz seinen Grund darin hat, daß die Realität Transzendenz einschließt und als solche über die bloße Diesseitigkeit obsiegt. Vielleicht ist es aber auch so, daß das Wiedererstarken von Religionen eher psychologische denn ontologische Gründe hat: Zwar ist die Realität wirklich kalt und trostlos, doch sind die Menschen auf ihrer Suche nach Trost immer wieder neu bereit, sich tröstlichen Illusionen hinzugeben.

Eine andere Übertreibung dürfte in der gängigen Vorstellung von der Tragkraft wissenschaftlicher Rationalität stecken. Dabei ist es nicht nur der allenthalben zu konstatierende Religionsglaube, der uns in dieser Vorstellung korrigieren könnte; viel erstaunlicher ist, was an irrationalen Vorurteilen selbst diejenigen zu glauben bereit sind, denen wissenschaftliche Rationalität qua Ausbildung mit Löffeln verabreicht wurde; ein Blick auf die politischen und sozialen Vorstellungen der gebildeten Klassen westlicher Gesellschaften genügt für eine realistische Einschätzung der Situation. Nur ein einziges Beispiel: Was westliche Intellektuelle in den letzten Jahrzehnten über Wesen und Charakter kommunistischer Gesellschaften zu glauben imstande waren, reicht aus, ernsthafte Zweifel an der Behauptung zu wecken, wer eine wissenschaftlich anspruchsvolle Ausbildung habe oder in einer modernen Technikgesellschaft lebe, verfüge über eine gesteigerte Rationalität. Doch auch aus dieser Feststellung folgt nicht notwendig, sämtliche der gängigen Auffassung von wissenschaftlicher Rationalität zugrundeliegenden Annahmen seien falsch. Was diese Sichtweise indes tatsächlich außer acht läßt, ist die menschliche Disposition für das, was man vielleicht eine produktive Schizophrenie nennen könnte: Ein Kernphysiker z. B., der in einem wissenschaftlichen Text auch nicht einen einzigen Satz niederschriebe, ohne das ihm vorliegende Forschungsmaterial immer wieder zum Prüfstein zu nehmen, dieser Kernphysiker scheut sich nicht, in politischen Fragen dogmatische Feststellungen zu treffen, deren einzige Grundlage der blinde Glaube an eine Bewegung oder ein Regime ist, in die er als Individuum ein paar quasireligiöse Hoffnungen hineinprojiziert hat.

Das größte Problem für die konventionellen Säkularisierungstheoretiker sind jedoch die simplen Tatsachen des religiösen Alltags in der modernen Welt. Auch hier wäre es falsch zu behaupten, diese Tatsachen falsifizierten beweiskräftig und schlüssig alles, was unter die Kategorie Säkularisierungstheorie subsumiert wird. Daß die Situation allerdings komplizierter ist als angenommen, das zeigen sie in aller Deutlichkeit.

Tatsächlich gibt es nur eine einzige geographische Region und nur eine einzige übernationale Bevölkerungsgruppe, auf welche die Säkularisierungstheorie voll und ganz zu passen scheint. Die Region heißt Europa und die Bevölkerungsgruppe besteht aus Personen, die – egal, wo sie leben – eine höhere Ausbildung westlichen Stils genossen haben. Anders als in vielen anderen Teilen der Welt, wo es auch unter westlich gebildeten Menschen starke Gegenkräfte gegen die Säkularisierung gibt, lassen sich in der Region Europa bislang keine Anzeichen für eine Gegenbewegung entdecken. So hat Nordeuropa mit England an der Spitze tatsächlich einen Säkularisierungsprozeß durchlaufen, der direkt mit dem Vormarsch der Moderne korreliert. Der Beginn der industriellen Revolution in England stützt die Säkularisationstheorie insofern, als dieses Land zugleich als dasjenige gelten kann, in dem auch der Säkularisierungsprozeß seinen Anfang nahm. Skandinavien im allgemeinen und Schweden im besonderen sind gegenwärtig die Länder, in denen die Säkularisierung – im praktischen Verhalten der Menschen wie in ihrem Denken – am weitesten fortgeschritten ist. Interessant ist, daß derselbe Säkularisierungsprozeß nun auch Südeuropa, vor allem Italien und Spanien, erfaßt zu haben scheint. Die universelle Diesseitigkeit scheint hier derzeit auf keine Gegenbewegung zu stoßen. Ob dies auch für Osteuropa gilt, wird sich noch erweisen. In jedem Fall bleibt Europa weiterhin der Kardinalbeleg für die Säkularisierungstheorie. Übernational gibt es eine (dünne) Schicht von Personen mit westlicher Bildung – Intellektuelle, könnte man sagen –, die die Prognose der Säkularisierungstheorie ebenfalls zu erfüllen scheinen. Man könnte sie als »Wahlschweden« bezeichnen. Es sind Menschen, die überall in der Welt Orte und Institutionen ansteuern können, die von der Schicht geprägt sind, der sie selbst angehören – Universitäten, Medienzentren, wissenschaftliche Kongresse, Autorenlesungen usw. –, und an denen sie vor religiösen Bekehrungsversuchen sicher sind. Wer die Welt aus dieser Perspektive wahrnimmt, könnte auf die Idee kommen, sie sähe in toto so aus. Doch das käme einem gewaltigen Irrtum gleich. (Salman Rushdie ist jemand, der diesem Irrtum aufgesessen ist und der einen horrenden Preis dafür zahlt.)

De facto ist der Rest der Welt so glühend religiös wie eh und je, vielleicht sogar noch glühender. Nicht umsonst haben in fast allen nichtwestlichen Regionen die traditionellen Religionen riesige Menschenmengen fest im Griff – in Ost- und Südostasien (möglicherweise mit Ausnahme Japans) ebenso wie in Südasien und quer durch die islamische Welt bis ins tiefe Afrika hinein und nach Lateinamerika. So kann der Bewohner eines indischen Dorfes zwar ein gewisses Maß an moderner Erziehung und Ausbildung genossen haben, er kann gebildet sein, über englische Sprachkenntnisse verfügen, eine Vielzahl moderner technischer Geräte benutzen und dennoch in einer Welt leben, die durch und durch von den Denk- und Verhaltensmustern des traditionellen Hinduismus bestimmt ist. Und noch ein schwerer Schlag für die Säkularisierungstheorie: Der Vetter dieses kultivierten Dorfbewohners, Absolvent einer Universität westlicher Prägung – sagen wir, er ist Kernphysiker von Beruf –, hat sich soeben einer Bewegung angeschlossen, die Indien um jeden Preis rehinduisieren will, auch um den Preis des Blutvergießens. Der letztgenannte Fall hat mehr mit Wiedererwachen als mit zähem Festhalten am alten zu tun. Derartige Formen des -häufig sehr erfolgreichen- Wiederauflebens lassen sich überall in der nichtwestlichen Welt beobachten. Sie werden unzutreffend (und abschätzig) mit dem Begriff »Fundamentalismus« belegt; doch wie immer sie qualifiziert oder abqualifiziert werden, sie erschweren die Behauptung, Modernisierung und Säkularisierung seinen unauflöslich ineinander verwoben. Schließlich sind die modernen Kommunikationsmittel (Radio, Fernsehen, Audio- und Videocassetten) heute die wichtigsten Vehikel zur Verbreitung auch streng traditioneller religiöser Botschaften, und eine moderne wissenschaftliche Ausbildung scheint, wenn überhaupt, nur geringe Abwehrkräfte gegen ihre Attraktivität zu erzeugen.

Weltweit sind es heute vor allem zwei Bewegungen, die in religiösem Gewand überkommene Vorstellungen wiederbeleben: zum einen die islamische, zum anderen die evangelikal-protestantische. Bei näherem Hinsehen wird sehr schnell deutlich, daß sie zwar einige psychologische Ähnlichkeiten aufweisen, sich in ihren sozialen Auswirkungen und ihrem Verhältnis zur Modernisierung aber heftig voneinander unterscheiden. Die Ähnlichkeiten liegen naturgemäß darin begründet, daß beide *reaktive* Gegenbewegungen sind – *reaktiv* insofern, als sie auf die durch die Modernisierung hervorgerufenen Verdrängungen und Verstimmungen reagieren. Auch wecken beide ein ähnlich starkes Engagement bei all denjenigen Gläubigen, die großen missionarischen Eifer verspüren. Doch finden diese Ähnlichkeiten hier ihr Ende – ein Punkt, auf den ich sogleich zurückkommen werde. Zuvor sei jedoch der riesige geographische Umfang, die schiere Größe dieser Bewegungen hervorgehoben: Die moslemische Bewegung hat sich in rasender Geschwindigkeit über die gesamte islamische Welt ausgebreitet, vom Atlantischen Ozean bis zum Chinesischen Meer, wo immer die Stimme des Muezzin zum Gebet ruft. Und wenn die iranische Revolution auch zeitweise die Aufmerksamkeit der ganzen Welt auf sich konzentrieren konnte, so weiß heute doch jeder, daß der Fall Iran weder einmalig noch typisch ist. Schließlich sind mächtige islamische Bewegungen, deren Ähnlichkeit mit dem iranischen Sonderfall gar nicht so groß ist, auch andernorts in Erscheinung getreten, und zwar von Nordafrika bis zu den südlichen Philippinen. Die zumeist pfingstlich orientierte evangelikale Bewegung weist eine eher noch größere geographische Reichweite auf. Ihr Einfluß in Ostasien ist groß, in Südkorea geradezu enorm (Japan bildet auch hier wieder eine Ausnahme). Sie ist gut verankert im Südpazifik, aber auch auf dem afrikanischen Kontinent südlich der Sahara, wo sie oftmals höchst unorthodoxe Verbindungen mit einer neu auflebenden traditionellen afrikanischen Religiosität eingeht. In Lateinamerika ist der evangelikale Protestantismus gar mit der Macht eines Buschfeuers über den Kontinent hinweggefegt. Das Resultat: riesige Scharen neuer Anhänger (Schätzungen sprechen von 40 Millionen Gläubigen) und in einigen Ländern – vor allem in Mittelamerika, in Teilen Brasiliens und in Chile – eine neue soziale, politische und wirtschaftliche Wirklichkeit.

Wiewohl als Reaktionen auf die Moderne zutreffend gekennzeichnet, unterscheiden sich die beiden Bewegungen in ihrem Verhältnis zur Modernität doch stark voneinander, wobei die Säkularisationstheorie in beiden Fällen wenig Bestätigung erfährt. Die moslemische Bewegung ist, religiös *und* gesellschaftlich gesehen, neotraditionell – man könnte auch sagen »reaktionär«. Die Kohärenz zwischen ihren religiösen und ihren sozialen Inhalten dürfte im Wesen des Islam fest eingewurzelt sein: Man kann die religiöse Botschaft Mohammeds nicht akzeptieren, ohne zugleich einer Rekonstruktion der Gesellschaft nach altem Muster zuzustimmen. Und so drängt sich die Hypothese, die islamische Bewegung stehe der Modernisierung entgegen, und zwar *sowohl* mit ihren

Zielvorstellungen, nach denen die Gesellschaft wieder islamischem Recht und Gesetz zu unterwerfen sei, *als auch* in ihren Alltagspraktiken, die der modernen Entwicklung massive Hindernisse in den Weg stellten, nachgerade von selbst auf. Im Unterschied dazu ist die evangelikale Bewegung nur partiell antimodernistisch, denn es sind nur ihre Zielvorstellungen, die mit der Moderne konfligieren, nicht aber ihr praktisches Verhalten, mit dem sie ihrerseits zur Modernisierung beiträgt.

Um die Gründe für diese Differenz herauszufinden, braucht man nur eine einzige simple Frage zu stellen: Vorausgesetzt, beide Bewegungen sind »konservativ« in dem Sinne, daß sie ihren Blick auf die Vergangenheit richten und sich an einer älteren und vermutlich besseren Geschichtsepoche orientieren, welcher Geschichtsperiode gilt ihr Interesse? Im moslemischen Fall ist es nicht schwer, diese Periode auszumachen: Es ist das goldene Zeitalter des Islam – irgendwo zwischen Mohammed und der größten Ausdehnung des Arabischen Reiches, eine Periode mithin, die zwischen dem 7. und dem 9. Jahrhundert christlicher Zeitrechnung liegt und damit lange vor der Heraufkunft der Moderne ihr Ende findet. Die Evangelikalen haben in diesem Sinne kein goldenes Zeitalter, es sei denn, sie verweisen auf die Zeit der Apostel, und sie propagieren dementsprechend auch keine Rückkehr zu einer solchen Periode. Wenn man sich jedoch überlegt, in welcher Zeit die von ihnen verfochtenen Werte in der christlichen Welt am festesten verankert waren, dann dürfte dies im 18. und im frühen 19. Jahrhundert der Fall gewesen sein. Die Differenz ist nicht nur eine Differenz von tausend Jahren, es ist auch eine Differenz zwischen »Mittelalter« und »früher Moderne«. Aber diese »frühmodernen« Werte und Lebensstile waren, wie Max Weber in seiner Analyse der sogenannten »protestantischen Ethik« und deren Rolle bei der Entstehung der modernen Welt als erster gezeigt hat, äußerst wichtige Vehikel der Modernisierung. Die Zeugnisse und Bekundungen des aktuellen evangelikalen Protestantismus lassen vermuten, daß er heute eine ganz ähnliche Rolle spielt (ich verweise hier auf David Martins brillante Schrift *Tongues of Fire: The Explosion of Protestantism in Latin America*). Die protestantische Ethik mag an ihren Entstehungsorten, d. h. in Städten wie Sheffield, ihre Wirkkraft verloren haben; in Seoul, Soweto und Santiago ist sie quicklebendig.

Keine der beiden Bewegungen erhärtet die Säkularisierungstheorie. Die moslemischen Initiativen lassen die Macht jenes Widerstandes gegen Modernität im allgemeinen und Diesseitigkeit im besonderen offenbar werden, den die heutige Menschheit selbst dort zu entwickeln vermag, wo die Modernisierung bereits sehr weit fortgeschritten ist – wie zum Beispiel in den gebildeten Mittelschichten des Mittleren Orients. Aber auch die evangelikale Bewegung läßt eine solche Kraft erkennen, wiewohl sie gleichzeitig zeigt, daß die Modernisierung durch explizit religiöse Werte und Verhaltensmuster auch vorangetrieben werden kann. Aber, und das zu sagen ist wichtig, keine der beiden Bewegungen reicht aus, um die Säkularisationstheorie endgültig ad acta zu legen. Vielmehr gibt es nach wie vor Schlupflöcher, durch die sie entkommen kann. Der Effekt des »letzten Aufbäumens« haftet diesen Geschehnissen unübersehbar an: Sicher, die iranische Revolution ist ein bizarres Beispiel, aber früher oder später wird der Iran in die moderne Welt zurückkehren, und dann werden die Kräfte der Säkularisierung wiederkommen und Vergeltung üben. Und was die Evangelikalen an Orten wie Santiago anbelangt, so kann es durchaus geschehen, daß sie die Geschichte ihrer geistigen Brüder und Schwestern aus dem 18. und 19. Jahrhundert wiederholen, aber: Wie nützlich und dienlich ihre Werte und Lebensformen in der Anfangsphase einer modernen kapitalistischen Entwicklung auch immer sein mögen, sie hören auf, nützlich und dienlich zu sein, wenn diese Entwicklung *erfolgreich* abgeschlossen ist, um – so die Argumentation – genauso dahinzuwelken, wie sie zuvor in England dahingewelkt sind. Im Moment können wir nicht endgültig sagen, daß diese Argumentation falsch ist; wir können nur sagen, daß sie spekulativ ist und über unsere heutigen Erkenntnisse hinausgeht.

Eine weitere Kalamität für die Säkularisationstheorie ist die Religiosität in den Vereinigten Staaten, und da es sich hier um ein großes und mächtiges Land handelt, ist sie gravierend. Niemand wird behaupten, die Gesellschaft in den Vereinigten Staaten sei nicht modern; in vielerlei Hinsicht ist sie sogar moderner als jede andere. Und dennoch sind die USA nach allen konventionellen Maßstäben nach wie vor ein tiefreligiöses Land, ein Land, das sich, an denselben Kriterien gemessen, nachhaltig nicht nur von Europa unterscheidet, sondern auch und sogar von seinem unmittelbaren Nachbarn im Norden. (Das englischsprachige Kanada scheint, was die Religion anbelangt, auf halbem Weg zwischen England und den USA zu liegen; Québec erlebte einen raschen und dramatischen Säkularisationsprozeß, vergleichbar dem, der sich seit dem Zweiten Weltkrieg in Südeuropa vollzieht.) In Amerika hat sich der religiöse Status quo nicht nur erhalten, die Zahl der Amerikaner, die regelmäßig zur Kirche gehen, religiöse Organisationen finanziell unterstützen und sich selbst als strenggläubig bezeichnen, ist sogar gewachsen. Natürlich partizipieren nicht alle religiösen Gruppierungen an diesem Trend. Aufs Ganze gesehen kann man jedoch sagen, daß – entgegen den Prognosen der Säkularisationstheorie – Blüte und Gedeihen der Kirchen in einem direkten Verhältnis zu ihrem Festhalten an allgemein anerkannten Glaubensvorstellungen und -praktiken stehen: je konservativer, desto erfolgreicher. Neben alldem weisen die Vereinigten Staaten eine starke Konzentration der bereits erwähnten Schicht säkularisierter Bildungsbürger auf, einer quasi – »schwedischen« intelligentsia, die – in religiösen Fragen – eine größere Affinität zu Europa erkennen läßt als zu ihrer eigenen Gesellschaft. Von den schweren Konflikten, die diese Klassenspaltung innerhalb der amerikanischen Gesellschaft ausgelöst hat, wird später noch ausführlich die Rede sein. Im Moment gilt unser vordringliches Interesse den Schwierigkeiten, in welche die unleugbare Tatsache amerikanischer Religiosität die Säkularisierungstheorie stürzt, findet sie doch statt in einer unbestreitbar modernen und außerordentlich mächtigen Gesellschaft. Weder die Theorie des »letzten Aufbäumens« noch die Vorstellung, die Religion werde mit einer erfolgreichen Modernisierung, welche die religiösen Tugenden veralten lasse, sozusagen von selbst verschwinden, erweisen sich für die Erklärung des Falles Amerika als besonders stichhaltig.

Ich verfechte seit langem die Meinung, daß die Stellung der Religion in der modernen Welt ein Mehr an Erklärung erfordert, als die Säkularisationstheorie zu leisten vermag, daß gewissermaßen eine Zusatzerklärung erforderlich ist, die vielleicht etwas hochtrabend mit dem Begriff »Pluralisierungstheorie« gekennzeichnet werden könnte. Kurz gesagt heißt das, daß der Pluralismus in diesem Zusammenhang eine ebenso wichtige Gegebenheit ist wie die Säkularität und daß letztere verständlicher wird, wenn man beide Momente zusammen betrachtet. Unter Pluralismus verstehe ich mehr oder weniger das, was der Terminus im normalen Sprachgebrauch bedeutet – die Koexistenz, das weitgehend friedliche Nebeneinander verschiedener Gruppen in ein und derselben Gesellschaft. Der religiöse Pluralismus (wenn man ihn von anderen Pluralismen unterscheiden will) ist nichts anderes als eine von mehreren Spielarten dieses Phänomens, wobei unter Pluralisierung der Prozeß zu verstehen ist, in dem der besagte Zustand sich herstellt. Der in der Definition verwandte Begriff der »Koexistenz« muß ein wenig erweitert werden, denn er impliziert heute nicht nur die Abwesenheit von wechselseitigem Gemetzel, sondern kennzeichnet auch einen gewissen Grad an sozialer Interaktion. Und genau das ist wichtig. Es hat die ganze Geschichte hindurch viele Situationen gegeben, in denen unterschiedliche Gruppen es schafften, nebeneinander zu existieren, ohne ihrer vermutlich natürlichen Neigung nachzugeben, sich wechselseitig umzubringen. Trotzdem wurde dieser wünschenswerte Zustand (gewöhnlich nicht durch erhabene Toleranzideale herbeigeführt, sondern durch die Grenzen der Macht, über die die einzelnen Gruppen geboten) im allgemeinen dadurch aufrechterhalten, daß Barrieren gegen soziale Beziehungen aufgerichtet wurden.

Es ist eine der drolligen Illusionen der liberalen Ideologie, daß die Menschen einander um so lieber mögen, je besser sie sich kennen. Das genaue Gegenteil ist der Fall, wie ein kurzer Blick in die Mordstatistiken beweist: Die meisten Morde werden von engen Freunden und Verwandten des Mordopfers begangen. Das Sprichwort von den guten Zäunen, die gute Nachbarn erzeugen, hat durchaus seine soziale Richtigkeit. Beispiel: Der »Zaun des Gesetzes«, den der traditionelle Judaismus um ein jüdisches Volk errichtete, das gezwungen war, in einer vorwiegend feindlichen nichtjüdischen Umwelt zu leben. Anderes Beispiel: Das Hindu-Kasten-System, das es ermöglicht, daß unterschiedliche Gruppen (ursprünglich Eroberer und Besiegte) Seite an Seite leben, ohne in soziale Beziehungen zueinander zu treten. Die beiden wichtigsten Tabus in diesen und ähnlichen Fällen betreffen das, was Kulturanthropologen die Tischgemeinschaft und das eheliche Zusammenleben nennen – die Menschen sollen nicht miteinander speisen und sie sollen einander nicht heiraten. Da die Möglichkeit besteht, daß die erste Aktivität die zweite nach sich zieht, darf ihre Tabuisierung als ein generelles Verbot von informeller Interaktion interpretiert werden. In einer solchen Situation kann es zwar einen »Bürgerfrieden« geben, doch ist die Koexistenz sehr begrenzt.

Der uns hier interessierende Pluralismus findet dann statt, wenn Zäune überwunden werden. Nachbarn beugen sich hinüber und herüber, sprechen miteinander und gehen Beziehungen und Verbindungen miteinander ein. Was dem gleichsam automatisch folgt, läßt sich als »kognitive Kontamination«, als geistige Verseuchung bezeichnen – die verschiedenen Lebensstile, Werte und Glaubensvorstellungen vermischen sich. Einen so gearteten Pluralismus hat es im Lauf der Geschichte viele Male gegeben. Städte und Stadtstaaten gaben einen besonders guten Nährboden für ihn ab. Zu denken ist vor allem an die großen Stadtstaaten der hellenistischen und der spätrömischen Epoche. Das spezielle Kennzeichen des *modernen* Pluralismus sieht anders aus, es besteht in seiner schieren Masse. Die Städte werden immer größer und immer heterogener. Mehr und mehr Menschen aus zutiefst verschiedenen Kulturkreisen sind gezwungen, dauerhaft hautnah zusammenzuleben. Die Verstädterung erweist sich als ein physisches und ein mentales Phänomen zugleich, Massenbildung und Massenkommunikation machen es möglich, daß Menschen mit fremden Kulturen und Weltanschauungen in Kontakt kommen, ohne sich jemals von ihrem Geburtsort zu entfernen; sie können eine urbane Lebensauffassung entwickeln, sozusagen urbanisiert werden, auch wenn sie an Orten leben, die in der Bevölkerungsstatistik als Kleinstädte,

Dörfer oder ländliche Gebiete klassifiziert sind. Und da die Modernisierung ein stetig fortschreitender Prozeß ist, nimmt auch dieser Pluralismus immer intensivere Formen an. Die Moderne erzeugt ihn gewissermaßen aus sich heraus. Ihre Pluralisierungseffekte werden zusätzlich verstärkt, wenn Marktwirtschaft und Demokratie herrschen. Was den Markt anbetrifft, so war er, genau wie die Stadt, immer schon eine pluralisierende Kraft: Menschen kaufen von und verkaufen an einander mit dem Effekt, daß die »Tischgemeinschaft« als Möglichkeit immer gegeben ist. Der Kapitalismus hat diesen Markt universalisiert. Die Demokratie wiederum institutionalisiert, zumindest in ihrer modernen Form, Toleranz auf der politischen Ebene, was aus der Sicht geschlossener traditionaler Gemeinschaften die Gefahr impliziert, daß diejenigen, die gemeinsam wählen, irgendwann auch gemeinsam essen – und danach ist *alles* möglich.

Was jedoch nicht nur möglich ist, sondern alsbald auch konkret passiert, ist die schon erwähnte »kognitive Kontamination«. Ihr Zustandekommen ist leicht zu beschreiben, sie vollzieht sich wie folgt: Irgendwie drängt sich einem der Gedanke auf, daß das eigene traditionelle Weltverständnis vielleicht doch nicht das einzig richtige ist und daß die anderen möglicherweise auch diesen oder jenen guten Gedanken haben. Die bislang für selbstverständlich genommene Weltsicht wird aufgebrochen, wenn es auch zunächst nur ein winziger Spalt ist, der sich auftut und durch den der Schimmer eines Zweifels eindringt. Doch hat diese Öffnung die Neigung, sehr schnell größer zu werden. De facto kann sie so groß werden, daß schließlich der pure Relativismus herrscht. Es gibt dann kaum noch Gewißheiten, aus Überzeugungen werden Meinungen, und man gewöhnt sich daran, die Dinge so oder auch ganz anders zu sehen. Ein Grund, weshalb Amerika in bezug auf den modernen Pluralismus als »Leitgesellschaft« (Talcott Parsons) bezeichnet werden kann, liegt darin, daß aus leicht nachvollziehbaren historischen Gründen der Prozeß der Pluralisierung in Amerika in der Tat sehr weit fortgeschritten ist. Einen anschaulichen sprachlichen Ausdruck findet diese pluralistische Dynamik in der Rede von den »religiösen Präferenzen« der Amerikaner, von ihrer

»zufälligen« Religionszugehörigkeit oder davon, daß sie – so ihre Selbstbekundung – eine bestimmte Glaubensgemeinschaft »toll finden«. Die Sprache verrät sowohl Unsicherheit als auch Unbeständigkeit: Präferenzen können sich wandeln, der Zufall von Geburt und Erziehung muß kein unabänderliches Schicksal sein, und die religiöse Option, die man heute »toll findet«, erscheint einem möglicherweise morgen schon als überholt.

Hat man diese soziale und psychologische Dynamik erst einmal durchschaut, dann wundert man sich nicht mehr darüber, daß ein derartiger Pluralismus säkularisierend wirkt. Er würde selbst dann so wirken, wenn es keine weiteren Säkularisierungsfaktoren, wie z. B. Technik und Wissenschaft, gäbe; und er hatte solche Auswirkungen auch schon zur Zeit der alten Griechen. Das heißt, man kann sagen, daß Modernität die unablässige wechselseitige Befruchtung zwischen Pluralismus und Säkularität bewirkt.

Ein anderer Punkt darf hier nicht fehlen: Die Moderne ist ein Produkt abendländischer Zivilisation, die ihrerseits ein Produkt hebräischer Religiosität und griechischer Vernunft ist. Beide Erbgüter erschweren den Umgang mit dem Pluralismus auf der kognitiven Ebene. Die jüdische Religion insistierte darauf, daß es nur einen einzigen Gott geben könne, während die griechische Vernunft auf dem Grundsatz beharrte, daß etwas nicht A und non-A zugleich sein könne. Die Prinzipien des Monotheismus und des Widerspruchs lasten mächtig auf der gesamten Entwicklung des abendländischen Geistes. Der Unterschied zu Süd- und Ostasien könnte krasser nicht sein. Nahezu jeder indische oder chinesische Philosoph würde beide Prinzipien für offen absurd erklären: Man braucht nur einen Blick auf die Welt zu werfen, um zu sehen, daß es vielerlei Manifestationen des Göttlichen gibt; sie allesamt auf eine einzige Gottheit zu reduzieren, ist in sich wenig überzeugend. Und was A und non-A angeht, so weiß jeder vernünftige Mensch, daß fast alles auf der Welt *A und non-A zugleich* ist. So kamen die indische und die sinitische Kultur mit den »kognitiven Kontaminierungen« des Pluralismus sehr viel besser zurecht als das mit seinen monotheistischen und aristotelischen Komplexen behaftete Abendland. Der Hinduismus ist berühmt für seine Fähigkeit, jeden Gott und jeden Widerspruch in sich aufzunehmen. Chinesen und andere Ostasiaten sind von einer bewundernswerten Flexibilität, wenn es darum geht, religiöse Diskurssysteme miteinander zu kombinieren – sie können Konfuzianer sein in der Familie, Buddhisten in schweren Lebenskrisen und ein Drittes bei anderen Gelegenheiten. In diesem wie auch in anderen Punkten, die im Moment keine Rolle spielen, hat das Christentum den säkularisierenden Einflüssen des modernen Pluralismus wenig entgegenzusetzen.

Die Möglichkeiten christlicher Gemeinschaften, den Zersetzungseffekten des Pluralismus entgegenzuwirken, sind begrenzt. Sie können zwar eine Zeitlang so tun, als sei nichts geschehen, und das Problem einfach ignorieren. Doch wie lange dies möglich ist, hängt vom Ausmaß der »kognitiven Kontaminierung« ab, die stattfindet. Läßt sie sich nicht mehr übersehen, gibt es vier Wege, ihr zu begegnen: Ich will sie bezeichnen als den Weg des »kognitiven Verhandelns«, den Weg der »kognitiven Kapitulation« und den in eine defensive und eine offensive Spur sich gabelnden Doppelweg der »kognitiven Verschanzung«. Alle vier Varianten werden von den heutigen christlichen Kirchen in Amerika und andernorts munter praktiziert.

Ja, man kann tatsächlich mit dem Zweifel verhandeln. Was es dazu braucht, ist eine Art von innerem Dialog, geführt vom einzelnen Gläubigen mit sich selbst oder von der Gemeinschaft der Gläubigen als Gesamtheit. Er könnte sich wie folgt anhören, dieser Dialog: »Na schön, die von Jesus vollbrachten Wunder lassen sich nicht halten. In der Frage der Auferstehung geben wir aber keinesfalls nach!« Oder: »Wir können uns gern darauf einigen, daß Jesus vieles von dem, was er dem Neuen Testament zufolge gesagt haben soll, in Wirklichkeit gar nicht gesagt hat. Wir beharren jedoch darauf, daß er das Heilige Abendmahl als Institution eingeführt hat.« Oder: »Wir werfen das Handtuch im Streit um die Unfehlbarkeit des Papstes, halten aber an der Apostolischen Nachfolge fest.« Und so fort. Verhandlungen, so könnte man argumentieren, sind dann unvermeidlich, wenn ein Glaubenssystem mit einer unabweisbaren Herausforderung konfrontiert ist. Entsprechend besteht die liberale Theologie – zumindest seit Friedrich

Schleiermacher – aus einer langen Abfolge von kognitiven Verhandlungen mit dem von der modernen Diesseitigkeit ausgesäten Zweifel (wobei dessen Verfechter natürlich jene »kultivierten Religionsverächter« sind, an die Schleiermacher sich wendet). Man könnte sogar sagen, diese Verhandlungen stellten den einzig richtigen Weg dar. Und dennoch wäre es tollkühn, die in ihnen liegenden Gefahren einfach zu übersehen. Man braucht einen sehr langen Löffel, wenn man mit dem Teufel in Gestalt des Zweifels zu Tische sitzen will; hat man diesen Löffel nicht, läuft man Gefahr, von ihm als Nachspeise verzehrt zu werden. Oder, um die Metapher zu wechseln, bereits der erste Schritt, den man in diesem Verhandlungsprozeß tut, führt einen auf einen äußerst rutschigen Abhang, an dessen Fuß einen die Trümmer zerschmetterter Glaubenslehren erwarten.

Wer es sich ersparen möchte, diesen schmerzvollen Prozeß des Für und Widers zu durchleiden, kann, statt zu verhandeln, eine weiße Fahne hissen und auf der Stelle kapitulieren. Dies vereinfacht die Dinge ganz ohne Zweifel, und es war der Ausweg vieler Theologen, die sich selbst für radikal hielten oder anderen dafür galten. Im amerikanischen Christentum erreichte diese Art zu theologisieren einen gewissen Höhepunkt mit der sogenannten »Gott-ist-tot-Theologie«, einem kurzlebigen und von den Medien mit Feuereifer verbreiteten Oxymoron. Aber auch viele derjenigen modernen Theologen, die eine gemäßigtere Sprache sprechen, vollziehen diesen Unterwerfungsakt, der in erster Linie darin besteht, daß sie bereit sind, die moderne Weltlichkeit mit ihrer Absage an die Transzendenz und ihrer Übersetzung der christlichen Botschaft in eine moderne diesseitige Sprache als richtig anzuerkennen. Diese Sprache kann eine philosophische, psychologische oder politische Sprache sein, das heißt, die verschiedenen Übersetzungen lesen sich nicht nur immer wieder anders, sie sind auch in ihren Auswirkungen verschieden. Und dennoch bleibt die Grundaussage immer dieselbe, denn sie lautet in allen Fällen: »*Dies* ist der *wahre* Inhalt der christlichen Religion.« Nicht der lästige Ballast einer traditionellen Orthodoxie soll vermittelt werden, sondern ihr jeweiliges weltliches Surrogat – die angebliche

»Ethik Jesu«, eine Art von existentialistischer Erfahrung, geistige Gesundheit mit einer »spirituellen« Komponente oder (die beliebteste Variante der letzten Jahre) ein konkretes politisches Programm. Wenn dieser modus operandi auch eine gewisse geistige Erleichterung zu verschaffen vermag, so ist er letztlich doch selbstzerstörerisch: Intellektuell impliziert er den direkten Selbstmord, und sozial führen die mit ihm verbundenen unzähligen Konzessionen insofern zur Selbstvernichtung, als die Menschen feststellen, daß sie moralisch sein und handeln können auch ohne Jesus, existentiell authentisch und geistig gesund auch ohne Religion und politisch engagiert auch ohne Kirche. Ein Prozeß, den der Hauptstrom des heutigen amerikanischen Protestantismus bis ins kleinste ad oculos demonstriert. Eine erkleckliche Zahl von katholischen Theologen ist bestrebt, diesem Beispiel zu folgen, und selbst bei den gebildeteren Evangelikalen sind neuerdings Anzeichen dieses Syndroms zu erkennen.

Der entgegengesetzte Weg besteht darin, daß man sich über den Zweifel und die ihn säen hinwegsetzt und den ganzen Orthodoxiekram mitsamt den dazugehörigen Riten und Praktiken ungeachtet aller modernen Weltlichkeit neu bekräftigt. Defensiv betrieben, bedeutet dies, daß man sich in eine Festung zurückzieht, innerhalb der sich alle alten Normen, die doktrinären ebenso wie solche des Verhaltens, aufrechterhalten lassen. Offensiv betrieben, besteht das Ziel darin, die Gesellschaft für die traditionelle Religion zurückzuerobern. Mit anderen Worten, die einen begeben sich in ein Ghetto, die anderen auf einen Kreuzzug. Beide Varianten implizieren unter modernen Verhältnissen, speziell in entwickelten Industriegesellschaften, enorme Schwierigkeiten, wobei das Hauptproblem der hier zur Debatte stehende Pluralismus ist. Wird die Ghetto-Option verfolgt – höflicher ausgedrückt, wird eine Subkultur geschaffen oder erhalten –, dann müssen die Mauern um das Ghetto herum schon sehr dick sein, soll die kognitive Kontaminierung durch den Pluralismus wirklich verhindert werden. Ein kleiner Riß in der Mauer, und schon dringt der heftige Wind der pluralistischen Kultur, der das Ghetto umstürmt, in sein Inneres ein. Jede Sekte in Amerika hat mit diesem Problem zu kämpfen – von den Mormonen über die Amischen Mennoniten bis zu den chassidischen Juden. Das eindrucksvollste Beispiel ist indes der Katholizismus im Kielwasser des Zweiten Vatikanischen Konzils. Bis zu diesem Ereignis hatte die Katholische Kirche in Amerika eine widerstandsfähige Subkultur, deren Angehörige den kognitiven Turbulenzen um sie herum relativ unbeschadet trotzten, erfolgreich am Leben erhalten. Das Zweite Vatikanische Konzil *beabsichtigte* nach den Worten von Johannes XXIII., »Fenster in die Mauer einzulassen«; die nichtbeabsichtigte Folge dieses sogenannten »aggiornamento« war die Errichtung einer achtspurigen Autobahn mitten durch das katholische Ghetto – *jeder und alles* fuhr mit Getöse hinein. Die derzeitige Führung der Katholischen Kirche, insbesondere die römische Kurie, versucht alles, um die Festungsmauern zu reparieren; die Wahrscheinlichkeit, daß es dazu – zumindest in den westlichen Ländern – zu spät ist, ist nicht eben gering.

Jeder vehemente Versuch, eine Gesellschaft um einer Orthodoxie willen zurückzuerobern, schließt eine noch vehementere Ablehnung des Pluralismus ein. In Amerika erfordert ein solches Vorhaben nicht nur den Verzicht auf die verfassungsmäßige Trennung von Kirche und Staat, sondern auch auf bestimmte Kernsätze des politischen Credos. Es sind nur wenige Katholiken, die ihre Stimme zugunsten eines solchen Kurses erheben; seine heftigsten Verfechter kommen aus den freiheitlicheren Gefilden des evangelikalen Protestantismus. Ihr Ruf gilt einem »christlichen Amerika«, christlich im Sinne ihrer Speziallehre. Man braucht keine großen soziologischen Vorkenntnisse zu haben, um zu sehen, daß die Erfolgschancen eines solchen Konzepts, wenn keine unerwarteten (und erfreulicherweise unwahrscheinlichen) nationalen Katastrophen eintreten, äußerst gering sind. In der Regel enden solche Kreuzzüge in einem kleinen Ghetto, behaftet mit allen dazugehörigen Schwierigkeiten. Der letzte im Westen gestartete Versuch in dieser Richtung war die katholisch inspirierte falangistische Revolution in Spanien mit ihrer erklärten Absicht, Spanien für »Christus, den König« zurückzuerobern (eine Neuauflage der reconquista, welche Spanien aus moslemischer Herrschaft befreit hatte).

Bestrebt, Spanien zu einem Vorort von Fatima zu machen, bereitete sie dem den Weg, was Spanien heute ist – ein Vorort von Brüssel.

Doch genauso wie es falsch wäre, Modernisierung und Säkularisierung als einbahnige, unaufhaltsame Prozesse anzusehen, ist es falsch, die Pluralisierung als einen solchen Prozeß zu begreifen. Es gibt starke Impulse sowohl gegen die Modernisierung und die Säkularisierung als auch gegen die Pluralisierung. Die Gründe für den letztgenannten Fall liegen gleichsam auf der Hand: Da der Pluralismus einen Zustand permanenter Unsicherheit in bezug auf die Frage erzeugt, was man glauben und wie man leben soll, das menschliche Gemüt aber nichts so sehr verabscheut wie Unsicherheit, und dies auch noch in wirklich wichtigen Lebensfragen, erscheint der Absolutismus bzw. die Lehre von Gottes absoluter Gewalt um so attraktiver, je mehr der Relativismus Platz greift. Relativismus macht zwar frei, doch kann die gewonnene Freiheit auch sehr schmerzvoll sein; und wenn sie diesen Schmerz verspüren, haben die Menschen das Bestreben, sich von diesem Relativismus wieder zu befreien. Das ist der Grund, weshalb lautstark verkündete Konzepte, welche Gewißheit und »Ganzheitlichkeit« versprechen, in modernen pluralistischen Gesellschaften trotz der Unannehmlichkeiten, die jedes absolutistische Programm mit sich bringt, solchen Anklang finden. Natürlich tragen nicht alle antipluralistischen Entwürfe religiösen Charakter. Viele sind politisch oder ästhetisch begründet oder knüpfen an einen bestimmten Lebensstil oder eine bestimmte Philosophie an. Und so gibt es trotz aller ideologischen Differenzen starke psychologische und soziologische Affinitäten zwischen Marxisten, radikalen Feministinnen, Überlebenstheoretikern, den Praktikern verschiedener Gesundheitskulte und den Anhängern von Ayn Rand. Man ist fast versucht zu sagen, der ideologische Gehalt aller solcher Bewegungen sei nur von marginaler Bedeutung, solange sie denen, die sich ihnen anschließen, eine neue Gewißheit in Anschauungs- und Verhaltensfragen zu bringen imstande sind.

Die sozialpsychologische Dynamik des Pluralismus zu verstehen, heißt den Wechsel zwischen grenzenloser Toleranz und Fanatismus zu begreifen, der die moderne westliche und vor allem die amerikanische Kultur so nachhaltig kennzeichnet, ein Phänomen, das ansonsten absolut rätselhaft bliebe. Auf der einen Seite scheint diese Kultur fast alles zuzulassen. Keine Idee, kein Lebensstil, kein Programm, die abwegig genug wären, um nicht ernsthaft diskutiert und in ihrer Existenzberechtigung anerkannt zu werden. Und doch sind dieselben Menschen, die eine solchermaßen allumfassende Toleranz bekunden, merkwürdig empfänglich für Ideologien, die absolute Gültigkeit reklamieren, absolute Loyalität fordern und an den Rest der Gesellschaft nichtverhandelbare Forderungen stellen. Relativisten leben heute nicht nur Seite an Seite mit Fanatikern und umgekehrt; sie bekehren einander auch mit voraussagbarer Regelmäßigkeit.

Mit dem Pluralismus zu leben, ist nicht leicht. Demokratie als Idee wie als institutionelles Gefüge macht den Umgang mit ihm zwar dort leichter, wo es um praktisch-politische Übereinkünfte und Arrangements geht; für das existentielle Grundproblem hält aber auch sie keine Lösung bereit. Betrachtet man die Angelegenheit aus einem philosophischen Blickwinkel, dann läßt sich die Herausforderung, die der moderne Pluralismus für die Religion darstellt, wie folgt kennzeichnen: Es ist schwer, Anschauungen zu verfechten, ohne sie entweder in einer letzten Relativität aufzulösen oder in die falschen Absolutheiten des Fanatismus einzumauern. Es ist ein schwieriges Unterfangen, aber kein unmögliches.

2

RELIGION UND KULTURKONFLIKT IM HEUTIGEN AMERIKA

Man braucht kein Sozialwissenschaftler zu sein, um zu sehen, daß die amerikanische Gesellschaft, so wie sie heute beschaffen ist, kulturelle Verwerfungslinien aufweist, die zu Spaltungen führen. Ebenso ist man als Sozialwissenschaftler keineswegs im Vorteil, wenn es darum geht, diese Spaltungen moralisch oder theologisch zu bewerten. Die Sozialwissenschaft kann nur in einem einzigen Punkt einen bescheidenen, aber gleichwohl nützlichen Beitrag zum Verständnis dieser Situation leisten: Sie kann den Zusammenhang aufzeigen zwischen dem, was Menschen denken, und dem, was sie tun – tun nicht als Individuen, denn so gesehen ist jeder Mensch eine Besonderheit, sondern tun als Mitglieder von Gruppen und Institutionen.

Was heißt es, wenn von einem »Kulturkonflikt« im heutigen Amerika die Rede ist? Der Begriff selbst birgt keinerlei Geheimnis. Das Wort »Kultur« hat in diesem Kontext die Bedeutung, die es generell im Sprachgebrauch der Sozialwissenschaftler hat – gemeint sind die Anschauungen, Werte und institutionellen Strukturen, auf deren Basis eine Gruppe von Menschen ihr Leben organisiert. Bilden sich Gegensätze und Spannungen in diesen Konfigurationen heraus, kann man von »Konflikt« sprechen. Existiert ein solcher Konflikt, dann dürfen wir nicht den Sinn für Proportionen verlieren, wovor wir uns am besten bewahren, wenn wir ihn aus einem weiten, übernationalen Blickwinkel betrachten. Verglichen mit vielen anderen Gesellschaften haben die Vereinigten Staaten derzeit eine relativ gut integrierte Kultur vorzuweisen;

mehr noch, die amerikanische Kultur übt eine starke Faszination auf Menschen in aller Welt aus, und es ist nicht zu erwarten, daß sie diese Attraktivität in naher Zukunft verliert. Und trotzdem *gibt* es einen kulturellen Konflikt im heutigen Amerika; er ist ernst für diejenigen, die hier leben, und es ist wichtig, ihn zu verstehen.

Beginnen wir mit einem einfachen Beispiel, der derzeitigen Kontroverse über Abtreibung. Es sind zwei gegnerische Gruppen von äußerst engagierten Personen, deren Vorstellungen von einer moralischen Lebensführung sich so stark unterscheiden, daß sie kaum noch in der Lage sind, miteinander zu reden. Pointiert gesagt sieht die eine Gruppe eine Eizelle sechs Tage nach der Befruchtung als ein menschliches Wesen an, das einen Rechtsanspruch auf den vollen Schutz des Lebens hat, während die andere den Rechtsstatus eines sechs Monate alten Fötus ausschließlich dadurch definiert sieht, daß er Teil des Körpers einer Frau ist. Angesichts so völlig verschiedener Interpretationen des *Ist-*Zustandes kann nicht überraschen, daß die beiden Gruppen in der Frage, was sein *sollte*, zu völlig verschiedenen moralischen Schlüssen gelangen. Wie üblich im politischen Diskurs verdecken die Flaggen, unter denen gekämpft wird, das Wesen des Konflikts. Die »freie Entscheidung« in der Abtreibungsfrage ist eine sinnlose Phrase für all jene, die in ihr eine »Entscheidung« für einen Mord sehen; während diejenigen, die die ganze Frage als ein Problem betrachten, das in die Entscheidungskompetenz der Frau über ihren Körper gestellt ist, der Parole »vom Recht auf Leben« insofern keinen Sinn abgewinnen, als der Körper der Frau ja schließlich ebenfalls »Leben« ist. Der Streit zwischen den beiden Gruppen ist in seiner Schärfe durchaus dem zwischen Christen und Mohammedanern vergleichbar, ja er erinnert in beängstigender Weise sogar an Stammesfehden. Es ist die unentwegte Integration der amerikanischen Gesellschaft, die verhindert, daß der Streit quasilibanesische Dimensionen annimmt; sie zeitigt damit die gleiche Wirkung wie die einfache Tatsache, daß die meisten Amerikaner in dem Streit irgendwo in der Mitte stehen. Die Ergebnisse der vielen einschlägigen Meinungsumfragen können in verschiedener Weise gelesen und interpretiert werden. Mein Eindruck ist, daß die meisten Menschen von der Kontroverse Kenntnis nehmen, daß sie sie in eine gewisse Verwirrung stürzt und sie sich abgestoßen fühlen von der schneidend scharfen Rhetorik beider Seiten. Doch wie immer dem sei, unser Beispiel betrifft einen heftigen Streit um Anschauungen und Wertfragen, ausgetragen zwischen einer großen Zahl von Amerikanern.

Sozialwissenschaftler haben keineswegs die Kompetenz, über die dem Streit zugrunde liegenden philosophischen und theologischen Meinungsverschiedenheiten zu befinden oder als Schiedsrichter zu fungieren. Eine Handlungsanweisung, wie zu verfahren sei, können sie nicht geben. Sie können aber den sozialen Kontext untersuchen, in dem die gegnerischen Parteien angesiedelt sind, und dabei einige nützliche Erkenntnisse gewinnen. Dabei können sie erstens herausfinden, daß Ansichten in der Abtreibungsfrage *nicht isoliert für sich allein stehen*, sondern *mit anderen Ansichten gekoppelt sind*. So spricht einiges dafür, daß dezidierte Befürworter einer »Freigabe« der Abtreibung die Anwendung von militärischer Gewalt als Mittel der Außenpolitik ablehnen. Dagegen dürften diejenigen, die für den »Schutz ungeborenen Lebens« eintreten, der kapitalistischen Wirtschaft und mit ihr der Konsumgesellschaft kritisch gegenüberstehen und einer machtvollen Verteidigungspolitik mehr Sympathie entgegen bringen. Grob gesprochen tendieren die Abtreibungsbefürworter zu einer Links-von-der-Mitte-Position, während die Abtreibungsgegner eher rechts von der Mitte angesiedelt sind. Selbstverständlich sind dies Wahrscheinlichkeitsaussagen, die für zahllose Ausnahmen nicht gelten. Aber wenn wir hören, daß Person X vehement für die Freigabe der Abtreibung eintritt, dann können wir sagen, daß er oder sie vermutlich auch für massive staatliche Interventionen in der Wirtschaft plädieren, der amerikanischen Politik in Mittelamerika kritisch gegenüberstehen und nicht für Ronald Reagan gestimmt haben. Die Tatsache, daß es glühende Rechtsrepublikaner gibt, die das Großunternehmertum und die Anwendung von militärischer Gewalt nachhaltig gutheißen und *zugleich* für Abtreibung auf Verlangen sind, nimmt unserer Wahrscheinlichkeitsaussage nichts von ihrer Stichhaltigkeit. Natürlich können sich solche konkreten Korrelationen im Laufe der Zeit wandeln; doch das alles ändert nichts daran, daß Ansichten über Abtreibung – wie über viele andere Dinge auch – nicht isoliert daherkommen, sondern in Clustern, d. h. *gebündelt* mit anderen Anschauungen in anderen Fragen. Es gibt Menschen, die mit diesen Anschauungsbündeln differenziert und eigenständig umzugehen verstehen; die meisten präsentieren ihr Bündel allerdings so, als sei es ihnen von einer Zentrale vorgegeben und als solches aus einem Guß. Das mag philosophisch gesehen deprimierend sein, ist aber *die* von der modernen Sozialwissenschaft aufgedeckte Grundtatsache menschlichen Lebens.

Die nächste Beobachtung ist nicht minder bedeutsam: Die verschiedenen Anschauungs- und Werte-Cluster *verteilen sich nicht beliebig und zufällig über die Bevölkerung* – eine Erkenntnis, die uns zu einigen weiteren Wahrscheinlichkeitsaussagen verlockt: Personen beiderlei Geschlechts aus unteren Einkommensgruppen sind eher gegen Abtreibung als Angehörige (wiederum beiderlei Geschlechts) höherer Einkommensgruppen. Angehörige der Arbeiterklasse sind in außenpolitischen Fragen aggressiver als Angehörige der Mittelschicht. Geistesarbeiter stehen politisch eher links von der Mitte als Personen, die bei gleichem Einkommen in der Wirtschaft tätig sind. Natürlich gibt es auch hier Ausnahmen: Unsere Prognosen basieren auf statistisch ermittelten Häufigkeitsverteilungen, die sich im Lauf der Zeit wandeln können. Denken wir beispielsweise an die politische Rechtsverschiebung in der Arbeiterschaft im Verlauf mehrerer Wahlperioden und umgekehrt an die sich verstärkende Linkstendenz auf seiten der besserverdienenden Intellektuellen. Wenn wir von den Details absehen, wovon sprechen wir dann in diesem Moment? Wir sprechen von den Unterschieden zwischen Menschen als Resultat ihrer Einkünfte, ihres Berufs und ihres Bildungsstandes; soziologisch ausgedrückt, wir sprechen von *Klassen*.

Über Klassen und Klassenkultur in Amerika ist viel geschrieben worden. Für unsere Zwecke genügt die pauschale Feststellung, daß der kulturelle Konflikt in der heutigen amerikanischen Gesellschaft vornehmlich, wenn nicht gänzlich, ein Klassenkonflikt ist. Genauer gesagt, die meisten der eben erwähnten Ideologie-Cluster sind klassenspezifische Anschauungsbündel. Die Abtreibungskontroverse illustriert diesen Punkt klar und überzeugend: Die Haupttrennlinien zwischen den Kontrahenten sind nicht geschlechts- oder religionsabhängig, sondern klassenbedingt.

Damit komme ich zum Kern meiner soziologischen Interpretation des Kulturkonflikts im heutigen Amerika. Er besteht vor allem in einer bestimmten Sichtweise der Veränderungen des amerikanischen Klassensystems (die sich, nebenbei gesagt, in allen fortgeschrittenen kapitalistischen Gesellschaften in gleicher oder ähnlicher Weise beobachten lassen, auch in Westeuropa; Japan ist möglicherweise die einzige wichtige Ausnahme).

Die Basis dieser Sichtweise (bisweilen als »Theorie der Neuen Klasse« apostrophiert) sind die von niemandem bestrittenen Veränderungen in der Wirtschaft. Die wichtigste dieser Veränderungen – sie setzte, zumindest in Amerika, schon vor dem Zweiten Weltkrieg ein – hat sich nach Kriegsende heftig beschleunigt. Gemeint ist die stetig sinkende Zahl derjenigen Arbeitskräfte, die für die Schaffung und Erhaltung der materiellen Infrastruktur der Gesellschaft erforderlich sind. Einfacher ausgedrückt, die Zahl derer, die in der Landwirtschaft und im Bergbau, in der Fertigung und in den direkt mit diesen materiellen Produktionsprozessen verkoppelten Angestelltenberufen arbeiten, wird immer kleiner. Der Grund dafür ist zweifellos der enorme, anhaltend wachsende Einfluß der modernen Technik. Dies führte zunächst zu einem gewaltigen Zuwachs an white-collar-Tätigkeiten und danach zu einer Ausweitung all jener Berufe, die von den Ökonomen dem sogenannten »quartären Sektor« – besser bekannt als Dienstleistungssektor – zugerechnet werden. Doch ist dieser Terminus für unsere Zwecke hier zu unspezifisch. Was wir meinen, läßt sich kennzeichnen als ein Subsektor dieses quartären Sektors, in dem zwar ebenfalls Dienste geleistet werden, aber Dienste von einer sehr speziellen Art – nämlich immaterielle, auf Wissen beruhende Dienste. Die in diesem Subsektor Beschäftigten verdienen ihren Lebensunterhalt mit der Produktion und Distribution von Wissen. Sie bilden das riesige Heer der auf allen Ebenen des Bildungssektors und damit auch in all jenen Segmenten staatlicher und privater Bürokratien Tätigen, die mit der Verwaltung nichtmaterieller Güter befaßt sind – Güter wie »menschliche Ressourcen«, »Images der Unternehmen«, »soziale Gerechtigkeit«, »Lebensqualität« und dergleichen –, sei es, daß sie bei den Medien arbeiten oder als Psychiatrieprofessoren oder Berater in Fragen von Alterssexualität in der Therapieindustrie tätig sind. Alle diese Personen haben bestimmte gemeinsame Berufsmerkmale, darunter auch jenes, das den etwas unzuverlässigen Maßstab abgibt, an dem Kompetenz und Leistungsvermögen des je Einzelnen abgelesen werden. Die Rede ist von den in offiziell anerkannten Ausbildungsprozessen erworbenen Zeugnissen. Damit wird höhere Bildung – mit dem College als niedrigster Stufe – zum Eingangstor, durch das man in diese Berufswelt hineingelangt, während umgekehrt die Ausstattung dieser Welt mit dem erforderlichen Lehrpersonal zu einer der Hauptfunktionen des prosperierenden höheren Bildungssystems geworden ist.

Die zentrale These der »Theorie der Neuen Klasse« besagt, daß dieser Personenkreis inzwischen tatsächlich eine neue Mittelklasse bilde, die sich von der alten Mittelklasse, bestehend aus Gewerbe und den klassischen freien Berufen, nachhaltig unterscheide. Das umfangreiche empirische Datenmaterial, das zum Beleg dieser These bis heute gesammelt wurde, scheint sie in überzeugender Manier zu erhärten. Die Angehörigen der neuen Wissensberufe, die über stetig fließende Einkünfte verfügen, unterscheiden sich in ihren politischen Zielen, ihren Kollektivinteressen und ihrer Kultur merklich von der alten Mittelklasse – um den »Klassen«-Begriff in vertretbarer Weise zu benutzen. Man kann den Wandel auch so beschreiben, daß man sagt, die Mittelklasse hat sich gespalten: Wo es früher eine einzige Mittelklasse gab, deren Spannweite von der oberen bis zur unteren Mittelschicht reichte, gibt es heute zwei Mittelklassen, von denen jede ihre eigene innere Stratifizierung aufweist.

So gehört ein Professor für Kinderpsychologie, der an einer Eliteuniversität lehrt und Bestseller über Kindererziehung schreibt, ebenso der neuen Mittelklasse an wie ein kärglich besoldeter Erzieher, der in einem Kindergarten die Ideen des Professors in die Praxis umsetzt. Sie gehören trotz großer Einkommens- und Statusunterschiede deshalb ein und derselben Klasse an, weil ihre ökonomische Basis und ihre Klassenkultur die gleiche ist. Auch dürften sie sich ihrer Zugehörigkeit zur selben gesellschaftlichen Gruppe durchaus bewußt sein.

An Umfang und Einfluß zunehmend bzw. gewinnend, gerät diese neue Wissensklasse gleichsam automatisch in Konflikt mit der alten Mittelklasse, aus der sie hervorging – so wie ein paar hundert Jahre früher die in Europa entstehende Bourgeoisie in Konflikt geriet mit der Aristokratie. Ihren politischen Überzeugungen nach steht die neue Wissensklasse – aus Gründen, die in ihren spezifischen Klasseninteressen liegen – links von der alten Mittelklasse: Großenteils direkt beim Staat beschäftigt oder aus öffentlichen Mitteln finanziert, hat sie ein begründetes Interesse an der Ausweitung jener Teile des Staatsapparats, die ihr nicht nur Arbeit und Einkommen garantieren, sondern auch Macht und Status. Kein Wunder, daß sie für die Erhaltung und Ausweitung des Wohlfahrtsstaates sowie für jede erdenkliche Art von staatlicher und administrativer Kontrolle eintritt. Ganz anders die alte, aus Gewerbetreibenden und Unternehmern zusammengesetzte Mittelklasse. Sie empfindet eine wohlfahrtsstaatliche Haushaltspolitik vornehmlich als Belastung und sieht ihren Vorteil in ganz anderen Dispositionen (vor allem in Verteidigungsausgaben und staatlichen Konkurshilfen).

Nehmen wir als Beispiel die Verteidigungsausgaben: Die Diskussion um sie impliziert nach Auffassung vieler Linker eine Entscheidung zwischen »Kanonen und Butter«. Hübsch formuliert, doch müßte man fragen, um *wessen* Butter es sich handelt. Die Antikriegsbewegung der späten sechziger Jahre schuf einen Slogan, der auch heute noch öfters zu hören ist – »Neusetzung der nationalen Prioritäten«. Seine Bedeutung ist klar: Die staatlichen Ressourcen sollen nicht länger in militärische Projekte fließen, sondern in wohlfahrtsstaatliche. Soziologen haben die Aufgabe, prosaische Fragen zu stellen, und die prosaische Frage an dieser Stelle lautet: Wer hat etwas von dieser Umwidmung? Die Antwort liegt auf der Hand. Da der Streit zwischen rechten und linken Parteien in den modernen westlichen Demokratien den Charakter, die Machtkompetenz und das politische Konzept des Staates in seiner Eigenschaft als Regulator und Garant des Gemeinwohls betrifft, kann es nicht überraschen, daß die Sonderprivilegien der neuen Wissensklasse diese nach links drängen, während die Interessen der Unternehmerklasse in die entgegengesetzte Richtung weisen. Unnötig zu sagen, daß die Mitglieder beider Gruppen fest davon überzeugt sind, daß ihre Interessen sich mit den Interessen des Volkes als Ganzem decken, oder, im Falle der Wissensklasse, daß jede unterprivilegierte Gruppe aus ihren Diensten Nutzen ziehen kann. Die Unternehmer glauben, daß, was gut fürs Geschäft ist, auch gut sei für Amerika, und ihr Glaube ist nicht minder aufrichtig als der jener Sozialarbeiter, die sagen, was ihnen nütze, nütze zugleich den Armen. Verzichten wir an dieser Stelle auf die Überlegung, wie ein neutraler Beobachter diese philanthropischen Ansprüche bewerten würde, und durchleuchten wir erst einmal die politischen Präferenzen der beiden Personenkreise.

Klassen unterscheiden sich nicht nur in ihren angestammten Interessen und ihren politischen Zielrichtungen, sie differieren auch in ihrer Kultur. Das ist nichts Neues. Die bürgerliche Kultur, wie sie sich in Europa herausbildete, stand in einem scharfen Gegensatz zur Kultur der Aristokratie. So revolutionierte das aufstrebende Bürgertum nicht zuletzt die Kinderaufzucht von Grund auf. Konträr zur Aristokratie verwandten bürgerliche Eltern viel Aufmerksamkeit auf die Kindererziehung, indem sie ein wohldurchdachtes Regime aus Strenge und Güte praktizierten, mehr Gewicht auf Bildung legten und die Kindheit als eine eigenständige und außergewöhnlich wichtige Lebensphase ansahen. Heute unterscheidet sich die im Entstehen begriffene Kultur der Wissensklasse ebenfalls nachhaltig von der alten Mittelklassenkultur, wobei einige der zu konstatierenden Unterschiede, wenn überhaupt, nur wenig mit den divergierenden Klasseninteressen zu tun haben. Ein augenfälliges Beispiel dafür ist die Kleiderordnung. Geschäftsleute tragen im Normalfall Anzüge bzw. Kostüme, während Akademiker einen sorgsam angegammelten Aufzug bevorzugen. Es könnte genausogut umgekehrt sein. Das einzig offensichtliche Interesse, dem dieser Kodex dient, besteht darin, daß er den Angehörigen derselben Klasse hilft, ihresgleichen zu erkennen. Andere Aspekte der Klassenkultur hängen direkt und eindeutig mit Klasseninteressen zusammen. Dies gilt ganz sicherlich für die Abtreibungsproblematik.

Warum sollten Frauen mit höherem Einkommen für die Abtreibung eintreten, während Frauen mit niedrigen Einkünften dagegen sind? Hier gilt es zu beachten, daß Frauen generell zwar zunehmend berufstätig sind, daß sie mit dem, was sie arbeiten, aber ganz verschiedenen Arbeitswelten angehören. Und diese Unterschiede sind es, die sehr weitgehend ihre divergente Einstellung zu Familie, Mutterschaft und Kindern erklären. Ohne allzusehr zu übertreiben, kann man sagen, daß Kinder für eine aufstrebende Akademikerin, die einen Großteil ihres Selbstwertsgefühls aus Arbeit und Karriere bezieht, ein Passivposten sind, während Kinder im Leben von Frauen, die, wenn sie arbeiten gehen, Tätigkeiten verrichten, die wenig Befriedigung und keinen Status abwerfen, zu den wenigen Aktivposten gehören. Natürlich ist der »Passivposten« Kind für gutverdienende Akademikerinnen dies nur in einem begrenzten Sinn – im Karriere-Sinn nämlich –, und die meisten Menschen, gleich welcher Klasse sie angehören, haben außer der Karriere auch noch andere Interessen und wünschen sich Kinder aus emotionellen Gründen, die nichts mit ihren anderen Interessen zu tun haben. Aber selbst wenn wir mit dieser Feststellung recht haben, müssen wir zum Verständnis der unterschiedlichen Positionen im Abtreibungsstreit die existentiellen Differenzen zwischen den Klassen in Rechnung stellen.

Die derzeitige amerikanische Politik macht sehr viel mehr Sinn, wenn man sie aus diesem Blickwinkel des Klassen- und Kulturkampfes betrachtet. Es waren die Bewegungen der späten sechziger und der frühen siebziger Jahre, die dieser neuen Klasse und ihrer Kultur erste Konturen verliehen, und es war die Demokratische Partei, die am Ende dieser Periode als ihr wichtigstes politisches Sprachrohr ihre Anliegen offiziell vertrat. Umgekehrt wurde die Republikanische Partei zur Heimstätte derjenigen Gruppen, die sich durch den raschen Aufschwung, den die neue Wissensklasse nahm, bedroht fühlten. Die sogenannte »Reagan-Koalition« war das Ergebnis der Vereinigung solcher »Widerstandsgruppen«. Klassenpolitik führt oft zu merkwürdigen Koalitionen. Die Wissensklasse mußte ihre Interessen dadurch legitimieren, daß sie sich mit verschiedenen Kategorien von Benachteiligten in den unteren Gesellschaftsschichten identifizierte. Das klassische Porträt der daraus resultierenden Gesellschaftskomödie zeichnete Tom Wolfe mit der Nachstellung der von Leonard Bernstein für die Black Panthers gegebenen Party in jenem Stück, dessen Titel das Schlagwort vom »radikalen Chic« prägte. Die Reaktion der alten republikanischen Elite – WASP*-Stammgäste in Sitzungssälen, Gesellschaftsclubs auf dem Lande und episkopal-kirchlichen Empfangszimmern – auf die neue reaganistische Wählerschaft von aufgebrachten, völkisch gesinnten Bürgern, Fabrikarbeitern und bukolischen Evangelikalen, allesamt aus Orten stammend, von denen man bis dato niemals etwas gehört hatte, wartet noch auf ihr Porträt. Hinter der Gesellschaftskomödie verbergen sich indes harte Fakten. Eines dieser Fakten ist der Konflikt zwischen denen, deren Hauptinteresse der *Produktion* gilt, und denen, für die in erster Linie die *Umverteilung* wichtig ist. Die hierbei entstehenden Interessenübereinstimmungen sind stark genug, um in einem Anglistikprofessor das Gefühl einer Wesensverwandtschaft mit Jugendlichen aus der Unterschicht zu erwecken und um ein Mitglied des Establishments an der Ostküste dazu zu bringen, sich mit Leuten zu verbünden, die Groton** für eine Zahnfleischerkrankung halten.

Amerikanische Religiosität hatte, vor allem in Gestalt des amerikanischen Protestantismus, schon immer ein besonderes Verhältnis zum Klassensystem. Einige der berühmtesten religionssoziologischen Schriften – Texte von Max Weber, H. Richard Niebuhr, Liston Pope und anderen – beschäftigen sich mit diesem spezifisch amerikanischen Verhältnis zur Religion, deren soziale Funktion

---

* White Anglo-saxon Protestants
** Stadt in den USA im Staate Connecticut

in den USA eine völlig andere ist als in anderen westlichen Gesellschaften. Der Protestantismus und seine Moral – Weber sprach von der »protestantischen Ethik« – spielten eine wichtige Rolle bei der Entstehung der amerikanischen Mittelklassenkultur; de facto war diese Kultur über lange Zeit – ganz gewiß bis ins letzte Jahrzehnt des 19. Jahrhunderts hinein – zutiefst protestantisch. Mitgliedschaft in der protestantischen Kirche war eines der wichtigsten Statusmerkmale der Mittelklasse. Gleichermaßen wichtig: Die verschiedenen protestantischen Sekten waren nicht nur Indikatoren für die Klassenzugehörigkeit, sondern, insbesondere für die unteren Klassen, auch Wirkkräfte und Katalysatoren für den Aufstieg. So zeigte um die Jahrhundertwende in einer Stadt in Neuengland die Zugehörigkeit zur Episkopalkirche oder zu den Unitariern Oberklassenstatus an, leicht abgehoben von der mittelständischen Anhängerschaft der Kongregationalisten und Presbyterianer und streng geschieden von der großen Masse, die, wenn sie sich überhaupt kirchlich band, dem Baptismus oder Methodismus zuneigte. Es geschah immer wieder, daß Mitglieder der Unterschicht, die aufsteigen wollten, sich als erstes einer der protestantischen Religionsgemeinschaften anschlossen, und zwar jeweils derjenigen, von der sie sich für ihr Vorhaben am meisten versprachen. Diese Kirchen fungierten tatsächlich in einer sehr handfesten Weise als »Schulen« für den sozialen Aufstieg, denn sie impften ihren »Zöglingen« diejenigen bürgerlichen Tugenden ein, ohne die ein gesellschaftlicher Erfolg nicht zu erzielen war. Theologisch gesprochen wusch sich ein solcher Mensch im Blut des Lammes Gottes; soziologisch ausgedrückt lernte er, seine Füße zu waschen und seine Sprache von den Kraftausdrücken und Grobheiten zu reinigen, die in seiner Klasse gebräuchlich waren. Die amerikanische Gesellschaft zeichnete sich lange Zeit durch eine enorme soziale Mobilität aus. Daß ganze Personengruppen en bloc in die Mittelklasse aufstiegen, steigerte auch das Ansehen und den Status ihrer jeweiligen Kirchen, mit dem Ergebnis, daß nunmehr andere Sekten als Übungsgelände für den sozialen Aufstieg figurierten. Im 20. Jahrhundert waren es vor allem die Kirchen der Heiligungs- und der Pfingstbewegung, denen Aufstiegswillige aus der Unterschicht sich anvertrauten, sie sollten ihnen den Weg weisen zur »protestantischen Ethik« und damit ins gelobte Land bürgerlicher Achtbarkeit.

Diese spezifisch amerikanische Symbiose von Religion und Klassenzugehörigkeit hat, insbesondere auf den unteren Stufen des Klassensystems, bis heute Bestand. Und zwar trotz der komplizierten Verhältnisse, die durch die zunehmende Pluralisierung der amerikanischen Kultur – zu denken ist vor allem an den eindrucksvollen gesellschaftlichen Erfolg der Katholiken und der Juden – und mehr noch durch die Verweltlichung maßgeblicher Teile der Mittelklasse entstanden sind. Ich kann diese Veränderungen hier nicht im einzelnen nachzeichnen, halte es aber für wichtig zu zeigen, welcher Zusammenhang zwischen der Religion und der bereits erwähnten Spaltung der Mittelklasse besteht.

Nehmen wir den Protestantismus in seiner Hauptlinie: Seine Anhängerschaft kommt zu überwältigenden Teilen aus der Mittelklasse, wobei die Mehrheit eher der alten Unternehmerschicht als der neuen Wissensklasse angehört; tatsächlich dürfte letztere das am meisten verweltlichte und am wenigsten kirchlich gebundene Bevölkerungssegment sein. Nicht so die *Geistlichkeit* dieser Religionsgemeinschaften, ihre soziale Zugehörigkeit ist eine ganz andere Geschichte: Sie gehört, genau wie die Kirchenverwaltungen und Kirchenseminare, deren Personal sie stellt, voll und ganz der neuen Wissensklasse an. Sie nimmt an deren Kultur teil, beugt sich deren Vorstellungen und Werten und praktiziert mit Begeisterung deren Politik. Kein Wunder, daß sich zwischen Klerus und Laienschaft in diesen Kirchen eine Kluft aufgetan hat. Eine Zeitlang sahen scharfsinnige Beobachter der protestantischen Szene einen großen Machtkampf heraufziehen. Dieser Kampf hat nicht stattgefunden. Verärgerte Laien traten nicht offen gegen ihren Klerus an, sondern stahlen sich eher still und leise davon. Alle diese Religionsgemeinschaften hatten in den letzten Jahren einen deutlichen Mitgliederschwund zu verzeichnen, einige von ihnen (die Episkopalen an der Spitze) erlebten sogar einen katastrophalen Niedergang. Die Gründe dafür sind vielfältig, eine wichtige Ursache ist ganz gewiß demographischer Natur: Die obere Mittelschicht hat eine kleine bis winzige Nachkommenschaft. Dennoch kann kein Zweifel daran bestehen, daß die Enttäuschung vieler Menschen über diese Kirchen ein nicht minder wichtiger Grund für deren Mitgliederschwund ist. Auffallend ist, daß die Mitgliederzahlen der evangelikalen Kirchen zur selben Zeit unablässig stiegen, woraus einige Beobachter schließen zu können glauben, daß viele verärgerte und mißgestimmte Protestanten von den evangelischen Hauptkirchen zu den Evangelikalen übergewechselt seien. Neuere Forschungsergebnisse (ich beziehe mich auf das wichtige Buch von Wade Clerk Roof und William McKinney: *American Mainline Religion*) zeigen indes, daß die Abwanderung von der Hauptlinie zu den Evangelikalen eher gering ist. Deren Zunahme hat, wie stets, zwei Ursachen – größere Fruchtbarkeit und damit mehr Nachkommen einerseits und Massenzulauf aus den unteren Schichten andererseits. Die Kirchen der Hauptlinie scheinen heute nur noch als Zwischenstationen für Menschen zu dienen, die aus *jeder* religiösen Bindung hinausstreben. Hart gesagt haben diese Kirchen heute die Funktion von *Säkularisierungsschulen*.

Die Anhängerschaft des evangelikalen Protestantismus ist eine ganz andere. Wie bei seinen historischen Vorläufern besteht sie aus einer gesellschaftlich sehr viel weniger einflußreichen, weniger gebildeten und eher provinziellen Gläubigenschar (untere Mittelschicht und Arbeiterklasse). Kein Wunder, daß seine Rolle im derzeitigen Kultur-/Klassenkampf eine völlig andere ist. Klerus, Bürokratie und Vordenker des etablierten Protestantismus standen in praktisch allen Kreuzzügen der »Neuen Klasse« in vorderster Linie. Wenn ein außenstehender Beobachter nach einer verläßlichen aktuellen Kurzfassung der politischen Leitlinien der Wissensklasse suchte, könnte man ihm guten Gewissens zur Lektüre der letzten Verlautbarungen des Nationalrats der Kirchen und der protestantischen Hauptkirchen raten. Mit nur wenigen Auslassungen oder Veränderungen spiegeln sie das gesuchte politische Programm wortgetreu wider. Was die religiöse Version der weltlichen hinzufügt, ist ein Ton der Entrüstung und natürlich der Anspruch darauf, daß dieses Programm den Willen Gottes zum Ausdruck bringe. Im Gegensatz dazu haben die Evangelikalen, indem sie die

Truppen stellten für das, was man als »Widerstandsbewegungen« gegen das Machtstreben der Wissensklasse bezeichnen könnte, viele politische Probleme zu ihrer Sache gemacht, insbesondere im Bereich von Familie und Sexualität – aber auch in der Außen-, Verteidigungs- und Wirtschaftspolitik. Das heißt nicht, daß alle Evangelikalen politisch rechts stünden; die verfügbaren Daten zeigen, daß dem nicht so ist. Aber der evangelikale Protestantismus hat für viele rechtsorientierte Unternehmungen nicht nur wirksame Symbole geliefert, sondern auch Führungskräfte und engagierte Aktivisten bereitgestellt. Und im Unterschied zum protestantischen Hauptstrom ist hier die Kluft zwischen Führung und Laienschaft erheblich geringer. In einigen dieser Sekten, so insbesondere bei der Southern Baptist Convention, liegt die Führung übrigens derzeit tatsächlich in den Händen von Erzreaktionären. Ob es so bleibt, ist eine offene Frage. Folgt man James Hunter, dann dürften Erziehung und Bildung diesen Gruppen das Leben ebenso schwer machen, wie sie dies bei ihren Oberschichten-Vettern getan haben: Wenn evangelikale Priesterseminare und -kollegien in der Gesellschaft allgemeine Anerkennung finden wollen, dann müssen sie unweigerlich die Anschauungen und Werte der neuen Mittelklasse akzeptieren. Dies ist in der sogenannten evangelikalen Linken, einem Brückenkopf der Kultur der »Neuen Klasse« an der rauheren Küste des amerikanischen Protestantismus, bereits geschehen. Es ist nicht schwer, sich die Situation in ein paar Jahren, sagen wir am Ende des ersten Jahrzehnts im nächsten Jahrhundert, vorzustellen. Der Mitgliederstamm der Hauptkirchen wird eine weitere Dezimierung erfahren. Der episkopale Klerus wird mit seinen wenigen Mannen nicht mehr in der Lage sein, Truppen auf die Barrikaden zu schicken. Andererseits werden zu jener Zeit andere Gruppen – z. B. die Southern Baptists – sich in den Hauptstrom integriert und dessen Klassenkultur übernommen haben. Nun wird es der Klerus dieser neuassimilierten Sekten sein, der all die Dinge zelebrieren wird, die in diesem sozialen Milieu dann als politisch korrekt gelten.

Ich kann hier nicht erörtern, in welcher Weise diese Veränderungen die nichtprotestantischen Gemeinschaften berührt und beeinflußt haben. Die Situation des Judaismus wurde ganz gewiß dadurch erschwert, daß ihm der ethnische Faktor eine eigene Dynamik aufzwang. Das gleiche gilt für die Ostkirche. Aber auch die römisch-katholische Glaubensgemeinschaft wurde durch die Neuerungen und Veränderungen stark erschüttert. Auch sie wies ein starkes Gefälle zwischen Klerus und Laienschaft auf und auch sie bekam das Machtstreben der »Neuen Klasse« zu spüren, die sich innerhalb der Kirchenbürokratie und den Kommunikationsmedien breitmachte – mit dem Resultat, daß (von einer oder zwei Ausnahmen, namentlich in der Abtreibungsfrage, abgesehen) die Verlautbarungen der amerikanischen katholischen Bischöfe in den letzten Jahren für den außenstehenden Beobachter bei seinen Bemühungen, die Interessen der Wissensklasse zu verstehen, ebenso aufschlußreich waren wie die offiziellen Äußerungen der protestantischen Hauptkirchen. Dennoch hat die autoritäre internationale Struktur des römischen Katholizismus in diesem Prozeß eine erkennbare Bremswirkung. Es gibt für den katholischen Laien keine andere Heimat als Rom, es sei denn, er will auf seinen Glauben verzichten, und das kommt selbst für die progressivsten Katholiken kaum in Betracht. Und für die Bischöfe gilt, daß ihnen bei all ihrem Streben nach Anerkennung durch die Kulturelite das verkrustete alte Rom ständig über die Schulter schaut.

Wohin führt dieser von Kulturkonflikt und Klassendynamik bestimmte Prozeß? Ich habe gelernt, mit soziologischen Prognosen vorsichtig zu sein. Aber ich sehe die amerikanische Gesellschaft nicht in einer schweren Krise und, vorausgesetzt, es tritt keine Katastrophe ein, ich sehe auch nicht, daß sie in absehbarer Zukunft auf eine solche Krise zusteuerte. Weiter sehe ich keine der beiden Seiten in diesem Kulturkonflikt einen klaren und eindeutigen Sieg davontragen. Beide Seiten werden hier etwas dazugewinnen und dort etwas verlieren. Und es wird Kompromisse geben in verschiedenen Bereichen, den schwierigen der Abtreibung eingeschlossen. Wenn ich eine allgemeine Prognose wagen müßte, wäre es folgende: Nehmen Sie als Ausgangsbasis das, wofür die »Neue Klasse« stand, als sie vor gut zwanzig Jahren mit Getöse die Bühne der Öffentlichkeit betrat. Ich würde prognostizieren, daß die meisten politischen und wirtschaftlichen Programmpunkte der früheren Plattform über Bord geworfen werden: Es wird keine »Revolution« geben, weder politisch noch wirtschaftlich; die Vereinigten Staaten werden im wesentlichen weiterhin die gleiche demokratisch-kapitalistische Gesellschaft sein, die sie heute sind, und sie werden, wo nötig, ihre Interessen auch mit militärischen Mitteln verteidigen. Ich wage diese Prognose, weil nur ganz wenige Gesellschaften in der Geschichte sich freiwillig selbst vernichtet haben – wie die »revolutionären« sozialistischen und pazifistischen Programme der späten sechziger Jahre es getan hätten. Auf der anderen Seite würde ich auch prognostizieren, daß die Mehrzahl der sogenannten »sozialen Programmpunkte« dieser frühen Plattform sich erfolgreich verwirklichen lassen werden, vor allem diejenigen, die Fragen des Geschlechterverhältnisses, des Sexualverhaltens, der Kindererziehung und des Zusammenlebens von Menschen im allgemeinen betreffen. *Diese* Prognose basiert auf der Annahme, daß nur wenige Menschen Verhaltensweisen, die sie bislang als angenehm und zweckdienlich empfunden haben, freiwillig aufgeben. Meine sämtlichen Voraussagen zeichnen ein Bild nicht der Krise, sondern des Kompromisses. Ob man ein solches Ergebnis als positiv oder negativ ansieht, wird von den eigenen Wertvorstellungen abhängen. Ich selbst sehe sie als eine bunte Mischung, in der das Gute das Schlechte überwiegt. Wenn die in den späten sechziger Jahren proklamierte Revolution wirklich stattgefunden hätte, dann hätte dies die Vernichtung des demokratischen Kapitalismus im Westen bedeutet und damit der größtmöglichen Hoffnung auf eine annehmbare Zukunft nicht nur im Westen, sondern in weiten Teilen der Welt. Diese Hoffnung ist ein sehr hohes Gut. Außerdem weist die Ideologie, um die es hier geht, auch einige positive Aspekte auf, an erster Stelle den deutlichen Rückgang rassischer Intoleranz. Es haftet ihr allerdings auch eine tiefverwurzelte Tendenz zu utopischen Phantasien an (die nicht notwendig linke Phantasien sein müssen), eine unangenehme Vorliebe und Beschäftigung mit dem eigenen Ich und eine generelle Disposition zum Jammern. Eine bunte Mischung, gewiß – aber die Geschichte bietet uns nur selten etwas Besseres an.

3

DER WESTEN UND SEINE HERAUSFORDERUNG DURCH DEN KULTURELLEN PLURALISMUS

Auf einer Konferenz über Fragen der amerikanischen Außenpolitik – sie fand kurz vor dem endgültigen Zusammenbruch der Sowjetunion statt – meldete sich ein Teilnehmer mit einer inhaltsschweren Frage zu Wort: »Wir haben gewonnen. Warum fühlen wir uns dann nicht als Sieger?« Nach meinem Empfinden spiegelt diese Frage eine vor allem in den Kultureliten verbreitete Stimmung des Selbstzweifels wider, und zwar nicht nur in den Vereinigten Staaten, sondern auch in Westeuropa. Gleiches gilt für die derzeitige Debatte über »Multikulturalismus«; auch hier sind die Selbstzweifel, die zumindest einige der Beteiligten – interessanterweise unabhängig von der jeweils verfochtenen Position – anklingen lassen, nicht zu überhören. So bekunden diejenigen, die für multikulturelle Erziehungskonzepte eintreten, in vielen Fällen eine tiefe Abneigung gegen die westliche Zivilisation, die, so ihr Vorwurf, von Rassismus, Sexismus, Gewalt, Geringschätzung der Umwelt und anderen Übeln geprägt sei. Folgt man ihnen, so müssen wir auf der Suche nach mehr Menschlichkeit unseren Blick auf andere Kulturen richten. Aber auch ihre Kontrahenten, die das traditionelle Übergewicht westlicher Zivilisation und westlicher Werte gewahrt sehen wollen, scheinen wenig Vertrauen in die Fähigkeit des Westens zu haben, in einem kulturellen Wettstreit die Oberhand zu behalten. So wird die Aufnahme nichtwestlicher Lehrmaterialien in Curricula von Schulen, selbst wenn sie von bescheidenem Umfang ist, als eine ernsthafte Bedrohung der Integrität der gesamten Kultur erfahren. Es ist eine Niedergangsstimmung, eine Nervenkrise, die hier ihren Ausdruck findet und die als Dekadenz durchaus zutreffend beschrieben ist. Doch handelt es sich bei dieser Dekadenz, dies sei betont, um eine Erscheinung, die vornehmlich die Eliten betrifft und die ihre weiteste Verbreitung in den gebildetsten, privilegiertesten Segmenten westlicher Gesellschaften findet. Die restliche Bevölkerung pflegt weiterhin ihre chauvinistische Selbstzufriedenheit, indem sie das »Gerede« der oberen Kreise entweder gar nicht erst zur Kenntnis nimmt oder aber ärgerlich darüber hinweggeht. Aus ihr rekrutieren sich die gar nicht so schweigsamen Mehrheiten, deren militant-nationalistische Gefühle bei passender Gelegenheit jederzeit virulent werden können und die nur zu gern dem Fremdenhaß, dem Protektionismus und dem Säbelrasseln das Wort reden.

Es ist nicht das erste Mal in der Geschichte, daß eine Kulturelite zum Anführer derer wird, die die eigene Gesellschaft aufgeben. In den heutigen westlichen Ländern gibt es allerdings selbst innerhalb der Kultureliten auch gegenläufige Strömungen; vor allem in den Vereinigten Staaten, wo ein weitgehend unbewußter Kulturimperialismus eine merkwürdige Symbiose mit der vorhin erwähnten Dekadenz eingeht, ist dies der Fall. Die gleichen Menschen, die bereit sind einzuräumen, daß ihre Kultur nicht besser, sondern möglicherweise sogar schlechter ist als andere Kulturen, fällen moralische Urteile und treten für Aktionen ein, die eine absolute Geltung, ja Überlegenheit westlicher Institutionen und Ideen voraussetzen. Ablesen läßt sich dies u. a. an der Selbstverständlichkeit, mit der Harvard- oder Stanford-Größen davon ausgehen, daß die westliche Demokratie das unfehlbare moralische Richtmaß sei, an dem man politische Regime in aller Welt zu messen habe, oder daß die westlichen Menschenrechtsvorstellungen (die feministische Version eingeschlossen) in jedes Land der Welt exportiert werden könnten und sollten. Wenn die westliche Elitekultur tatsächlich dekadent ist, dann weist ihre Dekadenz zumindest eine interessante Vielschichtigkeit auf.

Zur Dekadenz gehört immer auch ein Moment von Masochismus. In der Kultur wie in der Sexualität steht der Masochist entweder einem wirklichen oder einem eingebildeten Eroberer oder Bezwinger gegenüber, dessen robuste Aggressivität er bewundert und mit Genuß über sich ergehen läßt. Seit Tacitus die vortrefflichen Germanen als Gegenbild zu seinen angeblich dekadenten Römern erfunden hat, nehmen die Phantasien von physisch und moralisch überlegenen Völkern, über die die eigene Gesellschaft nicht obsiegen kann, weil ihr sowohl die dafür nötige physische Stärke als auch das moralische Recht fehlen, kein Ende. In der modernen Literatur ist es Constantine Cavafy, der mit seinem Gedicht »Waiting for the Barbarians« diese Haltung außerordentlich präzise kennzeichnet, wenn er beschreibt, wie die römische Oberschicht begierig darauf wartet, von den anrückenden wilden Horden überwältigt zu werden. Viele, die gegen die modernen westlichen Gesellschaften in einer gewissen Selbstverunglimpfung zu Felde ziehen, haben solche masochistischen Phantasien durchlebt. In den dreißiger Jahren betrafen diese Phantasien die faschistischen Regime in Europa, die damals – wir sollten es nicht vergessen – vielen als Repräsentanten einer überlegenen und historisch notwendigen Bewegung erschienen. Für Intellektuelle waren es lange Zeit die Sowjetunion und andere sozialistische Staaten oder Bewegungen, die jene unwiderstehliche Kraft verkörperten, die letztlich ihre eigene Gesellschaft besiegen würde. Ich bin mir keineswegs sicher, daß die Ereignisse der letzten Jahre diesen besonderen Typ von Phantasie für immer ausgerottet haben; die utopische Imagination impliziert eine enorme Fähigkeit, empirische Belege zu ignorieren oder sie umzuinterpretieren. Eine Variante masochistischer Selbstverunglimpfung, die Bestand zu haben scheint, ist das, was – erstmals in Frankreich – als »Trikontismus«, als »Dritte-Welt-Begeisterung« bezeichnet wurde: der Glaube, daß nichtwestliche Kulturen gesünder, glücklicher, menschlicher seien als die westlichen Kulturen, und daß die Zukunft ihnen gehöre und gehören müsse. Es ist, wie sollte es anders sein, diese Überzeugung, die in der Werbung für Multikulturalismus ein wichtiges Thema, wenn nicht das Leitmotiv abgibt. Ob Japan oder vielleicht die anderen erfolgreichen Gesellschaften Ostasiens sich zu einem weiteren bewunderten Bezwinger auswachsen, läßt sich heute noch nicht sagen. Derzeit reagiert der Westen eher mit Furcht als mit Bewunderung auf diese Länder. Psychologisch liegt zwischen dem Wunsch, Japan niederzuringen, und einer ausgeprägten Japanophilie nur ein kleiner Schritt.

Was kann man aus alldem lernen? Ich glaube, daß es möglich ist, auf Selbstverunglimpfung zu verzichten, ohne in ihr Gegenteil zu verfallen: einen selbstzufriedenen Chauvinismus. Wie ich später zeigen werde, ist der religiöse Glaube eine starke Stütze im Versuch, eine vernünftige Distanz zu den beständig wechselnden geistigen Moden der Elitekultur zu halten. Daneben gibt es aber auch einige schlichte Tatsachen, an die man sich bei der Analyse der Position halten kann, welche die westliche Kultur in der heutigen Welt innehat.

Die absolut wichtigste, weil alles überragende Tatsache, die wir hier näher betrachten wollen – sie gehört inzwischen zu den Binsenweisheiten unserer Zeit, ist aber dennoch wahr –, ist die Gegebenheit eines kulturellen Pluralismus. Die Situation läßt sich wie folgt beschreiben: Die längste Zeit in der Geschichte sahen sich die Menschen lebenslang in eine in sich geschlossene, weitgehend einheitliche Einzelkultur eingebettet. Ganz anders heute, wo sie weltweit – vor allem aber in den entwickelten Industriegesellschaften – unablässig auf fremde Kulturen treffen, weil sie entweder direkten Kontakt zu Vertretern dieser Kulturen haben oder durch die verschiedenen Informationsmedien von ihnen erfahren. Die Hauptursachen dieser Entwicklung sind leicht auszumachen; sie liegen zum einen in jener wissenschaftlich fundierten Technologie, welche die Industrialisierung der Wirtschaft ermöglicht hat, und zum anderen in den schnellen Transport- und Kommunikationsmitteln, die den Erdball immer mehr vereinheitlichen. Diese gewaltigen Kräfte entfalten ihre Wirkung zwar weltweit, doch erweisen sie sich in den technologisch avanciertesten Gesellschaften als ganz besonders einflußreich und prägend. In den Vereinigten Staaten kommt eine weitere Besonderheit hinzu, denn sie sind die einzige industrielle Gesellschaft (es gibt einige weniger bevölkerungsreiche Länder wie Kanada und Australien), die traditionell offen ist für Masseneinwanderungen. Mehr noch, die Vereinigten Staaten sind – im Gegensatz zu Westeuropa und Japan – rechtlich, sozial und kulturell darauf ein- und ausgerichtet, große Zahlen von Einwanderern, egal woher sie kommen, aufzunehmen und zu integrieren.

Aber Pluralismus erschöpft sich nicht darin, daß viele Menschen von unterschiedlicher Hautfarbe, Sprache, Religion und Lebensweise zufällig aufeinandertreffen und sich unter Bedingungen eines sozialen Friedens irgendwie miteinander vertragen. Pluralismus ist nicht nur eine Sache des äußeren sozialen Umfeldes. Er berührt auch das menschliche Bewußtsein, denn er beeinflußt uns in unserem Denken. Dieser innere subjektive Prozeß ist das, was ich gemeint habe, als ich von »Pluralisierung« sprach. Kulturelle Pluralität wird vom einzelnen nicht nur als etwas Äußeres erfahren – verkörpert durch die vielen Menschen, auf die er zufällig trifft –, sondern auch als eine innere Realität, als ein in seinem Kopf vorhandenes Set von Optionen. Anders gesagt, die verschiedenen Kulturen, die in sein Blickfeld treten, werden zu alternativen Szenarien und Optionen für sein eigenes Leben. Die Floskel von der »religiösen Präferenz« (ein weiterer amerikanischer Beitrag zur Sprache der Moderne!) trifft diesen Sachverhalt haargenau: Die Religionszugehörigkeit des Einzelnen ist keine unwiderruflich feststehende Tatsache, keine Gegebenheit, an der er ebensowenig etwas ändern kann wie an seinem genetischen Erbe; sie wird vielmehr zum Objekt seiner Wahl, zu einem Produkt jenes Prozesses, in dem er seine Welt und sein Selbst konstruiert und konstituiert. Es gibt eine sehr erhellende amerikanische Redewendung: »Ich weiß noch nicht, was später aus mir wird.« Interessant ist, daß nicht nur träumerische Teenager so sprechen, sondern auch Dreißig- und Vierzigjährige. Der Ton, in dem dieser Satz geäußert wird, ist halb scherzhaft, doch spiegelt er auch eine ernste Realität wider – die Realität von Menschen, die wichtige, ihre Selbstdefinition berührende Entscheidungen bei Bedarf auch noch oder erst in späten Erwachsenentagen treffen. In Fragen der Religion zum Beispiel kann es durchaus ein fünfzigjähriger Mann sein, der so spricht, ein Mann, der soeben zum Buddhismus übergetreten ist, der aber nicht weiß, ob dies seine letzte Bekehrung im Leben war oder ob sie nur ein weiteres Glied in einer Kette persönlicher Wandlungen ist. Was das menschliche Bewußtsein anbelangt, so bedeutet Modernisierung einen Schritt weg von der Schicksalhaftigkeit hin zur freien Entscheidung, heraus aus einer Welt des ehernen Zwangs hin zu einer Welt schwindelerregender Möglichkeiten. Dieser Wandel kann durchaus als eine große Befreiung beschrieben werden. Doch sollten auch das Unbehagen und die Schrecken, die dieser neuen Freiheit anhaften können, nicht außer acht gelassen werden.

Die Pluralisierung bringt eine Relativierung aller normativen Vorstellungen mit sich. Solange der Mensch nur ein einziges, in sich kohärentes System kultureller Normen vor sich hat, tragen diese Normen für ihn Unvermeidlichkeitscharakter: Die Welt ist, wie sie ist, sie kann gar nicht anders sein; ich bin wie ich bin, daran läßt sich nichts ändern; meine Normen sagen mir, wie ich zu leben habe. Anders ausgedrückt (in den Worten von Alfred Schütz), der Mensch lebt in einer für ihn selbstverständlichen Welt, die nur sehr wenige Optionen offen läßt. Dies alles ändert sich in dem Moment, da unterschiedliche kulturelle Blaupausen verfügbar werden (Schütz würde sagen, sie »liegen bereit« und drängen auf Verwendung). Der mit allen diesen Optionen gesegnete Mensch genießt ganz ohne Zweifel ein größeres Maß an Freiheit; umgekehrt verliert er aber auch seine alte Sicherheit. Überzeugungen und Werte, die vormals in der Zone der Grundgewißheiten beheimatet waren, siedeln nun über in die sehr viel unbeständigere Zone der Meinungen, der vorläufigen Präferenzen, der ad hoc- und damit reversiblen Entscheidungen. Um noch einmal Schütz zu bemühen, Überzeugungen und Werte gelten nur noch »bis auf weiteres«.

Diese Situation ist – vorsichtig ausgedrückt – unbehaglich. Es kann zwar sein, daß uns die Befreiung aus den ehedem fraglos hingenommenen Strukturen einer überkommenen Kultur erleichtert, und daß einige diese Erleichterung ihr ganzes Leben hindurch empfinden. Doch verlangt es die meisten von uns nach zumindest *einigen* Gewißheiten, *einigen* festen Überzeugungen und Werten, die mehr oder weniger für selbstverständlich genommen werden können. Das gilt vor allem für Fragen der Religion und Moral, die beiden Grundpfeiler des Bedeutungskosmos der meisten Menschen. Und so entwickeln viele Menschen eine verzweifelte Sehnsucht nach Gewißheiten, die sie dazu veranlaßt, sich urplötzlich irgendwelchen absolutistischen kognitiven und normativen Systemen zuzuwenden. Das Verständnis der Sozialpsychologie dieses Zusammenhangs ist die Voraussetzung für das Verständnis des ansonsten unerklärlichen Wechsels zwischen absoluter Toleranz und völliger Intoleranz, welcher in modernen (und sich modernisierenden) Gesellschaften so verbreitet ist. Eine weitere Erkenntnis, die bei der Reflexion dieses Zusammenhangs als Nebenprodukt abfällt, ist die Erkenntnis, daß die liberale Überzeugung, der kulturelle Pluralismus führe automatisch zu größerer Toleranz, auf schwankendem Boden steht: Er tut es – aber nur für eine Weile. Wird die Last der Relativität zu groß, kann diese Toleranz schlagartig in sich zusammensacken, und ein rasender Derwisch tobt durch eine Situation, die bislang der eines friedlich-freundlichen Seminars für interkulturelle Kommunikation glich. Die Kinder aufrechter, durch und durch protestantischer amerikanischer Durchschnittsbürger werden zu libertären Bohemiens, die alles tolerieren außer Intoleranz: »Ach, Sie sind Kannibale? Wie interessant! Ich glaube, wir würden allesamt viel gewinnen, wenn wir Ihren Standpunkt besser verstünden.« *Deren* Kinder wiederum neigen dazu, jeden religiösen, politischen oder ästhetischen Fanatismus, der ihnen begegnet, mitzumachen. Und was mit Individuen passieren kann, das kann auch mit größeren Gruppen, ja mit ganzen Gesellschaften passieren.

Diese Analyse scheint uns vor eine wenig verlockende Alternative zu stellen, grob gesagt, vor die Wahl zwischen kulturellen Schwächlingen und kulturellen Schlägern. Ist dem wirklich so, gibt es wirklich keine andere Option?

Mir selbst fällt es nicht besonders schwer, eine Mittelposition einzunehmen zwischen einem blinden ethnozentrischen Triumphgefühl und jener masochistischen Haltung, die gegen jede Kultur außer gegen die eigene grenzen- und endlos tolerant ist. Die heutige Zeit bietet nie dagewesene Möglichkeiten, fremde Kulturen zu verstehen und von ihnen zu lernen: Ich möchte ohne weiteres behaupten, daß zu einem zivilisierten Menschen heute die Fähigkeit gehört, aus diesen Möglichkeiten Nutzen zu ziehen. Es ist unvermeidlich, daß in einem solchen Prozeß der interkulturellen Berührungen *beide* Seiten sich verändern, handle es sich bei diesen Seiten nun um Individuen, Gruppen oder um ganze Gesellschaften. Und so ist es denn nicht nur wahrscheinlich, sondern in vielerlei Hinsicht auch wünschenswert, daß die westliche Kultur sich im Zuge der gegenwärtigen Pluralisierungswelle wandelt. Die lebhafte Debatte über die Anwendbarkeit von japanischen Managementpraktiken in Amerika ist ein gutes Beispiel dafür: Der sich herausbildende Konsens besagt, daß man erstens viel von den Japanern lernen kann, daß man zweitens einige ihrer Methoden, wenn auch nicht alle, gleichsam umstandslos übernehmen kann, und daß es drittens und letztens sehr wohl vorstellbar ist, daß viele Amerikaner japanische Wirtschaftspraktiken einfach nicht übernehmen wollen – und dies nicht, weil sie nicht anwendbar wären, sondern weil ihre Anwendung mit dem hohen amerikanischen Ideal der Souveränität des Individuums und seines Anspruchs, ja Rechts auf Privatheit unvereinbar ist.

Wenn man der Meinung ist, daß auch andere Menschen klug und gebildet sein können, dann muß man die Möglichkeit, daß man von ihrer Sachkenntnis etwas lernen kann und ihnen möglicherweise nacheifern sollte, ernst nehmen. Wenn man aber selbst irgendwelche Überzeugungen und Wertvorstellungen hat und erkennt, daß diese in der eigenen Kultur begründet sind, dann läßt sich der Schluß, die eigene Kultur sei zumindest denjenigen Kulturen überlegen, die die Gültigkeit dieser Überzeugungen und Wertvorstellungen in Abrede stellen, nicht vermeiden. Wenn ich der Ansicht bin, daß Kannibalismus schlecht ist, dann erscheint mir ipso facto meine nichtkannibalistische Kultur – zumindest in diesem Punkt – als all jenen Kulturen überlegen, in denen die Menschen einander auffressen. Umgekehrt ist der total tolerante Mensch ipso facto jemand, für den es Wahrheit nicht gibt, ja, der letztlich vielleicht selbst ein nihil, ein Nichts, *ist*. Und das ist der Boden, auf dem Fanatiker gedeihen.

James Morris berichtet in seiner wunderbaren Geschichte des Britischen Empire von General Charles Napier, der neben anderen von ihm vollbrachten Großtaten im Jahre 1843 die Provinz Sind in Westpakistan eroberte und dort die übliche minimalistische britische Herrschaftsordnung etablierte. Eine seiner wichtigsten Auflagen war das Verbot der Sati, des freiwilligen Feuertods von Witwen, die sich mit dem Leichnam ihres verstorbenen Mannes verbrennen ließen: Die Briten tolerierten eine ganze Reihe von einheimischen Absonderlichkeiten, nicht jedoch die Witwenverbrennung. Die Brahmanen von Sind verteidigten die Sati als einen uralten Brauch. Napiers Erwiderung war von überzeugender Schlichtheit: »Mein Volk hat auch einen Brauch. Wenn Männer Frauen bei lebendigem Leib verbrennen, dann hängen wir sie auf. Halten wir uns also an unsere nationalen Bräuche!« Ich will hier ganz gewiß nicht dem zweifellos arroganten (und nicht wenig rassistischen) kulturellen Überlegenheitsgefühl das Wort reden, welches viele viktorianische Imperialisten beseelt hat. Hier hat uns der Kulturpluralismus des zwanzigsten Jahrhunderts (oder sollte haben) eindeutig zu mehr Bescheidenheit verholfen. Die Hindukultur weist viele Aspekte auf, vor denen wir uns in Ehrfurcht verneigen sollten, und ganz sicher gibt es solche, in denen sie dem Westen überlegen ist (wie etwa in ihrem viel tieferen Sinn für das Vergehen der Zeit). Dennoch findet in General Napiers moralischem Abscheu vor der Witwenverbrennung ein abendländischer Grundwert Ausdruck, der Grundwert der Unantastbarkeit und der Würde jedes einzelnen Menschen, ein Wert, von dem wir zuverlässig sagen können, daß er den Werten, die der Witwenverbrennung zugrunde liegen, überlegen ist. Die Balance zwischen Bescheidenheit und Selbstbewußtsein als Haltung sollte für die gesamte Skala westlicher Ideen und Institutionen prägend und bestimmend sein.

Wer an die Rechte des Individuums glaubt, muß auch an die Überlegenheit des westlichen Rechtssystems glauben, das als einziges diese Rechte institutionalisiert hat. Und wer aus moralischen Gründen dafür eintritt, daß die Menschen nicht hungern, sondern genug zu essen haben sollen, dem muß der westliche Kapitalismus als die bessere Wirtschaftsform erscheinen. Diese Positionen schließen Kritik an der eigenen Gesellschaft und ihren Institutionen ebensowenig aus wie den Respekt vor fremden Kulturen; sie setzen allerdings voraus, daß die eigene Lebenspraxis nachweislich ein gewisses Maß an Wahrheit und Richtigkeit enthält. Und genau hier liegt der Ansatzpunkt für den leicht zu machenden Vorwurf des »Kulturimperialismus«, denn jeder Wahrheits- und Richtigkeitsanspruch ist insofern »imperialistisch«, als er sozusagen automatisch von seiner Überlegenheit über das ausgeht, was er als falsch erkannt zu haben glaubt.

Daß es prinzipiell gesehen relativ leicht ist, in Sachen Kulturpluralismus eine Mittelposition einzunehmen, bedeutet nicht, daß eine solche Position sich auch allgemein durchsetzen wird. Dogmatismus und Nihilismus mögen zwar theoretisch überwunden sein, doch gibt es ganze Bataillone von leibhaftigen Dogmatikern und Nihilisten, die, glücklich und zufrieden, davon nichts gemerkt haben. Und so läßt die Möglichkeit, daß die gegenwärtige Pantoleranz plötzlich in entschiedene Intoleranz umschlägt, sich gar nicht so leicht von der Hand weisen. Ein solch schlimmer Wandel könnte durch alle möglichen Geschehnisse ausgelöst werden, am wahrscheinlichsten durch eine anhaltende wirtschaftliche Krise. Sowohl in Nordamerika als auch in Westeuropa sind solche Entwicklungen bereits zu beobachten – aufgebrachter Nationalismus, ein aus einer Paranoia (insbesondere im Hinblick auf Japan) sich speisender Protektionismus, Fremdenhaß (vor allem gegen Flüchtlinge und Gastarbeiter) und periodische Ausbrüche eines hochansteckenden Rassismus. Um so wichtiger ist es, den dunklen psychologischen Zusammenhang zwischen dieser Art von Fanatismus und dem Nihilismus zu ergründen, der aus der totalen Relativierung folgt.

Was wir über die westliche Kultur gesagt haben, gilt größtenteils – mutatis mutandis – auch für die westliche Kirche. Ein Punkt, in dem sie, die Kirche, ganz offensichtlich einem nachhaltigen Wandel unterliegt, ist ihr Anspruch auf Universalität: Theologisch immer erhoben, wird er zunehmend zum empirischen Faktum. Vom demographischen Wandel in der Weltchristenheit war mehrfach die Rede; einer eingehenderen Erörterung bedarf er an dieser Stelle nicht. Festzuhalten ist jedoch die Tatsache, daß die Mehrzahl der Christen heute außerhalb der Grenzen Europas und Nordamerikas lebt, was nichts anderes bedeutet, als daß Christen zunehmend Bürger der Dritten Welt sind. So liegt das demographische Zentrum der römisch-katholischen Kirche heute in Lateinamerika, dem Afrika mit seinen Gläubigenscharen nicht mehr lange nachstehen wird. Und was den evangelikalen Protestantismus anbetrifft, so erlebt er in Lateinamerika, Schwarzafrika und den meisten Ländern Ostasiens derzeit eine wahre Explosion. Es gibt ein altes kubanisches Volkslied, in dem Gott gebeten wird, die »angelitos negros«, die kleinen schwarzen Engel, nicht zu vergessen. Solcher Mahnungen bedarf es heute kaum noch. Selbst eine so altehrwürdige und ursprünglich absolut kulturspezifische Institution wie die anglikanische Kirche ist heute dabei, de-europäisiert zu werden; man braucht nur die Gruppenfotos oder Filme der letzten Lambeth-Konferenzen zu betrachten, sie sind visuelle Belege für diese Entwicklung.

Diese demographischen Verlagerungen in der Christenheit haben erhebliche soziale und kulturelle Spannungen ausgelöst. Die großen christlichen Kirchen können nicht mehr als der verlängerte religiöse Arm der westlichen Zivilisation, geschweige denn als Agenten des westlichen Imperialismus angesehen werden. Hinzu kommen unzählige praktische Probleme der kulturellen Anpassung, wie sie sich heute vielleicht am zugespitztesten im südlichen Afrika stellen, wo beispielsweise Polygamie und Exorzismus die Kirchenführung beschäftigen. Fachleute sprechen von »Enkulturation« und meinen damit den Prozeß der sozialen und kulturellen Anpassung, den ursprünglich westliche Kirchen durchlaufen, wenn sie in nichtwestlichen Umfeldern installiert werden. Die leidigste und zugleich strittigste Frage in diesem Zusammenhang gilt natürlich der Grenze zwischen Anpassungen, die theologisch gerechtfertigt sind (ganz gleich wie praktisch oder psychologisch schwierig sie sich gestalten), und Anpassungen, die, vollzöge man sie, wesentliche Grundsätze des christlichen Glaubens und der christlichen Moral verletzen würden. Wo sollen diese Grenzen gezogen werden? Daß die verschiedenen christlichen Traditionen das Problem in unterschiedlicher Weise handhaben, liegt nahe. Doch wo und wie immer sie die Grenzen ziehen, das Grundproblem, daß zweitausend Jahre Geschichte nicht ungeschehen gemacht werden können, bleibt bestehen. Christentum und abendländische Kultur haben durch so viele Jahrhunderte hindurch symbiotisch interagiert, daß sie heute kaum zu entflechten sind. Das bedeutet, daß bei aller theologischen und empirischen Universalität der Kirche, auf die man durchaus pochen kann, es Aspekte des Glaubens – wie auch seiner institutionellen Strukturen – gibt, die ihren eindeutig abendländischen bzw. westlichen Ursprung immer wieder sichtbar und spürbar werden lassen. Und so müssen Nicht-Westler, die am kirchlichen Leben teilnehmen (auch wenn es noch so »enkulturiert« ist), sich zumindest teilweise auf Praktiken und Gedanken einlassen, die durch und durch westlich geprägt sind. Einer der zentralen Werte jeder christlichen Moral ist die Würde des menschlichen Individuums; aus seiner Wertschätzung ergibt sich die gesamte moderne Menschenrechtskonzeption. Und doch läßt sich dieser zentrale Wert aus der Gesamtentwicklung der abendländischen Zivilisation (aber auch *nur* aus ihr) nicht herauslösen. Der chinesische Christ, der diesen speziellen Wert anerkennt, gesteht nolens volens der westlichen Zivilisation eine endogene Überlegenheit über die gemeinschaftsbezogenen und hierarchischen Kulturen Asiens zu. Es wäre nicht nur ehrlich, sondern auch hilfreich, wenn auch begeisterte »Enkulturatoren« zugeben würden, daß es so ist.

Wir brauchen nicht extra zu betonen, daß es bei der Konfrontation der Kirche mit dem kulturellen Pluralismus eine zusätzliche Dimension gibt, die sich aus der Tatsache herleitet, daß die Kirche mehr zu sein beansprucht als nur eine soziale Institution oder ein Hort kultureller Werte bzw. eine Quelle moralischer Einsichten. Die Kirche behauptet, im Besitz letzter Wahrheiten zu sein, die nirgendwo sonst zu haben sind. Die Konfrontation mit anderen Kulturen hat deshalb unausweichlich einen Zusammenstoß mit konkurrierenden Ansprüchen auf ebensolche letzte Wahrheiten zur Folge. Die verschiedenen Äste der christlichen Kirche haben auf diesen Zusammenstoß ganz unterschiedlich reagiert. Da gibt es immer noch den alten Missionarsstandpunkt, nach dem konkurrierende Wahrheitsansprüche einfach in die Kategorie des Irrtums zu verweisen und die Irrenden, sofern irgend möglich, zu bekehren sind. Dies ist die religiöse Variante des alten westlichen Ethnozentrismus. Sie kennzeichnet die evangelikale Glaubensgemeinschaft, die konservativeren Elemente im römischen Katholizismus sowie verstreute orthodoxe oder neoorthodoxe Überreste in den protestantischen Hauptkirchen. Es gibt aber auch die religiöse Variante des bereits angesprochenen kulturellen Masochismus, die vor allem unter liberalen Protestanten verbreitet ist und in einem abschätzigen Vergleich mit nichtwestlichen Weltanschauungen die abendländische religiöse Tradition in toto, bis hin zu ihren jüdischen und griechischen Wurzeln, schlecht macht. Eine Sonderstellung unter diesen kulturellen Selbstverächtern nehmen die theologisierenden Feministinnen ein, die in der abendländisch-christlichen Tradition eine unterdrückerische Männerherrschaft erblicken, sowie die »Environmentalisten«, für die die jüdisch-christliche Religion eine gigantische Entfremdung von der Natur darstellt. Es tut wenig zur Sache, daß die nichtwestlichen Gegenbilder zu diesen angeblichen christlichen Pathologien bis zu einem gewissen Grad Erfindungen, Phantasien sind; die Lobpreisung solcher vermeintlich nichtwestlichen und nichtchristlichen Weltentwürfe hat nur einen Grund: die Herabminderung der Kultur und des religiösen Erbes des Abendlandes.

Die sich uns bietende Alternative zwischen Schlägern und Schwächlingen – in diesem Fall theologischen – ist also nicht verlockend, und der Mittelweg, auf dem wir den Rambos auf der einen und den Mary Poppins auf der anderen Seite ausweichen können, ist eine realistische Möglichkeit. Beim Versuch, sie zu konkretisieren, hilft uns die Frage nach der Bedeutung des vielgebrauchten Schlagworts vom »interreligiösen Dialog«.

Wenn mit Dialog gemeint ist, daß Vertreter oder Anhänger unterschiedlicher religiöser Traditionen über die Differenzen sprechen, die zwischen ihnen bestehen, dann ist zu sagen, daß diesem Gespräch weniger eine freie Entscheidung zugrunde liegt als eine gute Portion Zwang und Notwendigkeit: Der Dialog läßt sich heutzutage nämlich nur dann vermeiden, wenn man sich in ein sorgsam bewahrtes oder rekonstruiertes sektiererisches Ghetto zurückzieht. Dies ist tatsächlich eine, wenn auch kostspielige und auf Dauer nicht besonders vielversprechende Option. Der Begriff Dialog kann auch für eine polemische Auseinandersetzung im Sinne eines Streitgesprächs mit Andersgläubigen stehen, geführt mit dem Ziel, die Irrtümer der andern aufzudecken und sie zum eigenen Glauben zu bekehren. Dies ist jener einseitige Zweikampf, den christliche Autoritäten den ihrer Gerichtsbarkeit unterstehenden Juden aufzwangen. Er hat den Juden eine so tiefe Abneigung eingeflößt, daß viele von ihnen noch heute argwöhnen, dies sei es, was Christen im Sinn hätten, wenn sie von Dialog sprechen. Zwei andere heute vielfach praktizierte Dialogformen, gegen die sich nicht nur nichts einwenden läßt, sondern die sich in bestimmten Situationen sogar als äußerst nützlich erweisen, sind für die inhaltliche Diskussion religiöser Fragen letztlich unergiebig. Man könnte sie als Antidiffamierungs- bzw. Koalitionsdialoge bezeichnen, wobei der eine durch exakte Information über die eigene Glaubenslehre Vorurteile und negative Klischees abzubauen versucht – eine Initiative, gegen die in Situationen, in denen die Anhänger einer religiösen Tradition diffamiert und diskriminiert werden, natürlich nichts zu sagen ist; während der andere, im Bestreben, zu diesem oder jenem profanen Zweck Koalitionen einzugehen, nach Gemeinsamkeiten sucht und damit ein höchst pragmatisches Ziel verfolgt. Im Prinzip könnte es jeder Zweck sein – ob es darum geht, Hungernde mit Nahrung zu versorgen, für oder gegen eine Sozialgesetzgebung zu Felde zu ziehen, einen Krieg oder eine Revolution zu verhindern oder zu unterstützen usw. Ob man einen solchen Dialog für lohnend hält oder nicht, wird von der eigenen Einstellung zum fraglichen Projekt abhängen.

Und schließlich gibt es jenen Dialog, der eigentlich besser »Auseinandersetzung« hieße und eine ernsthafte, rückhaltlose Konfrontation konkurrierender Wahrheitsansprüche *auf der Ebene ihrer Gültigkeit* impliziert. Einen solchen Dialog aufzunehmen, ist gefährlich, es sei denn, man hat eine ganz klare und sichere Vorstellung von seinen eigenen Wahrheiten. Wem diese feste Vorstellung fehlt, der wird sehr schnell in die Weltsicht dessen eingesogen, der über solche Klarheit und Gewißheit *verfügt*. Deshalb: Keine Schwächlinge! Auf der anderen Seite kann man in einen solchen

Dialog nicht *ernsthaft und aufrichtig* (d. h. ohne eine verdeckte missionarische oder sonstwie zweckgerichtete Absicht) eintreten, ohne willentlich das Risiko einzugehen, daß die eigene Position im Verlauf der Auseinandersetzung eine Veränderung erfährt. Deshalb: keine Schläger! Ein solcher Dialog wird zu einer gemeinsamen Reise mit Zielbahnhof Wahrheit. Der Christ, der sie unternimmt, glaubt selbstverständlich fest, daß niemand auf dieser Reise wird widerlegen können, was er bei der Abfahrt für wahr und richtig hält; dächte er nicht so, könnte man ihn schwerlich einen Christen nennen. Er muß jedoch prinzipiell die Möglichkeit einräumen, daß eine *andere* Wahrheit seine eigene verdrängen und möglicherweise ersetzen kann, oder daß (realistischer gesehen) seine Vorstellung von der Wahrheit in verschiedenen Punkten modifiziert werden muß. Der Dialog, den man unter solchen Voraussetzungen beginnt, ist existentiell riskant, intellektuell unberechenbar und sozial bisweilen unangenehm, wenn nicht gar schroff. Daneben vermittelt er aber auch neue Erkenntnisse und Einsichten.

Meine Überzeugung, daß eine solche Auseinandersetzung zwischen der christlichen Kirche und anderen Glaubenslehren tatsächlich möglich und potentiell sogar fruchtbar ist, läßt mich den Auswirkungen des kulturellen Pluralismus letztlich in Ruhe entgegensehen. Die pluralisierenden Kräfte der Moderne relativieren zwar in der Tat alle Glaubenssysteme, doch wird die Wahrheit immer wieder zutage treten. Denn: *Die Wahrheit widersetzt sich der Relativierung*. Das heißt, man könnte sagen, daß die Kräfte der Moderne über die Zeit hinweg die Spreu vom Weizen sondern. Damit befindet sich die christliche Kirche in einer Lage, die sie aus ihren Anfangstagen im späten Römischen Reich mit seiner verwirrenden Vielfalt von Religionen, Kulturen, Morallehren und dem, was man heute Lebensstile nennt, eigentlich schon kennt. Alle großen Städte der modernen Welt rufen das Bild von Alexandria wach. Und die Hoffnung, der explosive Pluralismus unserer Tage werde wiederum neue theologische Synthesen hervorbringen, ist keineswegs überspannt. Doch führen uns diese Überlegungen erst einmal weg von den sozialen und kulturellen Verknüpfungen der Religion, hin zu ihren Inhalten, zur Reflexion des Glaubens als solchem.

TEIL II

DIE GLÄUBIGEN UND IHR GLAUBE

4

DER EINSAME GLÄUBIGE

Diejenigen unter uns, die ihre Andacht im Rahmen einer kirchlichen Liturgie verrichten, sprechen dort in aller Regel gemeinsam mit anderen Kirchgängern das Nizäische Glaubensbekenntnis, beginnend mit der wuchtigen Beteuerung: »Ich glaube an den einen Gott.« Daß dieser Satz zumeist ohne Nachdenken ausgesprochen wird, bedeutet nicht notwendig, daß es sich um eine unaufrichtige Äußerung handelt – der größte Teil dessen, was wir sagen, bis hin zu dem tiefgefühlten Satz »ich liebe dich« kommt uns ohne Nachdenken über die Lippen. Wenn wir jedoch einen Schritt zurücktreten und uns den Inhalt des Nizäischen Bekenntnisses etwas genauer ansehen, dann ergeben sich mindestens drei Fragen: Wer ist das »Ich«, das da seinen Glauben beteuert? Was heißt »glauben« in diesem Kontext? Und wer ist der »eine Gott«, an den zu glauben hier jemand behauptet? Jede dieser Fragen hat erschreckend viele Implikationen, und ich bin weder größenwahnsinnig noch humorlos genug (beide Eigenschaften scheinen mir nur die beiden Seiten ein und derselben Medaille zu sein), um mir einzubilden, ich hätte klare und eindeutige Antworten parat. Meine Strategie wird sein, diese Fragen hin- und herzuwenden, um ihre verschiedenen Facetten aufscheinen zu lassen. Im Klartext: Ich werde über sie nachdenken und dabei notgedrungen einige Behauptungen aufstellen, doch soll dies – der soeben reklamierte Humor möge mich davor bewahren – nicht im Brustton tiefer Überzeugung und mit unbezweifelbarer Gewißheit geschehen.

Wie wir feststellen können, hat die sogenannte liturgische Reformbewegung sowohl das Nizäische als auch die anderen historischen Glaubensbekenntnisse in einem wichtigen Punkt neu formuliert. Wo es bislang hieß »*Ich* glaube«, soll die Gemeinde nunmehr sagen: »*Wir* glauben.« Auf diese Weise soll der Gemeinschaftscharakter der christlichen Religion betont werden. Darüber hinaus klingt in der Veränderung aber auch die modische Kritik am westlichen Individualismus als einem geistigen Irrweg an, mitsamt der Implikation, es sei die christliche Gemeinschaft, der die Aufgabe zufalle, das moderne Individuum aus dem Zustand entfremdeter Vereinzelung zu erretten. Doch lassen wir die Suche nach Bibelstellen und soziologischen Theorien, die diese Interpretation untermauern könnten, erst einmal sein und denken wir zunächst nur über den Bedeutungsunterschied zwischen dem alten Ich und dem neuen Wir nach.

Wenn ich sage: »Ich glaube«, setze ich mich als Individuum ab von anderen Individuen, die diese Äußerung nicht tun. Es ist eine Feststellung, die mich zu etwas verpflichtet, eine im klassischen Sinne *bekennende* Aussage, d. h. ein Bekenntnis. In der christlichen Geschichte waren solche Bekenntnisse sehr oft der Auftakt zu Marterqualen bis hin zum Märtyrertod: Ich bekenne mich zu einem Glauben, für den ich, wenn es sein muß, auch zu leiden und zu sterben bereit bin. Die Worte »Wir glauben« haben, zumindest im heutigen Sprachgebrauch, eine völlig andere Bedeutung. Sie kennzeichnen eine spezifische Gesamtheit in Abgrenzung zu anderen Gesamtheiten. »Zufällig« – um eine in den USA sehr gebräuchliche Redeweise zu verwenden – gehöre ich dieser und nicht irgendeiner anderen Gemeinschaft an, sei es, daß ich mich persönlich für sie entschieden habe, sei es, und das ist sehr viel wahrscheinlicher, daß der Zufall meiner Geburt mich zu ihrem Mitglied gemacht hat. Dies ist kein Bekenntnis, welches mich verpflichtet und bindet. Es ist – um eine nicht minder aufschlußreiche amerikanische Wendung zu benutzen, die Bekundung einer »religiösen Präferenz«. Eine Floskel, deren sprachliche Heimat die Sphäre des Konsumverhaltens, nicht aber die des Märtyrertums ist.

Das neuformulierte »Wir« ist die gezielte *Aufhebung* des »Ich«. Aufgehoben werden damit allerdings gleich mehrere Dinge auf einmal – zum einen ganz gewiß das Alleinsein, die Einsamkeit (oder, wenn man so will, die Entfremdung) dieses »Ich«, zum anderen aber auch seine Verantwortlichkeit, sein Status als verantwortlich handelnder Mensch. Dieses »Wir« kennzeichnet den Sprechenden in einer ihn nicht verpflichtenden Weise – Feststellungen wie »wir Amerikaner mögen Baseball lieber als Fußball« oder »wir Europäer nehmen beim Essen das Messer in die rechte und die Gabel in die linke Hand« verpflichten zu nichts. Es ist jenes »Wir«, welches Martin Heidegger mit dem unübersetzbaren deutschen Ausdruck »das Man« gekennzeichnet hat (im Sinne des englischen »one«, welches gleichzeitig für alle und für niemanden steht). Heidegger bezeichnete das »diesem Man« zugeschriebene Sein als inauthentisch (»alltäglich«), eine Sichtweise, die das einsame Ich (das »eigentliche Selbst«) als wahrhaft authentisch voraussetzt. José Ortega y Gasset verfolgte den gleichen Gedanken, wenn er vom »lo que se hace« (»das, was man tut«) sprach, dem Prinzip, ein konventionsgebundenes Leben in der Gesellschaft zu führen und sich dabei nicht nur an ihre Verhaltens-, sondern auch an ihre Denkregeln zu halten. Beide, Ortega wie Heidegger, beklagten diese Existenzweise.

Welcher Formulierung des Nizäischen Glaubensbekenntnisses gebe ich den Vorzug? Die Entscheidung greift weit über den liturgischen Kontext hinaus. Es ist eine Entscheidung zwischen zwei verschiedenen Arten des Ich-Verständnisses: Ist das wahre Ich das Ich, das der Welt als Einzelwesen gegenübertritt, sich von der Gemeinschaft separiert, wenn nicht gar in Gegensatz zu ihr begibt? Oder ist es das Ich, das fest in der Gemeinschaft verankert ist, genauer: in derjenigen Gemeinschaft, in der seine biographischen Wurzeln liegen? Diese gewichtige Frage zieht eine weitere, nicht minder gewichtige nach sich, die Frage nämlich: Wenn das einsame Individuum als Resultat einer spezifisch abendländischen Geschichte betrachtet werden kann, ist diese Geschichte dann als eine große Leistung oder als ein großer Irrtum zu werten?

Gehen wir einmal davon aus, daß die Menschen, seit der homo sapiens die Weltbühne betrat – ein Ereignis, über das wir (vielleicht glücklicherweise) relativ wenig wissen – immer ein Ich besessen haben. Selbst wenn wir uns auf ein solches anthropologisch konstantes Ich einigen, müssen wir zugeben, daß dieses Ich im Lauf der Geschichte in sehr unterschiedlichen Weisen erlebt und reflektiert wurde. Taucht man tief genug in die Geschichte ein, dann stößt man überall auf der Welt auf eine Lebens- und Denkweise, die ich als mythologische Matrix bezeichnen möchte. Ihre Wesensmerkmale sind längst bekannt und im Werk von Eric Voegelin und Mircea Eliade eindrucksvoll beschrieben und interpretiert. In dieser mythologischen Welt sind die Grenzen zwischen Ich und Nicht-Ich fließend: Das Ich ist eingebettet in eine Kontinuität des Seins, die sich erstreckt von der menschlichen Gemeinschaft über das, was wir heute »Natur« nennen, bis hinein ins Reich der Götter oder anderer geheiligter Wesen. Das Ich ist in dieser Welt in einem emphatischen Sinne nicht einsam. Vieles spricht dafür, daß die Bewußtseinsbildung bei Kindern damit beginnt, daß sie Schlüsselelemente dieser mythologischen Matrix replizieren. Wenn dem aber so ist, dann ist die Unterstellung, das mythologische Weltverständnis sei an sein Ende gekommen, nicht nur äußerst kurzsichtig, sie beraubt uns auch der Erklärung für die Sehnsucht, die selbst die modernsten Menschen nach jener Welt zu entwickeln scheinen, einer Welt, in der alles im vollen Wortsinn ein »Ganzes« war.

Wie besonders Voegelin gezeigt hat, bekam dieses mythologische Weltverständnis im Laufe der Geschichte hier und dort Risse (*rupture*). Und tatsächlich ging mit jedem dieser Risse (Voegelin selbst verwendet den Begriff nicht) eine gewisse Individuierung einher – das Individuum fiel aus dem festen Zusammenhang von Gemeinschaft, Kosmos und Göttern heraus. Es wäre jedoch falsch, dieses Ende des vollintegrierten Ich als ein – sei's im guten oder schlechten Sinne – ausschließlich abendländisches Ereignis zu begreifen. Derselbe Bruch vollzog sich nachweislich in mindestens zwei weiteren Kulturen: In Indien, wo das nach Befreiung oder innerer Erleuchtung strebende Individuum die Fesseln, welche die Gemeinschaft und speziell die Kaste ihm anlegten, sprengte; und, in ganz anderer Weise, in China, wo der Prozeß der

Ich-Bildung – vor allem in der neokonfuzianischen Variante – ebenfalls in eine Art »Individualismus« mündete. Gut möglich, daß es noch weitere außerabendländische »Sprünge (*leaps*) im Sein« (so Voegelin) gegeben hat. Im Okzident können wir die Anfänge genau bestimmen: Sie liegen einmal im alten Israel, wo das Individuum aus der Konfrontation mit Gott hervorging, zum andern im alten Griechenland, wo via Vernunft eine andere Art von Individuierung stattfand. Die Geschichte des abendländischen Ich hat ihren Ausgangspunkt in der Verschmelzung der beiden von Jerusalem und Athen verkörperten Ströme individuierender Lebens- und Denkpraxis. Das Resultat dieses historischen Prozesses als »abendländischen Individualismus« zu bezeichnen, ist mithin durchaus richtig.

Richtig ist aber auch, daß die Moderne diese Geschichte vorangetrieben und auf eine neue Stufe gehoben hat. Die für die Frühphasen charakteristische Individuierung verstärkend, hat sie zwar einerseits das Individuum, wenn man so will, noch einsamer werden lassen, andererseits aber – möglicherweise gerade in Reaktion auf diese Entwicklung – starke Impulse in Richtung einer Entindividuierung und einer partiellen bis völligen Ablehnung des »westlichen Individualismus« geweckt. Diese gegenläufigen Tendenzen spiegeln sich wider in der Entwicklung des abendländischen Denkens. Sie beginnt, so könnte man grob sagen, als Descartes mit seiner eleganten Feststellung »cogito ergo sum« das erkennende Subjekt zum einzig festen Fundament unseres Wissens von der Realität erklärt. Den Tod dieses philosophischen Individualismus verkündete zu Beginn des 20. Jahrhunderts Ernst Mach mit seiner Behauptung, das Ich sei angesichts der Erkenntnisse der modernen Wissenschaft nicht mehr zu retten (»das unrettbare Ich«). Die derzeit aktuellen postmodernen oder dekonstruktivistischen Theorien sind nur Variationen des Themas Entindividuierung. Um diese ideengeschichtlichen Entwicklungen verstehen zu können, muß man sie vermutlich als solche untersuchen. Doch darf man dabei nicht außer acht lassen, daß Theoretiker nicht nur eine kleine Minderheit sind, sondern – wie jedermann – ein Leben in der Gemeinschaft mit anderen Menschen führen, das ihre Theorien sowohl ihnen selbst als auch anderen Personen plausibel erscheinen läßt. Einfach ausgedrückt, auch im Leben des abgehobensten Denkers kommt die Erfahrung vor der Reflexion. Die Dynamik von Individuierung und Entindividuierung in der modernen Welt darf deshalb nicht nur als eine Episode in der Geschichte der Ideen angesehen werden. Man muß die soziale Situation in Betracht ziehen, in welcher Erfahrungen gemacht werden, die dem einen theoretischen System Plausibilität verleihen und dem anderen nicht. Ich habe ausführlich dargelegt, daß der *Pluralismus* ein überaus wichtiger Bestandteil des modernen Lebens ist.

Pluralismus ist dann gegeben, wenn die Gesellschaft als ganze nicht von einer einzigen Gruppe konstituiert wird, bzw. wenn eine Einzelgruppe nicht als umfassende Gemeinschaft für alle Gesellschaftsmitglieder fungieren kann. Das hat schwerwiegende Implikationen für das Individuum und seine Überzeugungen. Weder sein Ich noch seine Weltsicht können fürderhin für selbstverständlich genommen werden. Das Ich dieses Individuums ist zur Einsamkeit verdammt, und sein Weltverständnis wird zu einer Angelegenheit der bewußten Entscheidung. Die Moderne ist nicht das einzige Zeitalter, das solche pluralistischen Situationen erzeugt hat, doch hat sie den Pluralismus weit mehr als jemals zuvor zu einer bestimmenden und zunehmend globalen Realität gemacht. Die Eigenschaft der »Urbanität« beschreibt treffend den Menschentyp, der in der pluralistischen Welt entsteht – entlassen aus der parochialen Solidarität seiner ursprünglichen Gemeinschaft (man könnte auch sagen, seinen Wurzeln entfremdet) wie auch aus jedem selbstverständlichen Denk- und Glaubenssystem. Es ist ein Menschentyp, der gekennzeichnet ist durch ein hohes Maß an *Freiheit*, Freiheit definiert als ein Zustand, in dem der einzelne unzählige Individualentscheidungen treffen kann.

Eine andere simple, aber gewichtige Erkenntnis in diesem Zusammenhang lautet: *Von »Glauben« kann erst und nur dann die Rede sein, wenn der »Gläubige« über das eben geschilderte hohe Maß an Freiheit verfügt. Nun setzt Freiheit Vereinzelung voraus. Und so kommt es, daß nur das einsame Individuum imstande ist, sich aktiv dem Glauben hinzugeben und einen Glaubensakt zu vollziehen.*

Stellen wir uns einen Menschen vor, der, fern von jeder modernen oder vormodernen Urbanität, fest in einer stabilen, allumfassenden Gemeinschaft verankert ist. Dieser Mensch hat, davon sind wir vorhin ausgegangen, ein Ich. Doch ist dieses Ich von seiner Gemeinschaft nicht zu trennen: Seine Identität wird bestimmt durch seine Zugehörigkeit zu ihr. Soziologisch gesprochen: Zwischen objektiver und subjektiver Identität besteht ein hohes Maß an Symmetrie (die niemals total sein kann). Ein solcher Mensch ist ganz gewiß nicht einsam, nicht entfremdet. Er ist aber auch nicht frei, zumindest nicht in einem empirisch konkreten Sinne. Denn es ist nicht die freie Entscheidung, die darüber bestimmt, wie sein Leben und sein Verhältnis zur Welt aussehen, sondern das Schicksal. Gleiches gilt für sein Verhältnis zu den Göttern seiner Gemeinschaft. Kann man von einem solchen Menschen sagen, er *glaube* an diese Götter? Wohl kaum, denn sie sind Bestandteile einer für selbstverständlich genommenen Realität. Ihre Existenz und ihre spezifischen Eigenschaften werden vorausgesetzt, sind »bekannt«. Eines aktiven Glaubensaktes von seiten des Gläubigen bedarf es in dieser Situation nicht.

Gleich wie die Fragen der Philosophen nach der Freiheit lauten – worin sie letztlich bestehe und wie sie in einer Welt, in der das Ursache-Wirkungsprinzip gelte, überhaupt möglich sei –, wir wissen, daß sie sich nicht schlagartig, sondern schrittweise einstellt. So ist der vorhin erwähnte Städter *freier* als sein Vetter in der Provinz. Und der moderne, mit demokratischen Rechten, Kreditkarten und einem Fernsehgerät (die jeweils eine Menge von Optionen implizieren) ausgestattete Großstadtbewohner ist empirisch gesehen *freier* als sein hellenischer Vorgänger. Nun sollte man natürlich den modernen Individualismus und die modernen Freiheiten nicht auf die griechische Antike zurückprojizieren. Man sollte aber auch die Momente nicht übersehen, die alle pluralistischen Situationen miteinander gemein haben, nämlich ein gewisses Maß an Freiheit, verbunden mit einem gewissen Maß an Einsamkeit einerseits und einer existentiellen Situation, die freie Entscheidungen – auch Glaubensentscheidungen – zuläßt, andererseits.

Kehren wir zu unseren liturgischen Reformern zurück, die das »Ich« in den Glaubensbekenntnissen durch ein »Wir« ersetzten. Weder das alte Israel noch die frühchristliche Kirche waren in einem modernen Sinne freie Vereinigungen von Individuen. Beide waren eher *Bündnisgemeinschaften*. Zur ersteren gehörte man qua Geburt, zur zweiten durch die Taufe. Und für beide, die Juden wie die frühen Christen, war es mehr eine gemeinschaftliche denn eine individualistische Situation, in der sie ihren Glauben erlebten und praktizierten. Bis zu einem gewissen Grade richtig, übersieht diese Darstellung dennoch einige Dinge. So läßt sie unter anderem den Stammvater Abraham und den Apostel Paulus außer acht. Beide Figuren, die eine paradigmatisch für den alten, die andere für den neuen Bund, brachen in massiver Weise die Gemeinschaftssolidarität. Abraham verließ seine Gemeinschaft auf den Ruf eines ihm völlig fremden Gottes hin. Kann es einen einsameren, »individualistischeren« Akt geben als Abrahams Antwort auf Gottes Befehl: »Gehe fort von deinem Land und von deiner Familie und von deines Vaters Haus!« Gewiß, was folgte, war der Bund dieses Gottes mit »einem großem Volk«; am Anfang stand jedoch ganz eindeutig der Glaubensakt eines einzelnen Menschen. Im Falle von Paulus bestand die Konsequenz seiner Begegnung mit dem auferstandenen Christus auf dem Weg nach Damaskus darin, daß er radikal und schmerzvoll aus der Gemeinschaft herausgerissen wurde, der er zuvor mit Leib und Seele angehört hatte. Was folgte, war wiederum ein neuer Bund, dessen Basis die Taufe war, welche eher als eine göttliche denn als eine menschliche Handlung verstanden wurde. Dennoch darf nicht übersehen werden, daß die ersten Christen sich inmitten eines in seinen Dimensionen dem unseren durchaus vergleichbaren religiösen Pluralismus freiwillig für diese Taufe entschieden, daß sie getauft werden *wollten*. Der Glaube des alten Israel begründete einen der großen historischen Brüche mit der archaischen Gemeinschaft, einen Bruch, den die Religion der frühchristlichen Kirche mit ihrer Trennung zwischen dem Bund und dem Ereignis der menschlichen Geburt weiter vertiefte. Selbst als die Kirche die Taufe von Neugeborenen institutionalisierte, erhielt die zu dieser Zeremonie gehörige Liturgie die Fiktion aufrecht, es sei das Kind, das getauft zu werden wünsche.

Wenn Abraham und Paulus sehr frühe biblische »Prototypen« des modernen Individualismus waren, dann könnte man vielleicht von einem »Proto-Individualismus« sprechen – einem Individualismus, der zwar nicht dem Individualismus unserer Tage entspricht, wohl aber als seine früheste Ausprägung gelten kann –, für den Sokrates und vielleicht sogar Odysseus Parallelbeispiele liefern. Wie auch immer, die Modernisierung hat in der Pluralisierung wie in der Individuierung für einen Quantensprung gesorgt. Die Pluralisierung reicht von der materiellen Ebene bis tief in die Sphäre der Ideen und Werte hinein. Die Technologie hat die Auswahl der Instrumente, mittels derer die Welt verändert werden kann, ins Unermeßliche gesteigert. Die Marktwirtschaft vervielfacht die Optionen des Lebensstils so, wie die Demokratie die politischen Wahlmöglichkeiten vermehrt, und die Urbanisierung erzeugt ein Milieu, in dem sich eine Vielzahl moralischer und religiöser Alternativen eröffnen. *Die Moderne bedeutet für das Leben des Menschen einen riesigen Schritt weg vom Schicksal hin zur freien Entscheidung.* Nun kann man sagen, daß es sich bei den zu treffenden Entscheidungen in vielen Fällen um triviale Entscheidungen handelt und daß der Zuwachs an Freiheit auch seinen Preis hat. Aufs Ganze gesehen gilt jedoch, daß das Individuum unter den Bedingungen des modernen Pluralismus nicht nur auswählen kann, sondern daß es auswählen *muß*. Da es immer weniger Selbstverständlichkeiten gibt, kann der Einzelne nicht mehr auf fest etablierte Verhaltens- und Denkmuster zurückgreifen, sondern muß sich nolens volens für die eine und damit gegen eine andere Möglichkeit entscheiden. Damit wird er zu einem freien Menschen, wie es ihn in früheren Geschichtsepochen allenfalls ansatzweise gab. Sein Leben wird ebenso zu *einem Projekt* – genauer, zu einer Serie von Projekten – wie seine Weltanschauung und seine Identität. Die Bedeutung des vermutlich dem Vokabular des freien Unternehmertums entstammenden Begriffs vom »Self-made-man« reicht weit über die Sphäre der Ökonomie hinaus.

Jean-Paul Sartre sagte, der Mensch sei zur Freiheit verdammt. Als generelle Beschreibung der *condition humaine*, der Lebensbedingungen des Menschen, kann diese zentrale These der Existenzphilosophie empirisch durchaus in Zweifel gezogen werden, denn: War ein Jäger in der Steinzeit wirklich dazu verdammt, frei zu sein? Als spezielle Kennzeichnung der Lebensbedingungen des *modernen* Menschen ist sie hingegen von bemerkenswerter Exaktheit. Die moderne Lebenssituation verlangt dem einzelnen eine Vielzahl von freien Entscheidungen ab, die zum Teil zwar als durchaus banal bezeichnet werden können, teils aber auch tiefes Nachdenken und große Ernsthaftigkeit erfordern – Entscheidungen, wie Sartre und andere Existentialisten sie im Sinn hatten. Es ist wichtig zu sehen, daß die folgenschweren Entscheidungen (Pascals Wette ebenso wie Kierkegaards Glaubenssprung) aus dem gleichen Boden erwachsen wie die vielen trivialen, die zu treffen die moderne Gesellschaft ihre Mitglieder nötigt. So gesehen sind wir (andere Philosophierichtungen mögen mir verzeihen) allesamt dazu verdammt, Existentialisten zu sein.

Nun ist die moderne Gesellschaft offensichtlich keine Anhäufung von isolierten Individuen, die, als seien sie die Darsteller eines Stückes von Sartre, fortlaufend verzweifelte Entscheidungen treffen. Es gibt tatsächlich sehr viel mehr Gemeinschaft, als Kritiker der Moderne wahrhaben wollen. So hat das moderne Amerika eine ausgesprochene Begabung entwickelt, im Rahmen seiner pluralistischen, individualistischen und mobilen Gesellschaft alle nur erdenklichen Varianten von Gemeinschaft erstehen zu lassen. Allerdings beruht die Mitgliedschaft auch in diesen Gemeinschaften zunehmend auf einer freien Entscheidung, man *optiert* sozusagen für sie, was einen großen Unterschied macht zu den Gemeinschaften, in die man hineingeboren wird und denen man angehört, bis man stirbt. Dieser Punkt wurde deutlich in der Debatte, die Michael Novaks Buch *The Unmeltable Ethnics* auslöste, eine Schrift, die von vielen als Vorbote einer mutmaßlichen ethnischen Renaissance der siebziger Jahre in Amerika begrüßt wurde. Novaks Kritiker wiesen darauf hin, daß die Mehrzahl der amerikanischen Bürger sich allem Anschein nach nicht verpflichtet fühle, die ethnischen Traditionen ihrer Einwanderer-Vorväter hochzuhalten. Novaks Erwiderung: Ethnizität kann heute frei gewählt werden. Das ist ohne Zweifel richtig; wenn dem aber wirklich so ist, dann bedeutet Ethnizität heute etwas ganz anderes als in der Vergangenheit. Man braucht nur einen Amerikaner, der egal aus welchen Gründen beschlossen hat, seine ethnischen Wurzeln wiederzuentdecken, mit einem Menschen zu vergleichen, der im Mittleren Osten lebt und über seine Ethnizität nachdenkt. Im ersten Fall ist Ethnizität ein Projekt, betrieben in freier Entscheidung von einem einzelnen Menschen, der ebensogut ein anderes Vorhaben, etwa einen Religionswechsel oder seine sexuelle Neuorientierung, verfolgen könnte. Im zweiten Fall ist Ethnizität ein unausweichliches, oftmals tragisches Schicksal, dem sich der Betroffene kaum oder gar nicht entziehen kann. Welche Art von ethnischer Gemeinschaft stärker ist, steht außer Frage.

Die empirischen Belege derer, die die moderne Entfremdung beklagen, sind ohne Zweifel solide. Der moderne Mensch ist tatsächlich einsamer, als die meisten seiner Vorfahren es jemals waren. Aber dieselben Umstände, die ihn einsamer machen, machen ihn auch freier. Wer die Entfremdung beklagt, beklagt implizit auch die Freiheit. Anders gesagt, wer die Freiheit schätzt, muß die Entfremdung in Kauf nehmen. Und was die religiösen Implikationen der Moderne angeht, so muß jeder für sich entscheiden, ob ihm die frei gewählte Bindung an eine Religion lieber ist als eine Zugehörigkeit, in die er hineinsozialisiert wird wie in andere von ihm für selbstverständlich genommene Verhaltens- und Denkmuster. Wenn wir in unserem Glauben Kinder von Abraham und Paulus sind, dann scheint mir, daß wir die Freiheit, die uns die Moderne bietet, eher begrüßen als beklagen sollten.

All das ändert allerdings nichts an der Tatsache, daß die moderne Lebenssituation, die von den einen als große Befreiung erfahren wird, den anderen (und oft sind die einen und die andern dieselben Personen zu unterschiedlichen Zeiten) als schwere Bürde erscheint. Dies war so zu Beginn der Modernisierung in Europa. Und es ist heute, da diese Modernisierung sich zu einer weltweiten Revolution ausgewachsen hat, immer noch so. Die einen erleben die Befreiung von den alten Familien-, Sippen-, Stammes-, Dorf- oder Kastenbindungen als Stimulus, andere erfahren sie als schlimme Bedrohung – als Ausgesetztsein in einer Welt, in der sie allein und schutzlos mit ihren subjektiven Überzeugungen und ihrer ständig in Frage stehenden Identität zurechtkommen müssen. Das ist der Grund, weshalb es von Anfang an mächtige Antimodernisierungsbewegungen gegeben hat und weiterhin gibt. »Machen wir es so, wie unsere Vorväter es gemacht haben!« lautet der typische Slogan dieser Bewegungen. Bisweilen haben sie Erfolg, wenn auch meist nur für kurze Zeit oder in kleinen, streng kontrollierten Reservaten – den sogenannten »intentionalen Gemeinschaften«. Die Modernisierung ist ein Phänomen von beeindruckender Kraft, einer Kraft, der man sich, wenn überhaupt, nur unter größter Anstrengung entgegenstemmen kann. Nehmen wir als Beispiel die Meiji-Restauration in Japan im 19. Jahrhundert; sie sollte es Japan ermöglichen, die Bedrohung durch den westlichen Imperialismus abzuwehren und die traditionellen Werte der japanischen Gesellschaft zu bewahren. Ihr Motto lautete: »Ehrt den Kaiser, vertreibt die Barbaren!« Er wurde zum Motto, unter welchem das Meiji-Regime die Modernisierung Japans ins Werk setzte, eine der dramatischsten gesellschaftlichen Umgestaltungen in der neueren Geschichte. Sie begann mit der Beschwörung der Autorität der Tradition und führte mehr oder weniger geradlinig zu den kleinen Wundern der modernen Technologie, die heute von den Fließbändern bei Toyota, Hitachi oder Mitsubishi rollen. Der Versuch, die Modernisierung einzudämmen, indem man sich in enge, kleine Enklaven einschließt, ist ein nicht minder schwieriges Unterfangen. Wir brauchen nur einen mennonitischen Farmer in Pennsylvania oder einen chassidischen Rabbi aus der Williamsburg-Gemeinde in Brooklyn zu fragen, sie können uns genau sagen, wie leicht oder schwer es ist.

Da die moderne Freiheit und die moderne Einsamkeit untrennbar ineinander verwoben sind, bedeutet die Flucht vor der einen zwangsläufig auch die Flucht vor der anderen. Erich Fromm hat (sieht man von seinen fragwürdigen psychoanalytischen Annahmen ab) diese Realität anschaulich und treffend gekennzeichnet, als er von einer »Flucht vor der Freiheit« sprach. Er schuf diesen Terminus im Versuch, die Anziehungskraft totalitärer Ideologien zu erklären. Aber der Totalitarismus ist (mit Robert Nisbet gesprochen) nur die extremste Form von Gemeinschaftsstreben. Dieses Streben hat in der jüngeren Geschichte sowohl im Abendland, wo die Wiege der Moderne stand, als auch in anderen Teilen der Welt, wohin sie sich ausbreitete, viele verschiedene Formen angenommen. Da finden sich kultur-traditionalistische, religiös-fundamentalistische oder ideologisch-kollektivistische Bewegungen, die allesamt bestrebt sind, das Individuum wieder in eine sichere, allumfassende Gemeinschaft einzubetten, es sozusagen zu reintegrieren – und die dabei, gleichsam beiläufig, die Freiheit wieder aufheben, die in einer solchen Gemeinschaft, selbst wenn sie auf einem freiwilligen Zusammenschluß basiert, nicht überleben kann. Der Nationalismus dürfte der wichtigste ideologische und politische Transmissionsriemen dieser Bestrebungen in der Moderne gewesen sein. Die Nation präsentiert sich als eine allumfassende Gemeinschaft – ein Bild, das einer signifikanten Zahl von Menschen glaubhaft zu vermitteln ihr zum Zeitpunkt ihrer Erfindung zumeist am besten gelingt (alle Nationen sind Erfindungen, einige neueren, andere älteren Datums). Hat der Nationalismus sein politisches Ziel – den Nationalstaat – erreicht, verliert der Ruf nach Gemeinschaft sehr schnell an Attraktivität. Andere, weniger politische Formen des Gemeinschaftsstrebens treten in den Vordergrund – Religionen, freiwillige Zusammenschlüsse, Lebensstile und auch sexuelle Experimente.

Bei der Analyse des modernen amerikanischen Gemeinschaftsstrebens ist es sinnvoll, zu trennen zwischen Organisationen, die den modernen Individualismus schätzen und achten, und solchen, die eine Perversion in ihm sehen, welche es unbedingt zu überwinden gilt. Die ersteren stehen in jener langen Tradition amerikanischer freier Vereinigungen, deren Existenz schon Tocqueville mit Bewunderung erfüllte und zu denen damals wie heute die meisten religiösen Organisationen zählen. Die letzteren füllen ein breites Spektrum ideologischer Ausrichtungen – religiöser, politischer, ästhetischer und anderer. Allesamt versprechen sie, das Individuum aus seiner Einsamkeit oder seinem »exzessiven Individualismus« zu erlösen und ihm in ihrer heilbringenden Gemeinschaft eine Heimstatt zu geben. Im Verlauf des Reintegrationsprozesses »entdeckt« (oder erfindet) das Individuum sich in der ihm bislang unbekannten Gemeinschaftsidentität neu. Fast alle religiösen Traditionen entwickeln beachtliche Fähigkeiten, wenn es darum geht, diesen Trick anzuwenden; und daß es (neben den zahllosen Sekten und Kulturgruppen) in allen großen Konfessionen Gruppierungen gibt, die ihn mit Erfolg praktizieren, dürfte niemand bestreiten. Ob die neue Identität später durch Betfrühstücke, durch das Aufsagen von Rosenkränzen oder durch ein Talmudstudium verstärkt wird, mag theologisch gesehen von Bedeutung sein, in bezug auf die sozialpsychologischen Gratifikationen macht es kaum einen Unterschied. Die gleiche Art von gemeinschaftlicher Heimstatt ist auch in weltlichen Ausprägungen zu haben – in der schwarzen Community, bei den feministischen Schwestern, den revolutionären Genossen usw. ebenso wie in politisch konservativen Bünden und Vereinigungen.

Die Selbsttäuschung, die in all diesen Gemeinschaftsidentitäten steckt, ist, wie ein Blick auf die Wirklichkeit von modernen Gesellschaften beweist, nicht eben gering. De facto erfüllt sie haargenau den Tatbestand dessen, was Sartre einen »falschen Glauben« genannt hat: Ein freier Akt wird zum unausweichlichen Schicksal uminterpretiert. Die große Metamorphose scheint rückgängig gemacht zu werden: Die Welt der freien Entscheidungen hinter sich lassend, kehrt das Individuum zurück in eine Welt der Schicksalhaftigkeit. Doch ist diese Rückkehr selbst ein Akt der freien Entscheidung, welcher durch einen weiteren Akt der freien Entscheidung wieder aufgehoben werden kann. Das Individuum, das diese Rückkehr veranstaltet, kann, in seinem Innersten wohl wissend, daß dem nicht so ist, äußerlich so tun, als sei sein Schritt irreversibel. Besonders deutlich wird dies in Fällen, in denen die neue Gemeinschaftsidentität – wie in vormodernen Zeiten – den Anspruch erhebt, für eine Gemeinschaft zu gelten, die qua Geburt zusammengehört. So kann ein bislang nichtreligiöser amerikanischer Jude (vielleicht sogar mit einer gemischten ethnischen Herkunft) zu einer der gemeindeorientierteren Varianten des orthodoxen Judentums bekehrt werden und dabei sich selbst als Juden »entdecken«. Diese »Entdeckung« suggeriert die Anerkennung eines jüdischen Schicksals und wird häufig auch explizit als solche deklariert. Dennoch bleibt dem Bekehrten stets bewußt, daß er sich aus freien Stücken und höchst individuell dafür *entschieden* hat, sich mit diesem angeblichen Schicksal zu identifizieren, und er weiß auch, daß er jederzeit seine Entscheidung wieder rückgängig machen kann. Dieser Widerspruch zwischen einer Volksgemeinschaftsideologie auf der einen und einer sozialen Wirklichkeit der freiwilligen und selbstbestimmten Loyalitäten und Gefolgschaften auf der anderen Seite stellte für das Judentum in Amerika zweifellos ein großes Problem dar, doch stehen andere Gruppen, religiöse wie nichtreligiöse, vor ganz ähnlichen Schwierigkeiten, wenn sie so tun, als sei ihre Existenz eine Naturgegebenheit. Man kann »wiedergeboren« werden, man kann aber auch »*un*geboren« bleiben. Man kann sich als einen »ontologischen« Katholiken begreifen, doch muß diese Ontologie in einer fortlaufenden Kette von bewußten Entscheidungen ständig erneuert werden.

Die sprachliche Veränderung der Glaubensbekenntnisse macht nur einen Teil der sehr viel breiter angelegten gemeinschaftsbezogenen Initiative unserer liturgischen Reformer aus. In der katholischen wie auch in den anderen christlichen Kirchen wurde die traditionelle »Sakramentshaltung« des amtierenden Geistlichen zugunsten einer neuen Position revidiert. Er steht heute nicht mehr *vor* dem Altar, den Blick vor der Gemeinde abgewandt, sondern *dahinter*, die Augen auf die Gläubigen gerichtet. Es war kurz nach dem Zweiten Vatikanischen Konzil, als ein mit mir befreundeter Katholik mich mit der Bemerkung überraschte, die neue Position des Priesters erinnere ihn stark an einen Barkeeper hinter seinem Tresen – einer von zahlreichen Gründen, weshalb er nicht mehr zur Messe gehen möge. Der neue Standort des Geistlichen macht augenfällig, daß das geheiligte Wesen, dem gehuldigt wird, nicht *außerhalb* der versammelten Gemeinde existiert, sondern *in* ihr. Der äußerliche Positionswechsel ist ein starkes Symbol für eine innere Umkehr. Ich nehme an, daß Liturgiekenner zu seiner

Rechtfertigung eine Vielzahl von ähnlichen Riten aus alter Zeit aufzubieten haben. Doch wer weiß, was einen Bischof im siebten Jahrhundert in Antiochia oder im neunten in Lyon dazu veranlaßt hat, darauf zu bestehen, daß der Priester während des Heiligen Abendmahls der Gemeinde sein Gesicht zuwenden soll? In Amerika deutet heute vieles darauf hin, daß die Gemeinde nicht Gott huldigt, sondern sich selbst. Und ich hege den Verdacht, daß dem in den meisten Fällen auch tatsächlich so ist. Aus biblischer Sicht ist das, was da geschieht, eine spezielle Form von Idolatrie.

Doch damit nicht genug. Man könnte fortfahren mit dem fälschlich als »Friedenskuß« bezeichneten peinlichen Händeschütteln des Geistlichen nach dem Gottesdienst; mit dem Prediger, der, ausstaffiert mit allen priesterlichen Insignien, auf die Kanzel steigt, um seine Predigt mit einem ebenso herzlichen wie banalen »Guten Morgen« zu beginnen; und mit der gezielten Tilgung jeder Spur von poetischer Schönheit aus der Sprache der Liturgie, wie geschehen mit der Übersetzung des *Anglican Book of Common Prayer*, eines der großen englischen Sprachdenkmäler, in eine Prosa, die der von Versandkatalogen nahekommt. Aufs Ganze gesehen scheinen mir alle diese Veränderungen auf die Aussage hinauszulaufen: Was hier vorgeht, ist nichts Besonderes, es sind ganz normale Menschen, die hier eines Gemeinschaftserlebnisses wegen zusammenkommen. Wo die Liturgie darüber hinaus auch politisiert wird – wie z. B. in der jüngst verfertigten Übersetzung der liturgischen und biblischen Texte in eine feministische Sprache –, tritt die Neubestimmung des Gottesdienstes als einer Gemeinschaftsfeier noch stärker hervor, doch kann es zu dieser Neudefinition auch ohne jede Politisierung kommen.

Mir scheint sich in alldem ein tiefes Mißverständnis über das Wesen des Gottesdienstes auszudrücken. Jeder echte Gottesdienst ist ein mühevoller Versuch, Erhabenheit im Sinne von Transzendenz herzustellen. Dieses *Streben* nach Transzendenz muß symbolisiert werden mit den Mitteln, die der je konkreten Glaubenstradition zur Verfügung stehen. Die Form, in der dies geschieht, hat sicher auch einen gemeindebezogenen Aspekt, doch ist die Gemeinschaft selbst nicht das Objekt der Andacht, sondern bestenfalls das Subjekt. Im Falle des christlichen Glaubens ist, zumindest nach meinem Verständnis, die religiöse Gemeinschaft das, was Wolfhart Pannenberg als »proleptisch« bezeichnet hat: Nicht die Versammlung der konkret anwesenden Andächtigen ist die Hauptsache, sondern die Gemeinschaft derer, die das Reich Gottes bevölkern, eine Gemeinschaft, welche die versammelte Gemeinde in einer Art Vorwegnahme schwach vorausahnen läßt. Auch endet diese proleptische Gemeinschaft nicht an den Mauern eines bestimmten Heiligtums: Sie umfaßt die Gemeinschaft aller Lebenden, gleich wo sie sich aufhalten, und nicht nur die der Lebenden, sondern auch der Toten; und sie umfaßt die anbetende Gemeinschaft der Engel und der gesamten Schöpfung.

Ich vermute, daß die Menschen schon immer ein Problem damit hatten, ihre hilflosen Gesten der Anbetung mit dem erhabenen und jenseitigen Chorgesang der Engel zu verbinden. In früheren Zeiten wurde dieses Problem (sofern man von einer Lösung sprechen kann) von der Gemeinschaft gelöst, deren mehr oder minder unbedeutendes Mitglied der Einzelne war. Das Problem stellt sich mit der Herausbildung des einsamen Gläubigen der Moderne mit sehr viel größerer Schärfe, was wiederum zu der Frage führt, ob die Einsamkeit des Individuums erst überwunden sein muß, ehe wir nach dem Transzendenten streben oder gar greifen können.

Welches ist das wahre Ich? Ist es das von allen sozialen Rollen und Bindungen so weit wie möglich losgelöste reine Individuum? Oder ist es, ganz im Gegenteil, das diesen Rollen und Bindungen verhaftete Individuum? Und ist die Frage nach dem wahren Ich überhaupt sinnvoll?

Der menschliche Geist hat sich mit diesen Fragen jahrhundertelang abgemüht, und dies keineswegs nur in der abendländischen Welt. So ließe sich z. B. zeigen, daß das gesamte philosophische Denken in Indien – von den Veden an – um diese Fragen kreist. Aber auch die moderne westliche Philosophie hat sie bislang nicht endgültig zu lösen vermocht. Auf der einen Seite hat, wie bereits bemerkt, die Heraufkunst der Moderne den Prozeß der Individuierung heftig vorangetrieben und damit der Vorstellung vom authentischen Ich als einem autonomen, ja einsamen Ich eine große Glaubwürdigkeit verliehen. Auf der anderen Seite weist die Tendenz sowohl in der Philosophie als auch in den Humanwissenschaften (Biologie, Psychologie und Soziologie) in diesem Jahrhundert in die genaue Gegenrichtung: Machs bereits zitiertes Diktum vom »unrettbaren Ich« bringt sie treffend auf den Punkt. Und von den Sozialwissenschaften kann man wohl kaum erwarten, daß sie die Idee von einem rollen- und bindungslosen Ich substantiell untermauern. Und doch hält sich im Bewußtsein der einzelnen hartnäckig die Überzeugung, daß es ein solches Ich tatsächlich gibt, eine Überzeugung, die vor allem in den moralischen Urteilen der Menschen zutage tritt: Man braucht nur an die Auswirkungen auf unsere Menschenrechtskonzeption zu denken, die eine Preisgabe der Vorstellung von einem autonomen Ich zur Folge hätte.

Ich bin sehr im Zweifel, ob diese Streitfrage mit Mitteln der philosophischen Reflexion oder des wissenschaftlichen Beweises überhaupt jemals gelöst werden kann. Vermutlich handelt es sich um eine jener Fragen, die letztlich, wie Pascal sagt, »von der Vernunft des Herzens« beantwortet werden müssen – mithin von keiner besonders verläßlichen Autorität, aber auch nicht weniger verläßlich als die endlosen Antinomien der theoretischen Vernunft. Auch neige ich zu der Auffassung, daß die Vorstellung von einem Ich jenseits aller Sozialisationen nur in einer Weltsicht aufrechterhalten werden kann, welche Transzendenz einschließt. Dostojewski sagte, wenn es Gott nicht gibt, ist alles erlaubt. Seine Feststellung läßt sich wie folgt paraphrasieren: Wenn es Gott nicht gibt, dann ist jedes Ich möglich – und die Frage, welches der vielen möglichen Ich das »wahre Ich« sei, wird sinnlos. Die zum großen Teil auf atheistischen Annahmen beruhende Existenzphilosophie hat aus dieser Erkenntnis den logischen Schluß gezogen, daß das Ich eine Sache der Entscheidung ist.

Für eine Weltanschauung, welche jede Transzendenz ausklammert oder verneint, sind die negativen Schlüsse in bezug auf das Ich, zu denen verschiedene Stränge der neueren Philosophie gelangen, ganz gewiß konsequent. Dies betrifft nicht nur die Existentialisten. Auch der bereits erwähnte Ernst Mach, dessen Zurückweisung der Ich-Vorstellung von dem Romanschriftsteller Robert

Musil (der, ehe er Romancier wurde, eine philosophische Dissertation über Mach verfaßte) in die Feststellung übersetzt wurde, das Ich sei ein riesiges Loch, das die Menschen mit einer Menge Aktivität füllten, um es zu verdecken, gehört hierher. Und die postmodernen Theorien vom Ich als einem durch und durch gesellschaftlichen Konstrukt ohne jede »gegebene« Substanz sind enge Korrelate jenes breiten Trends zur (zu Recht so bezeichneten) »Dekonstruktion« des Ich. Wenn auf jede transzendente Verwurzelung des Ich, welches niemals eine Naturgegebenheit, ein »Datum« ist, verzichtet wird, läßt sich zu seiner Kennzeichnung nicht viel mehr sagen, als daß es möglicherweise ein schwieriges Unternehmen, ein Willensakt ist, in dem und durch den Individuen, immer im Zusammenwirken mit anderen Menschen, sich selbst erschaffen. Anders ausgedrückt, ohne Gott kein Ich.

Doch wie immer dem sei, es bleibt eine historische Tatsache, daß die Wurzeln der Idee und (wichtiger) der Wirklichkeit des abendländischen Ich zu wesentlichen Teilen im alten Israel liegen; ein Faktum, das zumindest so lange Gewicht hat, wie das Alte Testament für viele der heutigen Christen und Juden seine Autorität behält. Ich glaube, man kann zeigen, daß es in Konfrontation mit dem biblischen Gott zu einer speziellen Form der Ich-Bildung kam. Die Religion des alten Israel schaffte die vielen Wesen zwischen Himmel und Erde, die in der Mythologie die Menschen mit dem Kosmos verbanden, entweder schlichtweg ab oder relativierte sie doch nachhaltig in ihrer Bedeutung. Die Folge war eine scharfe Polarisierung zwischen einem absolut transzendenten Gott auf der einen und einem menschlichen Individuum, zu dem dieser Gott sprach, auf der anderen Seite. Diese Polarisierung *isolierte* das Individuum – vielleicht nicht in dem Maße, in dem der moderne Mensch heute isoliert ist, gewiß aber sehr viel stärker, als dies in der mythologischen Welt, aus der Gott Israel herausrief, jemals der Fall war. Die ethischen Implikationen dieser Proto-Individuierung waren gewaltig. Wie gewaltig, läßt sich an der im 12. Kapitel des Zweiten Buches *Samuel* geschilderten dramatischen Begegnung König Davids mit dem Propheten Nathan ablesen: David hatte Batsebas Ehemann töten lassen, um sie seinem Harem einverleiben zu können – eine nach orientalischen Vorstellungen völlig akzeptable Wahrnehmung eines königlichen Privilegs. Nachdem Nathan David geschickt dazu gebracht hat, einen Mann zu verurteilen, der mitleidlos zerstört, was ein anderer liebt, sagt der Prophet zu David, er, der König, sei selbst dieser Mann – »Du bist der Mann«. Dieser Satz ignoriert souverän alle gesellschaftlichen Vorrechte des Königtums im alten Orient. Mehr noch, er ignoriert sämtliche damals gültigen gesellschaftlichen Ich-Konstruktionen. Er spricht ein normatives Urteil über den Menschen David – einen Mann, der von allem gesellschaftlichen Beiwerk entblößt, *nichts ist als ein Mensch*. Diese Auffassung vom Verhältnis Gottes zu den Menschen, und damit auch der Menschen untereinander, prägt das christliche Menschenbild auch heute noch.

Die biblische Lehre definiert den Menschen als ein *verantwortliches* Wesen, verantwortlich im etymologischen wie im konventionellen Wortsinn. Ein Mensch ist jemand, der fähig ist, Gott zu *antworten* – das und nur das macht sein »wahres Ich« aus. In Luthers Diktion: Der Mensch existiert, weil Gott zu ihm spricht, und er existiert so lange weiter, wie Gott dies auch in Zukunft tut. Ich kommentiere hier nicht die wundervoll sparsame Prägnanz, mit der Luther sowohl den Kern einer christlichen Anthropologie als auch den zentralen Grund, weshalb Christen auf ein ewiges Leben hoffen dürfen, in einem einzigen Satz einfängt, sondern fahre fort: Als ein Wesen, zu dem Gott spricht und von dem er eine Antwort erwartet, ist der Mensch für sein Tun moralisch verantwortlich. Wenn wir uns ein autonomes Individuum nicht vorstellen können, dann ist es sinnlos, dem Menschen eine moralische Verantwortung zuzuschreiben, mehr noch, die Idee der moralischen Verantwortung selbst verliert jeden Sinn. Aber David, der allein vor Gott stehende Mensch, ist ein Mann, der für seine Handlungen verantwortlich gemacht und zur Rechenschaft gezogen werden kann.

Es gibt noch andere Fragen, auf die ich im Laufe meiner Überlegungen gestoßen bin, Fragen, über die sich nachdenken läßt ohne sofortigen Rekurs auf die biblische Lehre oder überhaupt eine religiöse Weltanschauung. Fragen wie: War die abendländische Geschichte ein einziger großer Irrtum? Oder: Ist die Moderne eine gigantische Fehlentwicklung?

Wenn eine Fehlentwicklung das ist, was aus einem statistischen Normalmuster herausfällt, dann ist der Okzident im allgemeinen und die von ihm bestimmte westliche Moderne im besonderen ganz gewiß eine Fehlentwicklung. Der holländische Historiker Jan Romein prägt das Wort vom »allgemeinen menschlichen Lebensmuster«, um einige Merkmale von Gesellschaft und Kultur zu kennzeichnen, die quer durch die Geschichte zu finden sind. Der moderne Westen weicht von diesem allgemeinen Muster nicht zuletzt in der Art und im Grad der Individuierung ganz deutlich ab. Eine Tatsache, die die solide empirische Grundlage für die Behauptung abgibt, der westliche Individualismus sei eine Verirrung, ein Irrweg; das allgemeine Muster binde den einzelnen fest in die Gemeinschaft ein. Der Vorwurf der Verirrung kommt sowohl von Beobachtern, die außerhalb der westlichen Tradition stehen, als auch von Kritikern aus ihrem Inneren – von asiatischen Philosophen ebenso wie von Marxisten. Während diese Kritiker sich in ihrer Empfehlung hinsichtlich der Gesellschaftsform, die uns aus dieser mißlichen Lage erretten könnte, natürlich nachhaltig unterscheiden, sind sie sich bei der Beschreibung der Lage selbst in vielen Punkten einig.

Glücklicher- oder auch unglücklicherweise können Wahrheit und Irrtum nicht per Statistik ermittelt werden. Auch wenn die überwältigende Mehrheit der Menschen in der Vergangenheit und vermutlich auch heute noch an Dämonen und überirdische Kräfte glaubte und glaubt, mag ich der Theorie von der Fehlentwicklung dennoch nicht zustimmen. Ob der westliche Individualismus eine schreckliche Fehlentwicklung war? Ich meine nein, und zwar sowohl der einzigartigen Ideen wegen, die von ihm ausgingen, als auch wegen der durch ihn möglich gewordenen konkreten Wirklichkeit. Sowohl die Ideen als auch die Lebenspraxis setzen Freiheit voraus, sind mit ihr engstens verkoppelt. Es ist der westliche Individualismus, der wie keine andere Weltanschauung in der Menschheitsgeschichte den unersetzbaren Wert jedes Individuums postuliert (ich würde sagen, überhaupt erst *entdeckt*) hat, ohne

Rücksicht auf Rasse, Nationalität, Geschlecht, Alter, geistige oder körperliche Verfassung, Religionszugehörigkeit oder *irgendein anderes Gruppenmerkmal*. Jede menschliche Kultur erkennt dem Menschen aufgrund seiner Zugehörigkeit zu einer Gemeinschaft gewisse Rechte zu. Es ist jedoch allein der westliche Individualismus, der die Anerkennung der Rechte des Individuums *unabhängig von* seiner Gemeinschaft und, falls erforderlich, auch *gegen sie* durchgesetzt hat. Die Anerkennung dieser Rechte setzt ein Verständnis vom Menschen als einem freien und eigenverantwortlichen Wesen voraus, welches wirklich ein Einzelwesen ist und nicht nur ein Agent irgendeines Gemeinschaftssystems.

Sind wir bereit, unsere Auffassung davon, was zwischen Menschen moralisch zulässig ist, im Sinne einer gemeinschaftsorientierten Anthropologie zu revidieren? Und sind wir bereit, dies auch dann noch zu tun, wenn wir uns die menschlichen Grausamkeiten vor Augen führen, die mit solchen Anthropologien in unserem eigenen Jahrhundert gerechtfertigt wurden? Ich weiß, ich bin es nicht.

Doch das freie Individuum, frei auch in seiner Opposition gegen die Gemeinschaft, ist nicht nur eine Idee: Viele Menschen haben praktische Erfahrungen mit dieser Freiheit gemacht. Wie bereits angedeutet, sind diese Erfahrungen nicht immer angenehm. Diejenigen der Emanzipation von einer Gemeinschaft sind vielfältig vor allem dann, wenn die Bindungen an sie lange währten und tief waren. Für diejenigen unter uns, die die Freiheit an sich selbst erfahren haben, sind diese anthropologischen Fragen nicht nur von theoretischem Interesse. Sie berühren das Verständnis davon, was wir sind und woher wir kommen. Ich kann natürlich meine Freiheitserfahrung im nachhinein zu einer Sinnestäuschung erklären, indem ich die Vermutung anstelle, sie habe auf einer Einbildung beruht. Ich bin aber nicht bereit, diese Vermutung anzustellen, sondern ziehe es vor, zu meiner Erfahrung zu stehen – ihr sozusagen *die Treue zu halten*. (Wenn es auch nicht die Treue ist, von der im christlichen Glaubensbekenntnis gesprochen wird, so ist es dennoch Treue.)

Damit sind wir bei der Bedeutung angelangt, die dem Subjekt des ersten Satzes im nizäischen Credo in meinen Augen zukommt:

Es ist das einsame »Ich«, das hier seinen Glauben beteuert, das »Ich« jenseits aller kollektiven oder gemeinschaftlichen Bestimmungen – das »Ich«, das mit der Welt und mit Gott allein ist. Das heißt nicht, die Gewichtigkeit von sozialen Bindungen und Verortungen zu leugnen (würde ich dies tun, könnte ich meinen Beruf als Soziologe an den Nagel hängen). Es heißt nur, daß die soziale Welt um mich herum bis zur Bedeutungslosigkeit verblaßt, wenn ich mich mit der Frage nach dem Sinn meines Lebens konfrontiert sehe. Ich kann mir keine eindringlichere Darstellung dieser Erkenntnis vorstellen als Tolstois Erzählung *Der Tod des Iwan Iljitsch*, und ich kenne kein knapperes Resümee der Problematik als die von Simone Weil getroffene Feststellung »Die Gesellschaft ist der Käfig. Der Weg ins Freie ist die Einsamkeit.« Tatsächlich ist Simone Weil das Musterbeispiel der einsamen Gläubigen in der modernen Welt. Ihr Leben ist eine lange Geschichte der Marginalität. Als Französin im Zweiten Weltkrieg vehement patriotisch, löste jede Art von Gemeinschaftssolidarität tiefen Argwohn bei ihr aus. Jüdin, die sie war, lehnte sie nicht nur die jüdische Religion, sondern auch jede weltliche Form von jüdischer Identität ab. Persönlich voller Probleme und Idiosynkrasien, ging sie nach Spanien, um sich auf republikanischer Seite im Bürgerkrieg zu engagieren, nur um nach einem peinlichen Zwischenfall nach Hause zurückgeschickt zu werden. Nach der Besetzung Frankreichs durch die Deutschen ging sie als Flüchtling nach England, wo sie sich, trotz ihres anhaltend schlechten Gesundheitszustandes weigerte, mehr als die in Frankreich erlaubte minimale Essensration zu sich zu nehmen – eine Entscheidung, die letztlich ihren Tod zur Folge hatte. In ihrem Versteck vor den Deutschen zum katholischen Glauben bekehrt, verweigerte sie die Taufe, weil sie sich nicht den Leiden der Juden entziehen wollte und weil sie die in ihren Augen falschen Tröstungen des katholischen Gemeindedenkens ablehnte. So sehr Simone Weil den exzentrischen Extremfall der einsamen Gläubigen verkörpert, so kann sie doch auch als paradigmatisch gelten.

Diese Beschreibung der Weilschen Haltung zielt nicht auf eine Idealisierung des modernen Pluralismus ab. Sie basiert nicht auf einem Fortschrittsmythos und nicht auf der Vorstellung, die Moderne stelle die bislang höchste Stufe der menschlichen Entwicklung dar. Die Moderne ist, wie jeder historische Moment, eine Mixtur aus vielerlei Elementen, auch von rückschrittlichen. Doch ist sie nun einmal zufällig die Situation, in der wir uns leibhaftig befinden. Und so sollten wir sie nicht einfach negieren oder uns vormachen, wir befänden uns woanders. Diese Situation zu akzeptieren heißt das zu akzeptieren, was ich andernorts den »häretischen Imperativ« genannt habe, die Tatsache nämlich, daß sie uns zwingt, Entscheidungen zu treffen. Das Wort »akzeptieren« ist mir an dieser Stelle allerdings zu negativ, zu abschätzig, denn nicht alles an dieser Situation ist beklagenswert. Und wie schon dargelegt: Die Moderne hat uns eine noch nie dagewesene, beispiellose Freiheit beschert.

EXKURS:

ROBERT MUSIL UND DIE ERRETTUNG DES ICH

Über alle historischen und kulturellen Unterschiede hinweg gehört es zu den Wesensmerkmalen des Menschen, ein Ich zu haben. Doch jedes Zeitalter, jede Gesellschaft verändert diese anthropologisch konstante Figur; so entsteht einmal der »hellenische Mensch«, ein anderes Mal die »chinesische Mentalität«, wieder ein anderes Mal der »*homo hierarchicus*« usw. In jedem dieser Fälle besteht ein vorrangiges analytisches Problem darin, das allen Menschen seit jeher zugrundeliegende Ich abzugrenzen von dem historisch jeweils besonderen Ich, welches vom jeweiligen Zeitalter und von der jeweiligen Gesellschaft konstruiert wird.

Es gibt gute Argumente dafür, daß es die Literatur ist, die den besten Leitfaden zur Bestimmung der modernen Individualität bietet, und zwar besonders die spezifisch moderne Form der Literatur: der Roman. Hier ist sicher nicht der Ort, diese Argumente aufzuführen. Aber ein Beispiel für diese Argumentation kann untersucht werden – ein so wichtiges und überzeugendes Beispiel, daß man dem Ergebnis einer umfassenderen Beweisführung mit Optimismus entgegensehen kann. Bei diesem Beispiel handelt es sich um den österreichischen Romanschriftsteller Robert Musil (1880–1942), dessen Werk übrigens auch in der angelsächsischen Welt zunehmend Anerkennung findet. In der Tat ist die Frage nach dem modernen Ich ausdrücklich eines der Hauptthemen in Musils bedeutendstem Roman *Der Mann ohne Eigenschaften*, an dem er über zwanzig Jahre arbeitete und der bei seinem Tode unabgeschlossen war. Bei der Beantwortung dieser Frage nach dem modernen Ich konnte Musil nicht nur auf seine großartigen Fähigkeiten als Schriftsteller, sondern auch auf seine (in der modernen westlichen Literatur ungewöhnliche) philosophische Vorbildung zurückgreifen.

Wie Ulrich, die Hauptfigur seines Romans, war auch Musil in seiner Jugend ein Mann mit unbeständigem Lebenslauf. Aufgewachsen in einer Militärschule (die er in seinem ersten Roman *Die Verwirrungen des Zöglings Törleß* verewigt hat), wurde Musil Offizier der österreichisch-ungarischen Armee; doch dies war eine Lebensweise, die ihm so arg widerstrebte, daß er sein Offizierspatent zurückgab. Er ging an die Technische Universität nach Brünn, wo sein Vater Professor war, um Ingenieurwissenschaften zu studieren. Aber auch das Ingenieurstudium gefiel ihm nicht. Und so ging Musil nach erfolgreichem Abschluß nach Berlin, um Philosophie, Mathematik und Experimentalpsychologie zu studieren. Mit einer Dissertation über den österreichischen Philosophen Ernst Mach erhielt er den Doktortitel. (Mach gilt als einer der Väter der Wiener Schule und allgemein des Neopositivismus – merkwürdigerweise inspirierte Mach Lenin zu seiner einzigen philosophischen Abhandlung.) Erst danach entschloß sich Musil, sich ganz dem Schreiben zu widmen. Das tat er unter meist ärmlichen Verhältnissen bis zu seinem Lebensende als Flüchtling vor den Nazis in Genf, jener Stadt, welche (wie er sich wohl bewußt war) Jean-Jacques Rousseau, den Vater des modernen Subjektivismus, hervorgebracht hatte und welche schon in den 30er und 40er Jahren geprägt war durch den abstrakten Internationalismus, der sie noch heute auszeichnet – eine Stadt aus Hotels voller Fremder von unbestimmbaren Nationalitäten.

Um einem Freund, der Experimente über die optische Wahrnehmung durchführte, behilflich zu sein, erfand Musil während seiner Jahre in Berlin einen Laboratoriumsapparat, den er unter dem Namen »Variationskreisel« patentieren ließ. (Er war offensichtlich dazu gedacht, mit der Farbwahrnehmung zu experimentieren, und Musil hoffte vergebens, Geld damit zu verdienen.) Der Name trifft genau die Struktur von Musils bedeutendstem Roman, der ein ständig sich veränderndes Kaleidoskop sozialer Welten, Rollen und Persönlichkeiten, Ideen und Weltanschauungen enthält. Es wurde sogar von Goetz Müller plausibel argumentiert, daß Musil seinen Roman als eine umfassende Kritik an den bestehenden Ideologien konzipierte. Auch der Gegenstand seiner Dissertation ist von großer Bedeutung für den Roman. Eine der erfolgreichsten Thesen Machs ging dahin, daß der klassische (vor allem der Cartesianische) Begriff des Ich nicht mehr aufrechterhalten werden kann – die These vom »unrettbaren Ich«. Daß *Der Mann ohne Eigenschaften* gerade als ein groß angelegter Versuch der *Errettung des Ich* zu verstehen ist, das soll im folgenden gezeigt werden.

Die Handlung des Romans spielt sich im Zeitraum eines Jahres ab, vom August 1913 bis zum August 1914. Sie sollte enden mit dem Ausbruch des Ersten Weltkriegs. Ulrich, die Hauptfigur, ist ein Mann Anfang dreißig, ein Mathematiker, der eine erfolgreiche Karriere im Ausland abbricht, um für ein Jahr nach Österreich zurückzukehren. Er möchte, wie er es nennt, ein Jahr »Urlaub vom Leben« nehmen, um einem unbestimmten Gefühl der Unzufriedenheit mit seinem Leben auf den Grund zu gehen und um herauszufinden, wie er seine mannigfaltigen Talente am besten einsetzen kann. Mehr oder weniger zufällig wird er in ein patriotisches Projekt verwickelt (das »Parallelaktion« genannt wird, weil es als Antwort auf eine ähnliche Unternehmung in Deutschland ins Leben gerufen wurde). Die Aufgabe dieses Projekts besteht darin, die Feierlichkeiten zum siebzigjährigen Jubiläum der Krönung des Kaisers Franz-Joseph vorzubereiten. Zu diesem Anlaß soll der Welt die wahre Bedeutung der österreichisch-ungarischen Monarchie kundgetan werden, wobei die Arbeit des Projekts sich darauf richtet herauszufinden, worin diese Bedeutung eigentlich besteht. Der Leser ist sich natürlich der Ironie bewußt, die in dem Umstand liegt, daß das Jahr 1918 nicht die Proklamation der wahren Bedeutung von Österreich-Ungarn erleben sollte, sondern seinen katastrophalen Zusammenbruch. Später im selben Jahr stirbt Ulrichs Vater (ein Rechtsprofessor an einer Provinzuniversität), und bei dieser Gelegenheit kommt Ulrich wieder mit seiner ihm fremdgewordenen Schwester Agathe zusammen. Die beiden Geschwister beschließen, gemeinsam in Wien zu leben, um ihre mystische Suche nach dem »anderen Zustand« zu verfolgen, dem sie sich beide verschrieben haben. Die posthum veröffentlichten Schriften lassen keinen sicheren Schluß darüber zu, ob Musil beabsichtigt hatte, die Suche gelingen oder scheitern zu lassen.

Ulrich ist (wie Musil) der Überzeugung, daß man nicht die Perspektive der modernen Wissenschaft einnehmen und die Welt dann noch mit denselben Augen wie zuvor betrachten kann. Außerdem ist keine Lösung der (politischen, moralischen, selbst religiösen) Probleme des menschlichen Lebens haltbar, die die wissenschaftliche Betrachtungsweise ignoriert. Der erste Abschnitt des Romans liefert den exakten Wetterbericht für Europa in der sterilen Sprache der Meteorologie und schließt ironischerweise mit dem Resümee, daß es ein schöner Augusttag des Jahres 1913 war. Die Spannung zwischen der wissenschaftlichen Genauigkeit und dem Reichtum der gefühlsgeladenen subjektiven Bedeutungen, die in dem letzten Satz mitschwingen, könnte nicht deutlicher zum Ausdruck gebracht werden. Im Text wird der letzte Satz halb-apologetisch mit der Äußerung eingeleitet, er sei »etwas altmodisch«. Doch kann eigentlich alles, was im menschlichen Leben von subjektivem Wert ist, auf diese Weise beschrieben werden; tatsächlich ist auch das Ich, oder besser die Vorstellung, die wir von ihm haben, »etwas altmodisch«. Ohne Musils Absicht Gewalt anzutun, könnte man die Frage stellen, ob denn ein guter Meteorologe überhaupt ein Ich haben kann.

Der Kern der wissenschaftlichen Methode (die Ulrich nicht müde wird, Agathe und verschiedenen anderen Gesprächspartnern zu erläutern) besteht darin, daß man die Wirklichkeit in Bestandteile zerlegt, die dann als in Kausalketten interagierend wahrgenommen werden. Mit anderen Worten: Das, was einmal als Ganzes wahrgenommen wurde, wird jetzt als ein System von Variablen aufgefaßt. Demselben Vorgang der Aufsplitterung unterliegt auch das Ich. Es wird, anders ausgedrückt, immer schwieriger, das Ich als den Mittelpunkt der Handlungen des Einzelnen anzusehen. Statt dessen werden diese Handlungen nunmehr als Ereignisse aufgefaßt, die dem Individuum ohne sein Zutun zustoßen und die sowohl mit äußeren (sozialen) als auch inneren (organischen und psychischen) Ursachen erklärbar sind. Das Cartesianische Ich, das noch in der Lage war, sein »Cogito ergo sum« zu verkünden, hat sich in einen Machschen Strom von Dinghaftigkeiten aufgelöst. Die moderne Subjektivität höhlt sich gleichsam selbst aus.

Diese Auffassung wird im Roman in Verbindung mit zwei Figuren prägnant entwickelt; die eine irrsinnig von Beginn an, die andere gerade dabei, irrsinnig zu werden. Die erste Figur ist Moosbrugger, ein verrückter Einfaltspinsel, der wegen des offensichtlich sinnlosen Mordes an einer Prostituierten vor Gericht steht und für dessen Schicksal Ulrich ein zeitweiliges Interesse entwikkelt. (Man sollte anfügen, daß Musils ausführliche Beschreibung der Art und Weise, wie Moosbrugger sich und die Welt wahrnimmt, ein Meisterwerk der klinischen Vorstellungskraft ist, mit dem sich vielleicht nur William Faulkners vergleichbare Versuche messen können.) Moosbrugger ist ein einfacher freundlicher Mann, bei allen beliebt (einschließlich den Gefängniswärtern), der aus heiterem Himmel in mörderische Raserei ausbricht. Wer ist der wahre Moosbrugger, und was bewegt ihn? Die Juristen bei Gericht, die beigezogenen Psychiater und auch Ulrich müssen sich diese Fragen stellen. Bei der Verhandlung ist das Gericht sehr bemüht, ihn als eine handelnde Person zu verstehen. Das Gericht hat keine andere Wahl, denn es muß entscheiden, ob Moosbrugger im Sinn des Gesetzes für seine Handlungen verantwortlich gemacht werden kann (zufällig schrieb Ulrichs Vater sein ›opus magnum‹ über den Begriff der Zurechnungsfähigkeit in der Rechtslehre von Pufendorf). Aber diese Bemühungen, Moosbrugger als eine handelnde Person zu verstehen, stehen in völligem Widerspruch zu Moosbruggers Selbsterfahrung, dergemäß ihm alles, einschließlich seine eigenen Handlungen, einfach zustößt und in der er »ewig unschuldig« bleibt. Der Hauptgrund für Ulrichs Interesse an diesem Fall ist sein starker Verdacht, daß vermeintlich normale Menschen in bezug auf diese Selbsterfahrung sich in Wirklichkeit nicht von Moosbrugger unterscheiden. Es könnte ja sein, daß es gar keinen »wahren« Moosbrugger – und auch keinen »wahren« Ulrich gibt.

Die andere Figur ist Clarisse, die Frau eines alten Freundes von Ulrich, eine glänzend begabte Musikerin, die sich ebenfalls stark von Moosbrugger angezogen fühlt (sie möchte ihn aus dem Gefängnis befreien, weil sie spürt, daß er musikalisch ist) und die am Ende selbst dem Wahnsinn anheimfällt. Einmal besucht Clarisse eine Irrenanstalt, in der Moosbrugger untersucht wird. Der Erzähler beobachtet, daß viele Menschen sich vor dem Wahnsinn fürchten, weil wahnsinnig zu werden bedeutet, sich selbst zu verlieren – d. h., der Wahnsinn gemahnt selbst normale Menschen an die Gefährdung dessen, was sie als ihr Ich behaupten. Einer der Patienten begrüßt Clarisse als den siebten Sohn des Kaisers und weigert sich stur, ihre abschlägige Reaktion zu akzeptieren. Mit zunehmender Bestürzung bemerkt sie, daß sie durchaus bereit ist, ihm zu glauben, und so verlassen sie und ihre Begleiter die Anstalt, ohne Moosbrugger gesehen zu haben. Die Frage, die sich hier stellt, ist eine Variante der vorherigen: Wer ist die wahre Clarisse, und warum wird sie irrsinnig?

Aus diesem Blickwinkel erscheint der Irrsinn als eine befreiende Vereinfachung, denn, so paradox es klingt, der Irrsinnige weiß viel besser, wer er ist, als der scheinbar Gesunde. Die Suche nach dem wahren Wesen der Dinge reproduziert sich im gesamten ersten Teil des Romans in dem bereits erwähnten patriotischen Projekt. Hier lautet die Frage natürlich: Was ist das wahre Österreich? Der Leiter des Projekts, Graf Leinsdorf, ein von Grund auf frommer und gleichzeitig zutiefst skeptischer Aristokrat, ist überzeugt, daß alles und jeder ein wahres Wesen hat; er ist ebenfalls davon überzeugt, daß er intuitiv weiß, worin diese wahren Wesenheiten bestehen. Dadurch, daß er auf dieser (sicherlich sehr »altmodischen«) Überzeugung beharrt, kann er es sich leisten, einem Ausschuß vorzustehen, der sich aus streitsüchtigen Intellektuellen zusammensetzt, von denen jeder eine eigene Weltsicht hat. Er erwartet auch gar nicht, aus diesem ideologischen Pandämonium irgendwelche interessanten Einsichten zu gewinnen; seine Herangehensweise an das Unternehmen ist rein taktisch und politisch. Selbst wenn seine Überzeugung letztlich auf einer Illusion beruht, vermittelt Musil den Eindruck, als sei Leinsdorf ein glücklicher Mann. (Das gilt auch, nebenbei bemerkt, für den Vertreter des Kriegsministeriums, General Stumm von Bordwehr, eine von Musil mit großer Sympathie gezeichnete Figur.) Aber die staatliche Ordnung ist gerade dabei, sich aufzulösen, so, wie sich die Ordnung des Ich in Moosbrugger und Clarisse aufgelöst hat. Der heraufziehende Krieg wird ein kollektiver Wahnsinn sein – ungleich mörderischer als der Wahnsinn Moosbruggers –, und doch wird er, zumindest anfänglich, als eine große Befreiung erfahren. (Einer der Pläne für den Roman war, ihn enden zu lassen mit einer Beschreibung der gewaltigen Begeisterung, mit der der Ausbruch des Krieges in Österreich wie in den anderen kriegführenden Ländern beider Seiten begrüßt worden war.)

Die Vorstellung, daß das Ich eine Art zentrale Ganzheit ist und daß deshalb jedes Individuum ein »wahres« Ich hat, ist ein Trugbild. Vielleicht kann ein Individuum durch große Anstrengungen einen solchen Mittelpunkt erreichen; aber er existiert nicht als eine Gegebenheit der menschlichen Natur. Das Ich ist vielmehr ein »Loch«, das von einem selbst wie auch von anderen ohnehin auf irgendeine Weise »gefüllt« werden muß. Dieses wechselseitige Unternehmen, Individuen mit bestimmten Identitäten auszustatten, wird besonders in der Beziehung zwischen Ulrich und Agathe beschrieben (wieder mit großer psychologischer Genauigkeit, die stark an George Herbert Meads Beschreibung der sozialen Entwicklung des Ich erinnert). Praktisch besteht die beste Art, dieses »Loch zu füllen«, für die meisten Leute im Handeln. (Der Einzelne spielt – in Meads Begriffen – seine ihm sozial zugeschriebenen Rollen, und das Aggregat dieser Rollen konstituiert dann das, was er »ist«.) Für diejenigen Menschen, die sich etwas darauf einbilden, eine »Seele« zu haben (Intellektuelle, Dichter und solche mit einem Sinn für »Höheres«), gibt es eine andere Methode. Mit den Worten einer Kapitelüberschrift: »Ideale und Moral sind das beste Mittel, um das große Loch zu füllen, das man Seele nennt«. Das impliziert freilich, daß es kaum von Bedeutung ist, *welche* Ideale oder *welche* Moral zu diesem Zweck eingesetzt werden.

In seiner Mitarbeit am patriotischen Projekt schlägt Ulrich schon früh vor, ein »Generalsekretariat der Genauigkeit und

Seele« einzurichten, um den Menschen Beistand zu leisten in der verzwickten Situation, diese beiden Ideen miteinander zu kombinieren. Man kann vermuten, daß dieser Vorschlag für eine Art Ministerium für allgemeine Psychotherapie nur zur Hälfte im Spaß gemacht wurde. Die im Projekt vereinigten Intellektuellen erörtern die marxistischen und psychoanalytischen Theorien über die wahren Grundlagen menschlichen Handelns, jenen Unterbau, der, wüßte man nur, woraus er besteht, alles erklären würde. Aber natürlich hat jeder eine andere Meinung, was Leinsdorf dazu führt, sich über die Unzuverlässigkeit der Leute im Überbau zu beklagen – eine Aussage, die seine Verachtung für die Intellektuellen, sein Unverständnis ihrer vorgetragenen Theorien und seinen unerschütterlichen Glauben an die Verläßlichkeit der alten Ordnung wunderbar zusammenfaßt. Sicherlich wäre es nicht einfach, Ulrichs Vorschlag in die Tat umzusetzen.

Im Roman wird ständig das Problem der Ordnung hin- und her gewendet – oder genauer: das Problem des Ordnens. Das patriotische Projekt soll die staatliche Ordnung legitimieren. Moosbrugger versteht seine Gewalttakte als verzweifelte Versuche, seine Welt wieder in Ordnung zu bringen (an einer Stelle wird er selbst als ein »entsprungenes Gleichnis der Ordnung« beschrieben). Die einzige Ordnung, die Clarisse kennt, ist die der Musik, und Ulrich findet Trost in der kühlen Ordnung der Mathematik. Nur mit halber Ironie erklärt Ulrich General Stumm in einem Gespräch, daß die Armee die am meisten vergeistigte aller Institutionen ist, denn Geist ist Ordnung, und wer könnte bestreiten, daß die Armee bis hinunter zu den genauen Abständen zwischen den Knöpfen einer Offiziersuniform die geordnetste aller Institutionen ist? Ebenso stehen dem Versuch, das Ich zu ordnen, es irgendwie auf eine sinnvolle Weise zu festigen, verschiedene Wege offen. Das Recht (dem Ulrichs Vater sein Leben gewidmet hat) ist die wichtigste »offizielle« Einrichtung für die Aufgabe, das Ich zu ordnen. In einer Episode wird Ulrich auf der Straße in ein politisches Wortgefecht verwickelt und kurzerhand festgenommen. Während seines Verhörs auf dem Polizeirevier, bei dem er über sein Alter, seinen Beruf und ähnliches ausgefragt wird, wobei die vermeintlich tiefgründigeren Seiten seiner Existenz unberücksichtigt bleiben, erfährt er eine »statistische Entzauberung seiner Person« – eine Erfahrung, die ihm merkwürdigerweise (aus Musils Sicht ist das nicht so merkwürdig) eine gewisse Befriedigung bereitet. Obwohl die Psychiatrie andere, zum Teil dem Recht widersprechende Kategorien verwendet, versucht auch sie, dem Ich eine gewisse Ordnung aufzuerlegen. All diese Bemühungen sind jedoch letzten Endes trügerisch; sie sind, in Musils Worten, »utopisch« – wortwörtlich: nirgendwo. Das Ich ist und bleibt ein nicht zu füllendes »Loch«. Es bleibt indes der unstillbare Drang und vielleicht auch die Möglichkeit, ein Ich zu finden, das (eben gerade) »verläßlich« ist. Aus welchen religiösen oder metaphysischen Komponenten sich »der andere Zustand« jeweils zusammensetzen mag, die Suche nach ihm ist immer auch die Suche nach einem kohärenten, ontologisch wirklichen Ich. Musil mag sich am Ende im ungewissen darüber befunden haben, ob nicht auch diese Suche »utopisch« ist, aber er war sichtlich nicht willens, diesen Schluß zu ziehen. Wäre jedenfalls ein solches »wahres« Ich möglich, dann wäre es keine Gegebenheit, kein »Datum«, sondern eher etwas, das als das Ergebnis eines ungeheuer schwierigen Unternehmens angestrebt und hervorgebracht werden müßte.

Möglicherweise war das Ich schon immer ein Loch, nur daß die Menschen früherer Zeiten sich dessen weniger bewußt waren; vielleicht ist aber die Spezies des Lochmenschen (*homo lacuna?*) auch eine anthropologische Neuentwicklung der Moderne. Wie dem auch sei, der Titel des Romans verweist überlegt und präzise auf das, was Musil als ein wesentliches Merkmal des modernen Menschen ansah. Der erste, der Ulrich als »Mann ohne Eigenschaften« charakterisiert, ist Walter, Clarissens Ehemann, der dieser Seite seines alten Freundes sehr kritisch gegenübersteht. Walter meint, daß dies ein von unserem Zeitalter geschaffener neuer Menschentypus sei, der nun in Millionen von Exemplaren in Erscheinung tritt. Walter behauptet ferner, daß (mit Ausnahme des katholischen Klerus) heutzutage niemandem mehr anzusehen sei, was er ist. Ulrich wird für einen Mathematiker gehalten. Aber wie sieht ein Mathematiker aus? Er läßt allenfalls eine allgemeine Intelligenz erkennen, aber darin drückt sich noch kein besonderer Inhalt aus. Ulrich scheint viele Eigenschaften zu haben, in Wirklichkeit hat er gar keine. »Er hält kein Ding für fest«, alles kann sich wieder ändern, und er hat keine Vorstellung von sich als einem Ganzen. (Zu Walters Ärger antwortet Clarisse auf diese Beschreibung, daß sie genau das an Ulrich mag.) Daraus folgt, daß, mit den Worten Musils, der Mann ohne Eigenschaften ipso facto der Mann aller Möglichkeiten ist. Das moderne Ich zeichnet sich, mit anderen Worten, durch seine Unabgeschlossenheit, seine Wandelbarkeit oder, wenn man so weit gehen möchte, durch ein hohes Maß an Freiheit aus. Diese Freiheit (wenn dieser Begriff hier zutrifft) wird im täglichen Leben nicht unbedingt als angenehm erfahren; im Gegenteil, sie kann als Last empfunden werden – und wird von Ulrich so empfunden.

In einer späteren Passage wird der Mann ohne Eigenschaften als ein Mensch beschrieben, dessen Eigenschaften in gewisser Weise unabhängig von ihm geworden sind. Tatsächlich hat es den Anschein, als stünden diese Eigenschaften zueinander in engerer Beziehung als zu Ulrich selbst. Die Ereignisse folgen einfach aufeinander, so wie B auf A folgt; sie überraschen den vermeintlich Handelnden ebenso, vielleicht sogar mehr, wie diejenigen, die ihn beobachten. Das war nicht immer so. In früheren Zeiten war sich ein Mensch seiner selbst sehr viel sicherer. Gewiß, die äußeren Gefahren mögen größer gewesen sein: Naturkatastrophen, Krankheit und Krieg, doch der einzelne gehörte in einem sehr viel deutlicheren Maße sich selbst. Diese Bemerkungen könnten unter die These Arnold Gehlens gebracht werden, derzufolge der Mensch im Altertum einen »Charakter« hatte, während der Mensch in der Moderne eine »Persönlichkeit« hat. Der Unterschied besteht paradoxerweise darin, daß der soziologische Theoretiker Gehlen diesen Wandel beklagte, während der zum Dichter gewordene Philosoph Musil ihn als einen Fortschritt des menschlichen Selbstbewußtseins begrüßte, aller damit einhergehenden Schwierigkeiten zum Trotz.

So wie Ulrich ein Mann ohne Eigenschaften ist, so kann Österreich-Ungarn (oder Kakanien, wie Musil es nennt) als ein Staat ohne Eigenschaften bezeichnet werden. Die Sprachverwirrung, die den österreichisch-ungarischen Institutionen zugrunde liegt, spiegelt die Unsicherheit über das wahre Wesen der Monarchie wider. Musil erläutert das in einem langen satirischen Exkurs, einem Kapitel, das den passenden Titel trägt: »Aus einem Staat, der an einem Sprachfehler zugrundegegangen ist«. Die ungarische Hälfte der Monarchie besaß eine klare nationale Identität, auch wenn sie den verschiedenen unterworfenen slawischen Völkern von den Magyaren durch Zwang auferlegt werden mußte (natürlich scheiterte letztendlich auch diese Zwangsauferlegung). Aber die österreichische Hälfte hatte nicht einmal einen eigenen Namen. Der offizielle Name lautete: »Die im Reichsrate vertretenen Königreiche und Länder«. Wie konnte sich irgend jemand mit einer solchen Bezeichnung identifizieren? Dennoch gab es so etwas wie einen österreichischen Patriotismus, wie Leinsdorf und General Stumm sehr wohl wußten – eine eigenartige Mischung aus Archaischem (dieses Kaiserreich existierte schließlich seit nahezu einem Jahrtausend) und Hypermodernem (ein Nationalstaat ohne Nation, ein treues Spiegelbild der »löchernen« Eigenschaft des modernen Menschen). Das patriotische Projekt war dazu gedacht, den »Sprachfehler« durch die Schaffung der »Idee des wahren Österreich« zu beheben. Leinsdorf steht einem solchen Plan recht mißtrauisch gegenüber, obwohl er daraus politisches Kapital schlagen möchte. Er befürchtet, daß zuviel Nachdenken über das Wesen des Staates nichts hilft, sondern seine selbstverständlich gegebene Ordnung unterhöhlt. Er hat natürlich recht; politische Loyalität, die sich auf das *Nachdenken über eine Idee* stützt, ist notwendigerweise zerbrechlich und unbeständig (Edmund Burke hätte bestimmt starke Sympathien für Leinsdorf empfunden).

Wie alle wahren Konservativen verläßt sich Leinsdorf eher auf intuitive Gewißheiten als auf reflektierte Schlüsse. Seine Tragödie (und die Österreich-Ungarns) ist, daß der moderne Mensch nicht so leicht zu intuitiven Gewißheiten kommt; genauer gesagt: Indem er reflektiert, entblößt er fortwährend jene Gewißheiten, von denen er ausgehen mußte. Helmut Schelsky hat das die moderne Neigung zur Dauerreflexion genannt; sie wirkt auf die politische

Ordnung ebenso zerstörend (»gefährliche Bewußtseinserweiterung«), wie sie sich in der Form der modernen Psychologie auf die Ordnung des Ich zerstörend auswirkt. So ist das patriotische Projekt in einem weiteren Sinn eine Parallelaktion: Ihre ideologische Selbstauslöschung läuft parallel zu Ulrichs mathematisch-wissenschaftlicher Zersetzung des Cartesianischen Ich. Aus der Meadschen Sozialpsychologie wissen wir, daß ein Individuum für andere wirklicher ist als für sich selbst – wirklicher zumindest in dem Sinn, daß es in einer kohärenten, faßbaren Ganzheit wahrgenommen wird. Ironischerweise ist es ein Fremder, der preußische Industriebaron und Möchtegern-Denker Arnheim, der die »Idee Österreich« besser begreift als die einheimischen Intellektuellen.

Das politische Problem der modernen Welt besteht darin, daß alle Ordnungssysteme in Frage gestellt werden. Das geometrisch parallel laufende Problem der modernen Persönlichkeit besteht darin, daß all ihre Ordnungssysteme gleichermaßen fraglich werden. Für dieses doppelte Problem gibt es eine umfassende Lösung, den Kollektivismus. Im Roman wird dieser vor allem durch die Figur des Hans Sepp repräsentiert, eine Art Proto-Nazi (ironischerweise ist er der Freund des jüdischen Mädchens Gerda, mit der auch Ulrich eine kurze und unbefriedigende Affäre hat). Sepp und seine Gruppe deutscher Nationalisten verachten Österreich-Ungarn (später versuchen sie das patriotische Projekt zu sprengen, das sie als eine slawische Verschwörung betrachten); sie sind antisemitisch wegen des den Juden unterstellten Intellektualismus; und Sepp hat eine besondere Abneigung gegen Ulrich wegen dessen Infragestellung jeder »nützlichen« Idee. Sepp und seine Gruppe finden eine anscheinend glaubwürdige kollektive Identität in dem, was sie »nationales Gefühl« nennen; Musil beschreibt es verächtlich als »diese Verschmelzung ihrer Ichs, die sich immerzu stritten, in eine erträumte Einigkeit«. Aber sie sind nicht die einzigen, die illusorischen Trost in einer »erträumten Einigkeit« kollektiver Solidarität finden. Im posthum veröffentlichten Material tritt in einer kleineren Rolle der militante Sozialist Schmeißer auf (ein Mensch als Maschinenpistole), den Musil mit gleicher Verachtung beschreibt. Ulrich und Agathe sprechen in abfälligen Tönen über die falsche kollektive Identität, die von der institutionalisierten Religion vermittelt wird. Am wichtigsten aber ist, daß der ganze Roman auf den grandiosen Ausbruch der »erträumten Einigkeit« zusteuert, den letzten kollektiven Wahnsinn, der den Kriegsausbruch willkommen heißt.

Das zerstückelte moderne Ich ist ein plurales Ich, in der Tat ein Variationskreisel! Die Eigenschaften der Person lösen sich von ihr und werden bloße Anhängsel von beliebig wandelbaren sozialen Rollen. Früh im Roman wird festgestellt, daß heute jeder einzelne, nicht nur Ulrich, mindestens neun Charaktere besitzt – jeweils verbunden mit Beruf, Nation, Staat, Klasse, geographischem Umfeld, Geschlecht, Bewußtsein, unbewußtem Geist und vielleicht seinem Privatleben (was immer das als zusätzliche Kategorie bedeuten mag), und irgendwie muß er mit diesen Charakteren jeden Tag herumjonglieren. So kann ein Individuum ein Professor sein, ein Tscheche, ein Untertan der österreichisch-ungarischen Monarchie, eine Person kleinbürgerlicher Herkunft, ein Wüstling, ein Moralist mit unmoralischer Libido und zu allem vielleicht noch jemand mit einem tiefen Verständnis für Kunst. Es fällt nicht immer leicht, mit dieser Menagerie einzelner Ichs zurechtzukommen. Aber es gibt ja noch einen zehnten Charakter, den Musil als die »passive Phantasie unausgefüllter Räume« beschreibt. Das ist die menschliche Fähigkeit zu »utopischen« Träumen; was immer auch ihr Vorstellungs- oder normativer Gehalt sein mag, alle diese Träume sind letzten Endes Träume von einem Ich, das zur Einheit, zur »Ganzheit« wiederhergestellt wurde.

Man fragt sich, wie Musil über diese Fragen gedacht hätte, wäre er nicht mit Mach groß geworden, sondern mit der Meadschen Sozialpsychologie und ihren wissenssoziologischen Verzweigungen vertraut gewesen. Wie dem auch sei, Musil ist sich – obwohl das Problem nicht besonders ausgearbeitet ist – im klaren darüber, daß das plurale Ich einer pluralen sozialen Welt entspricht. Eine solche Welt bedeutet für den einzelnen, daß er wählen muß. Anders ausgedrückt, die Welt bietet sich dem einzelnen nicht als selbstverständlich hingenommenes Schicksal dar (wie das für den größten Teil der Geschichte der prototypische Fall ist), sondern als eine Vielfalt von gebündelten Wahlmöglichkeiten. Das beginnt bei den banalsten Bereichen des Alltagslebens. Als Ulrich ein Haus in Wien erwirbt (das später zum Schauplatz seiner mystischen Experimente mit Agathe wird), steht er vor dem Problem, wie es eingerichtet werden soll. Er kann sich für keinen Stil entscheiden. So beschließt er, die Wahl seinem Möbelausstatter zu überlassen, mit dem Ergebnis, daß das Haus eine zufällig zusammengewürfelte Sammlung unterschiedlicher Stilrichtungen beherbergt. Auch hier, im Fall banaler Verbraucherentscheidungen, schwankt der einzelne zwischen einer schier unendlichen Zahl an Möglichkeiten.

Bei näherer Betrachtung zeigt sich jedoch, daß diese alltäglichen Wahlmöglichkeiten in Wirklichkeit gar nicht so trivial sind. Ernst Bloch verdanken wir den philosophischen Begriff »sich in der Welt einrichten« (wobei ja »sich einrichten« zugleich auch bedeutet, Möbel zu erwerben). Der einzelne richtet sein Leben ein wie sein Haus, und oftmals symbolisiert die Einrichtung im Haus die Einrichtung im Leben. In Ulrichs Fall ist die Unordnung seiner Wohnung ein sichtbares Zeichen für die unsichtbare Unordnung seines Geistes. Natürlich gibt es auch Individuen, die sich einen »Stil« zu eigen machen. Sie geben dann vor, einen überlegenen guten Geschmack zu haben, immer den richtigen Gegenstand für den richtigen Platz und die richtige Geste zur rechten Zeit zu kennen. Diese Muster der »Ganzheit« sind jedoch soziale und ideologische Artefakte. Sie sind prinzipiell beliebig und können deshalb ständig revidiert werden. Wir haben es hier, in der Sprache von Alfred Schütz, mit Stilen »bis auf weiteres« zu tun. Aus demselben Grund können solche Stile als »utopisch« bezeichnet werden.

Die Intellektuellen im patriotischen Projekt erwerben Ideen wie Ulrich seine Möbel. Auch hier gibt es eine verwirrende Vielfalt. Nichts ist mehr gewiß, nichts mehr selbstverständlich. An einer der lustigsten Stellen des Romans erzählt General Stumm in großer Ausführlichkeit, wie er Ordnung in dieses ideologische Chaos zu bringen versuchte. Als guter Stabsoffizier schart er einen kleinen Trupp Untergebener um sich, um einen Schlachtplan der Ideen aufzuzeichnen. Dominante Ideen werden als vorrückende Armeen dargestellt, es gibt strategische Begriffshügel, zwischen Kategorienregimentern werden Scharmützel ausgefochten. Trotz dieser Bemühungen, die mit mehrfarbigen Stiften in den Plan eingetragen wurden (so wie Stumm es auf der Offiziersschule gelernt hatte), stellt sich keine sichtbare Ordnung her. Die Fronten der Gedankenarmeen verschieben sich unaufhörlich, die Ideenbefehlshaber fahren fort, Waffen ihrer Gegner zu stehlen und damit ihren eigenen Armeen in den Rücken zu fallen, wichtige Kategorien verschwinden plötzlich usw. Der General hat großen Respekt vor dem Geistesleben, aber er kann den aufkommenden Verdacht nicht unterdrücken, daß vielleicht das ganze Schlachtfeld ein Trug ist. Ihn stört es gar nicht so sehr, daß ihm in Diotimas Salon jeder etwas anderes erzählt. Aber er ist, wie er Ulrich erklärt (der Offizier war und demnach hinreichend Ordnungssinn besitzen muß), beunruhigt, weil es ihm so vorkommt, als würden die Intellektuellen, je länger er ihnen zuhört, alle das gleiche sagen. Daraus folgt schließlich, daß die Wahl zwischen Ideen so zufällig ist wie die zwischen Einrichtungsstilen.

Die plurale soziale Welt erlaubt dem einzelnen, verschiedene Karrieren zu wählen. So ist Ulrich der Reihe nach Offizier, Mathematiker und religiös-psychologischer Experimentator. Mit jeder Karriere sind bestimmte Rollen verbunden – und natürlich auch bestimmte Ideen und Moralauffassungen. Überflüssig zu sagen, daß diese Musilsche Einsicht mittels der aus der Sozialpsychologie und der Wissenssoziologie abgeleiteten Kategorien enorm ausgebaut werden könnte. Ein Musterbeispiel für eine solche Analyse pluraler sozialer Rollen mit ihrem gesamten gedanklichen und moralischen Beiwerk wäre der Fall Bonadea, mit der Ulrich am Anfang des Romans eine Affäre hat. Bonadea ist sowohl »*une brave bourgeoise*«, eine tüchtige Ehefrau und Mutter, als auch eine wild umherstreifende Nymphomanin. Irgendwie gelingt es ihr, diese beiden eigenständigen sozialen Welten getrennt voneinander am Laufen zu halten. Sie fühlt ein wenig Unbehagen dabei (das sich, jedesmal wenn sie mit Ulrich im Bett war, in bohrenden Selbstanklagen manifestiert), und sie hat die »utopische« Phantasie, daß sie irgendwann, irgendwie die widersprüchlichen Seiten ihres

Daseins in irgendeine Art »Ganzes« zusammenbringt. Sie glaubt (wie sich herausstellt: fälschlicherweise), daß Diotima über dieses »Geheimnis der Ganzheit« verfügt. Bei dem Versuch, sich vor sich selbst zu retten, schleicht sie sich in das patriotische Projekt ein. Dann aber entdeckt sie zu ihrem großen Entsetzen, daß Diotima eine Affäre mit Arnheim hat. Der hohe Kult der »Ganzheit« und der Seele entpuppt sich als gar nicht so verschieden von den kleinen verstohlenen Ehebruchspielereien, die Bonadea nur zu gut kennt. Eine weitere »Utopie« stürzt in sich zusammen.

Musils *Der Mann ohne Eigenschaften* bietet außerordentlich viele Einblicke in das Problem des modernen Ich. Diese Einblicke sind nicht gerade beruhigend. Das Ich, so wie es in der abendländischen Kultur (wenigstens seit Descartes) definiert wird und wie es im Alltag sowie in den erhabenen Vorstellungen des Rechts immer noch als selbstverständlich gilt, wird als Trugbild entlarvt. In seinem Zentrum ist eine gewisse Leere (die stark an die klassische buddhistische Vorstellung der »*shunyatā*« erinnert). Das ist es, was die wissenschaftliche Analyse zutage fördert, doch die beunruhigende Neuigkeit verbreitet sich jenseits der kleinen Welt der Wissenschaftler. Immer mehr Menschen sind sich unsicher darüber, wer sie sind, was ihre Motive sind oder sein sollten, und sie sind sich auch unsicher über die wahren Identitäten und Motive selbst ihrer nächsten Mitmenschen. Infolgedessen gibt es eine verbreitete »Utopie des motivierten Lebens«, wie Musil es nennt, d. h. den Traum einer wiederhergestellten Einheit von Ich, Handeln und Wirklichkeit. Alle individuellen oder kollektiven Vorhaben, diese Einheit herzustellen, sind jedoch gleichermaßen unsicher; um Graf Leinsdorfs bissige Bemerkung zu wiederholen: Alle Leute im Überbau sind unzuverlässig, seien sie Philosophen, Psychologen, politische Ideologen (welcher Couleur auch immer), Dichter oder was sonst noch alles. In der modernen Gesellschaft leben noch immer einige Menschen, die eine ältere Lebensform, eine traditionale »Ganzheit« repräsentieren. Vielleicht sind sie glücklich, und vielleicht sollten wir sie beneiden. Aber für diejenigen, die aus der Quelle des modernen Relativismus getrunken haben, scheint es kein Zurück mehr zu geben. Reaktionäre Restaurationen sind ebenso illusionär wie erneuernde, »progressive« Konstruktionen der »Ganzheit«; der Ultra-Nationalist Sepp und der Sozialist Schmeißer sind Spiegelbilder. Und die Konstruktionen der »Ganzheit« auf der Grundlage individueller Exzentrizität, wie bei Clarisse, enden zumeist in Wahnsinn oder Verbrechen.

Doch Musil ist nicht bereit, diese »Utopie« der Selbstverwirklichung aufzugeben. Die Logik des Romans läßt zwei Wege offen. Der eine ist die skeptische, wissenschaftlich-reflektierende und dennoch leidenschaftliche Parteinahme für die moderne Freiheit. Der andere besteht in der religiösen Suche nach dem wahren Ich, wie es sich in der Transzendenz offenbart. Es gibt einen säkularen und einen mystischen Ulrich, und Musil läßt uns im ungewissen darüber, welcher sich am Ende des Romans durchsetzen wird. Die posthum veröffentlichten Kapitel können auf verschiedene Weisen angeordnet werden. Adolf Frisé, der Herausgeber der Standardausgabe, ordnet sie so, daß Ulrichs Experiment mit »dem anderen Zustand« scheitert (nach einer dramatischen Reise nach Italien, in deren Verlauf er mit Agathe Inzest begeht); nach seinem Scheitern kehrt Ulrich, stark ernüchtert, aber ungebrochen, zu den partiellen und unsicheren Selbstverwirklichungen des gewöhnlichen Lebens zurück. Die englischen Übersetzer des Romans haben diese Anordnung des Nachlasses kritisiert; sie glauben, Musil wollte den Roman mit den sogenannten »heiligen Gesprächen« zwischen Bruder und Schwester beenden, was bedeuten würde, daß das religiös-mystische Experiment gelungen wäre. Der Nichtexperte in den wohl labyrinthischen Tiefen der Musil-Archive neigt zu der Ansicht, daß Musil selbst nicht wußte, welches Ende er wählen sollte. Aber er war sich über eines im klaren: Für das »Geheimnis der Ganzheit« gibt es keine weltliche Lösung. Wenn es ein wahres Ich gibt, dann kann es sich nur in einem transzendenten Bezugsrahmen als wahres offenbaren. Die Gegenposition dazu lautet, um Dostojewski zu paraphrasieren: *Wenn es keinen Gott gibt, ist jedes Ich möglich.* Das Dilemma des modernen Menschen, aber auch die ihn herausfordernde Chance besteht darin, daß diese Alternative heute sehr scharf definiert ist.

5

DER GLAUBENSAKT

Was bedeutet die Aussage »ich glaube« im Kontext eines religiösen Glaubensbekenntnisses?

Folgt man dem christlichen Sprachgebrauch, so hat der Glaube sein Gegenstück im Unglauben, genauer in der Ungläubigkeit, die dem Ungläubigen als moralische Schwäche, wenn nicht als Verrat, in jedem Fall aber als ein Zeichen von mangelnder Dankbarkeit gegenüber Gott ausgelegt wird. Wiewohl gegen die Paarung der beiden Begriffe logisch nichts einzuwenden ist, stört mich die generell pejorative Bedeutung des zweiten doch erheblich; denn erstens hat Gott es den Menschen nicht leicht gemacht zu glauben, und zweitens liefert die Welt ihnen viele gute Gründe, es tatsächlich nicht zu tun. Ich würde den Glauben lieber mit einem anderen Begriff gepaart sehen – dem Begriff des *Wissens*. Es gibt Dinge, die man weiß, und Dinge, die man glaubt. Generell brauche ich, was ich weiß, nicht zu glauben. Da ich z. B. weiß, daß $2 \times 2 = 4$ ist, macht es wenig Sinn zu sagen, ich glaube, daß es so ist. Steht hingegen ein verschlossenes Gefäß mit Äpfeln vor mir, dann kann ich sagen: Ich glaube, es sind vier Äpfel drin; ich weiß es nicht sicher, habe aber Gründe anzunehmen, d. h. zu glauben, daß vier die richtige Zahl ist. Eine im allgemeinen Sprachgebrauch ebenfalls gängige, aber sehr viel emphatischere Bedeutung erhält das Wort »glauben« dann, wenn ich sage, ich glaube an die Demokratie oder ich glaube an die moralische Integrität meines Freundes. Auch hier spreche ich von Dingen, die ich nicht sicher weiß, mein Glaube ist jedoch stärker als jedes von mir angestellte Wahrscheinlichkeitskalkül. Meine Glaubensbekundung ist ein Akt, der mich verpflichtet und in den ich etwas Wichtiges, vielleicht das Wichtigste überhaupt, investiere. Kein Zweifel, daß es nur die zuletzt genannte Glaubensvariante ist, die es verdient, mit dem Wort »Glauben« in seiner bekenntnishaften Bedeutung in Zusammenhang gebracht zu werden.

Es gibt eine weitverbreitete Meinung, welche besagt, die Moderne habe das menschliche Wissen enorm erweitert und dabei das Reich des Glaubens entsprechend schrumpfen lassen. Wie die meisten weitverbreiteten Meinungen enthält auch diese einen Kern von Wahrheit und ist dennoch falsch. Zweifellos hat die Moderne das verfügbare gesellschaftliche Gesamtwissen ebenso stark ausgeweitet wie das, was Alfred Schütz das dem Individuum »zuhandene Wissen« genannt hat – jenen Teil des Gesamtwissens, der dem einzelnen Menschen im Alltag zur Verfügung steht. Aber diese enorme Wissensexpansion betrifft praktisch nur Bereiche, in denen Glaubensakte nicht erforderlich sind. So hat die Gesellschaft mit Hilfe der modernen Physik ein riesiges Wissen erworben, und auch ich als Einzelperson verfüge über eine Menge technischer Detailkenntnisse (wenn ich z. B. weiß, was ich tun muß, um jemanden in Australien anzurufen), Kenntnisse, die mir zugewachsen sind, weil Ingenieure sie zum praktischen Nutzen aller aus der Physik herausdestilliert haben. Nichts von alldem erfordert einen Glaubensakt, eine Bekundung, die über eine Wahrscheinlichkeitsaussage hinausginge. Es gibt zwar Wissenschaftler, für die das Streben nach solchem Wissen tatsächlich eine Glaubenssache und -verpflichtung darstellt; doch geht dieser Glaube dem wirklichen Wissenserwerb eher voraus, als daß er ihm folgt. Vielleicht handelt es sich letztlich um einen Glauben an die Regelhaftigkeit des Seins, ein Weltverständnis, das bereits lange vor der Heraufkunft der modernen Gesellschaft im Schwange war. Die Ausbreitung moderner wissenschaftlicher und technologischer Denkstile hat, sozusagen in ihrer logischen Konsequenz, einen pragmatisch-rationalistischen Ansatz zur Interpretation der Wirklichkeit hervorgebracht, der Glaubensverpflichtungen in sich abhold ist – eine Erklärung moderner Diesseitigkeit, die nicht nur weit verbreitet ist, sondern der ohne Zweifel auch eine gewisse Gültigkeit zukommt. Aber die Moderne hat nicht nur neue Denkstile hervorgebracht, sie hat auch einen Prozeß in Gang gesetzt, der der Vorstellung von einem – qua Wissensexpansion – verminderten Glaubensbedarf und -bedürfnis voll zuwiderläuft; den Prozeß der Aushöhlung aller für selbstverständlich erachteten Gewißheiten. Dabei sind es nicht die in Wissenschaft und Technik erzielten Fortschritte, die diese Gewißheiten unterminieren, es ist die Pluralisierung der modernen sozialen Umwelt.

Die Mechanismen, vermittels derer der Pluralismus diese Aushöhlung bewirkt, haben wir bereits erörtert. Das Geschehen ist ohne Geheimnis: Als zutiefst soziale Wesen brauchen die Menschen bei allem, was sie über die Welt und von ihr denken, einen sozialen Rückhalt; ein Umstand, den ich an anderer Stelle mit dem Begriff »Plausibilitätsstruktur«, gemünzt auf den konkreten sozialen Kontext, in dem ein bestimmter Glaube oder Wert plausibel ist, versucht habe kenntlich zu machen. So ist es im ländlichen Guatemala »plausibel«, wenn die dort lebenden Menschen an eine Kommunikation mit den Toten glauben, während es in der amerikanischen oberen Mittelschicht eher der Glaube an eine Kommunikation mit dem eigenen Unbewußten ist, der einen Sinn macht. Löst man den Einzelnen aus diesen sozialen Zusammenhängen heraus, so verlieren seine Glaubensauffassungen ihre Glaubwürdigkeit. Das heißt, daß Glaubensvorstellungen umso plausibler sind, je einmütiger sie von der Gemeinschaft der Gläubigen getragen werden. Wenn praktisch alle demselben Glauben anhängen, erringt dieser Glaube, welchen Inhalts er auch ist, in den Köpfen der Einzelnen den Status einer selbstverständlichen Wahrheit. Mit anderen Worten, der je einzelne Mensch kennt, genauer *weiß* diese vermeintliche Wahrheit und sieht keinen Grund, irgendwelche Glaubensanstrengungen zu unternehmen. Mit der Moderne sind für diese Plausibilitätsstrukturen schwere Zeiten angebrochen, denn mit ihr ist eine Situation entstanden, in der es schwer ist, Gewißheit herzustellen. Und wenn ich Gewißheit sage, dann meine ich Gewißheit in Dingen, die wirklich wichtig sind, nicht die verstandesmäßige Gewißheit des Physikers in bezug auf irgendwelche wissenschaftlichen Thesen, und nicht meine eigene Gewißheit, daß ich, wenn ich die Wählscheibe richtig betätige, meinen Freund in Melbourne auch tatsächlich erreiche.

Wer den Wandel erkennt, der hier stattgefunden hat, der wird sich über die Tatsache, daß unser modernes Zeitalter mitsamt seinem neuen Wissen so leichtgläubig ist wie jede andere Geschichtsepoche, nicht länger wundern. Denn entgegen allen akademischen Festreden haben Erziehung und Bildung, wenn überhaupt, nur wenig Einfluß auf die moderne Glaubensbereitschaft. Kein Blödsinn, der nicht von irgendeinem Segment der modernen Intelligenz mit Verve verfochten würde, absurde und ärgerliche abergläubische Vorstellungen eingeschlossen. Es spricht sogar einiges dafür, daß die Neigung, offensichtlichen Unsinn zu glauben, mit dem Bildungsgrad eher zu- als abnimmt. In diesem zugegebenermaßen negativen Sinn kann man denn auch sagen, daß das moderne Zeitalter ein großes Glaubenszeitalter ist. Von Leichtgläubigkeit zu reden, wäre zutreffender.

Die moderne Aushöhlung bis dato selbstverständlicher Glaubensvorstellungen und Überzeugungen berührt viele Bereiche, nicht nur den Bereich der Religion. Sie betrifft gesellschaftliche Werte und moralische Normen ebenso nachhaltig wie das Selbstverständnis und die Selbstdefinition der Individuen. Ich kann diese allgemeineren Auswirkungen hier nicht näher erörtern, möchte aber nachdrücklich betonen, daß die Schwierigkeiten des religiösen Glaubens in einer pluralistischen Welt keine Besonderheit darstellen, daß sie nicht im mysteriösen Entzug irgendeiner Gnadensonne bedingt, sondern durch klar identifizierbare soziale Prozesse verursacht sind. Eine allgemeine Einsicht in diese Sachlage hätte den günstigen Nebeneffekt, daß das moderne Bewußtsein seinen kognitiven Überlegenheitsstatus verlöre, der ihm nur allzuoft attestiert wird. Seit mehr als hundert Jahren versuchen Theologen immer wieder neu, die Religion an die kognitiven Erfordernisse jenes Geschöpfes anzupassen, das man den »modernen Menschen« nennt, als sei es selbstverständlich und offensichtlich, daß dieses Wesen erkenntnistheoretisch gesehen den Verfassern der Bibel oder den Kirchenvätern haushoch überlegen sei. In Wirklichkeit ist der moderne Mensch keine besonders begeisternde Erscheinung; seine vielgepriesene Rationalität kommt in vielen Fällen Projekten von nur geringem Wert zugute; zudem ist er in allen Fragen, die nach seiner eigenen Identität eingeschlossen, chronisch unsicher. Das Positivste an ihm ist, wie wir gesehen haben, seine beispiellose Freiheit, und selbst sie empfindet er häufig als eine Last, die es so schnell wie möglich abzuschütteln gilt.

Und dennoch möchte ich behaupten, daß die moderne pluralistische Lebenssituation mit ihren negativen Auswirkungen auf alles, was früher für selbstverständlich genommen wurde, für den religiösen Glauben auch eine große Chance enthält, ermöglicht sie es dem nach religiöser Wahrheit suchenden Individuum doch, so etwas wie einen neuen Versuch zu starten, einen neuen Anlauf zu nehmen. Kierkegaard hat die Auffassung vertreten, daß wir, um den christlichen Glauben haben und in ihm leben zu können, »Zeitgenossen« von Jesus Christus werden müßten. Eine schwierige Empfehlung! Und dennoch, unsere heutige pluralistische Lebenssituation, der Lebenssituation im späten Hellenismus und im alten Rom überraschend ähnlich, gibt uns die faszinierende Chance, in einem gewissen Sinne tatsächlich »Zeitgenossen« der frühen Kirche zu werden.

Der Zerfall von bis dato selbstverständlichen Lebens- und Denkstrukturen eröffnet ungeahnte und bislang unvorstellbare Möglichkeiten, die Möglichkeit zu glauben eingeschlossen. Man kann dies emphatischer ausdrücken, indem man von der Transzendenz spricht, die im Zusammenbruch der Normalität sichtbar wird.

Alfred Schütz hat uns eine akribische Beschreibung dessen geliefert, was er »die Welt der Selbstverständlichkeiten« nannte – jenes Konglomerat von Ideen und Gewohnheiten, die unseren Alltag strukturieren und ordnen, dies aber *nur* so lange tun, wie wir sie für selbstverständlich nehmen. Stellen wir sie in Frage, dann gerät unsere Ordnung ins Wanken. Als soziale Ordnung, die sie ist, hängt sie an einer Kollektivübereinkunft, die vielen Postulate, die dem alltäglichen Leben zugrunde liegen, nicht in Frage zu stellen, ja erst gar nicht über sie nachzudenken. Wie Arnold Gehlen so überzeugend dargelegt hat, besteht die Funktion von sozialen

Institutionen darin, es den Individuen zu ermöglichen, den größten Teil ihres Lebens in einer Art von unreflektierter Spontaneität zu verharren (in einem Halbschlaf, wenn man so will), ohne welche die Gesellschaft in ein selbstzerstörerisches Chaos stürzen würde. Der einzelne muß, um ein normales Leben führen zu können (wozu gehört, daß er die geltenden sozialen Regeln ernst nimmt), alles abwehren, was das Gebäude der Normalität zum Einsturz bringen könnte. Dies kostet einige Anstrengung, ist aber nicht unmöglich für Menschen, die ein einigermaßen glückliches Leben in einer einigermaßen funktionierenden Gesellschaft führen. Wird die Normalität von einer individuellen oder kollektiven Katastrophe außer Kraft gesetzt – durch einen Trauerfall, eine schwere Krankheit, den plötzlichen Verlust der Position, durch Krieg, Revolution oder Naturkatastrophen –, so kann dies den Anspruch, alles sei in Ordnung, so schwer erschüttern, daß er in sich zusammenfällt. Aber auch in einem Leben, das sehr normal zu verlaufen scheint, gibt es Augenblicke, in denen die für selbstverständlich genommene Realität plötzlich durchbrochen wird und sich ein Fenster auftut, das den Blick freigibt auf eine ganz andere Wirklichkeit.

Die berühmteste Einzelfallschilderung eines solchen Augenblicks in der modernen Literatur dürfte die von Marcel Proust in *Auf der Suche nach der verlorenen Zeit* geschilderte Episode sein, in der die Welt des Protagonisten sich schlagartig und von Grund auf verändert, als dieser ein paar völlig harmlose, kleine Sandkuchen, jene berühmt gewordenen »madeleines«, verspeist. Was jedoch die Mannigfaltigkeit solcher Momente anbelangt, so ist es meines Erachtens Robert Musil, der uns einen geradezu pedantisch vollständigen Katalog von Fällen beschert hat, in denen die normale Realität »aufgehoben« ist und etwas erschreckend *Anderes* zum Vorschein kommt. Zu diesen Fällen zählen ganz gewiß die physische Gewaltanwendung, die sexuelle Verzückung, die theoretischen Ekstasen der reinen Mathematik und die ästhetischen der Musik sowie nicht zuletzt das mystische Erlebnis. Es gibt aber auch Fälle, in denen die Umstände, unter denen der Umschwung sich vollzieht, absolut trivial anmuten – so wenn Musils Held durch die nächtlichen Straßen seiner Stadt irrt und den Weg nach Hause nicht findet, oder wenn ihn die Absurdität bürokratischer Aktennotizen, die er lesen soll, plötzlich total überwältigt. Alle diese Erfahrungen zerstören, und sei's nur für einen Augenblick, die Sicherheit, die uns die Normalität gibt. Diese Sicherheit erweist sich plötzlich als künstlich und brüchig. Ja alles, was wir für selbstverständlich, für normal ansehen, wird zur bloßen Fassade, zum Artefakt. Dahinter lauert eine ganz andere Realität. Der Bewußtseinszustand, der sich nach diesem Einblick einstellt – Musil nennt ihn »den anderen Zustand« –, und das Bestreben, ihn zu erreichen, ist ein zentrales Thema des gesamten Musilschen Werks.

Wenn ich diesen Zustand mit einem einzigen Wort kennzeichnen müßte, so wäre es das deutsche Wort *Doppelbödigkeit*, welches mir als erstes in den Sinn käme. Es stammt meines Wissens aus der Theaterwelt und bezeichnet dort eine Bühnenkonstruktion mit mehr als einem Boden; wer auf dem oberen Boden umhergeht, kann jederzeit durch eine Falltür auf den unteren hinabstürzen. Die Erkenntnis, für die Proust und Musil sich so nachhaltig interessierten, besteht darin, daß die normale Realität in Wirklichkeit *doppelbödig* ist. Sie gibt vor, selbstverständlich, sicher und absolut stabil zu sein – de facto ist das Gegenteil der Fall. Denn es gibt noch eine andere, sehr viel mächtigere Realität, die mit der Alltagswelt durch verschiedene Türen und Tore verbunden ist. Erhält man Kenntnis von diesen Durchlässen, und sei's nur durch einen flüchtigen Blick, den man auf sie getan hat, dann verändert sich das Leben für immer. Die normalen Ziele des gesellschaftlichen Lebens werden dadurch zwar nicht unbedingt entwertet, ihre Voraussetzungen können jedoch nicht länger für selbstverständlich genommen werden. Selbst wenn »der andere Zustand« eine seltene Erfahrung im Leben eines Menschen bleibt, wird die Erinnerung daran doch dafür sorgen, daß dieser Mensch im Alltag, in der Normalität, nie wieder völlig spontan agieren wird.

Dieser Einblick kann durch katastrophenartige Ereignisse erleichtert werden, ist aber nicht notwendig an sie geknüpft. Er ist, salopp ausgedrückt, auch billiger zu haben. Um zu verdeutlichen, was ich damit meine, möchte ich eine relativ triviale Begebenheit aus meinem eigenen Leben erzählen: Ich befand mich in Gesellschaft eines Freundes in der Empfangshalle eines Hotels in Honolulu. Wir warteten dort auf gemeinsame Bekannte, die mit uns essen gehen wollten. Als wir so dastanden, ging an einer Seite der Halle eine Tür auf und heraus kam eine Gruppe von älteren japanischen Frauen in Kimonos. Wir beachteten sie kaum; ältere Japanerinnen in Kimonos sind in Honolulu keine Sensation. Die Tür ging erneut auf und entließ einen weiteren kleinen Pulk ähnlich gekleideter älterer Damen. Und so weiter und so fort. Dabei schien dem Ganzen ein gewisser Rhythmus zugrunde zu liegen, denn ungefähr alle zwanzig Sekunden öffnete sich die Tür und fünf oder sechs japanische Damen kamen zum Vorschein. Nachdem sich dieses Geschehen acht bis zehnmal wiederholt hatte und inzwischen vierzig bis fünfzig Japanerinnen in der Empfangshalle versammelt waren, begannen mein Freund und ich der Sache Beachtung zu schenken. Anfangs löste das, was sich da vor unseren Augen abspielte, nur eine leichte Neugier bei uns aus, später eine nachhaltige Verwunderung – und schließlich so etwas wie ein Gefühl der Besorgnis. Die Tür schloß und öffnete sich rhythmisch (zumindest schien es uns so), und mehr und mehr ältere Japanerinnen ergossen sich in die Halle. Ich blickte meinen Freund an und sagte: »Ich glaube, was wir hier sehen, ist ein Loch im Universum. Es kann gar nicht anders sein! Es ist ein Loch, ein Loch, aus dem eine endlose Zahl von älteren Japanerinnen in Kimonos hervorquillt. Es werden immer mehr daraus hervorkommen – ein Strom, der nie mehr versiegen wird.« Mein Freund lachte, wenn auch etwas beklommen. Wir schauten nervös zu, wie sich die Eingangshalle des Hotels immer weiter mit diesen Damen füllte. Und dann war plötzlich Schluß. Es dürften um die hundert Japanerinnen gewesen sein, die sich bis dahin angesammelt hatten, und natürlich gab es eine völlig banale Erklärung für das Ganze. Entweder handelte es sich um eine Reisegruppe, bestehend aus älteren Japanerinnen, oder die Damen waren die Ehefrauen von japanischen Männern, die einen Kongreß besuchten. Jedenfalls atmeten mein Freund und ich nach dem Ende der Invasion irgendwie erleichtert auf, scherzten über das Geschehen und verließen mit unseren Bekannten, die inzwischen eingetroffen waren, das Hotel. Es war eine triviale Begebenheit, die noch nicht einmal eine gute Story für die Unterhaltung bei Tisch abgab. Auch war es kein furchterregendes Erlebnis. Und dennoch stand die Realität des normalen Lebens für einige Minuten in Frage.

Ich brauche nicht zu betonen, daß ich, wenn ich diese kleine Geschichte erzähle, dies ohne jeden religiösen Hintersinn tue. Sie ist kein Beispiel für eine religiöse Erfahrung. Auch der exzentrischste Gläubige glaubt nicht an ein Universum, das von einer unendlichen Zahl älterer japanischer Damen bevölkert wird (wiewohl Schlimmeres vorstellbar ist). Mein Punkt hier ist, daß die Normalität sehr leicht durchbrochen werden kann, und daß danach alles möglich ist. Der mir widerfahrene Einblick war ganz gewiß nicht die Frucht eines Glaubensaktes. Ja, er verdankte sich überhaupt keinem Akt, denn er resultierte nicht aus einer aktiven Handlung meinerseits, sondern aus einem Geschehen, das sich vor mir ereignete. Gleichwohl offenbaren derartige Brüche der Realität eine *transzendente* Wirklichkeit jenseits der normalen oder lassen zumindest eine solche erahnen. Kenntnis von dieser transzendenten Wirklichkeit zu haben, heißt zwar noch lange nicht, daß man auch gläubig ist, doch eröffnet sie immerhin die Möglichkeit, es zu werden.

Der Begriff der »Transzendenz« trägt eine schwere Last, die Last früherer Definitionen, die sich zum Teil widersprechen und von denen keine voll befriedigt. »Geistlichkeit« oder »Heiligkeit« sind zwei Umschreibungen, das »Übernatürliche« eine dritte. Rudolf Otto hat sicherlich die hilfreichste Definiton desjenigen Phänomens geliefert, das den Kern aller religiösen Erfahrung bildet. (Ich stütze mich auf seine bekannteste Schrift, die den Titel *Das Heilige* trägt. Einer der zentralen Punkte in Ottos Text besagt, daß es nicht die *Idee*, sondern die *Erfahrung* dieses Phänomens ist, die es zu verstehen gilt.) Der Inhalt einer solchen Erfahrung ist vor allem insofern *transzendent*, als er vom Inhalt der Normalerfahrung im Alltag grundverschieden ist. Er ist, mit Otto gesprochen, »totaliter aliter«, völlig anders, und damit für den normalen Alltagsverstand ein »mysterium tremendum«, ein erschreckendes Mysterium. Es schreckt aber nicht nur, dieses Mysterium, sondern übt auch eine merkwürdige und starke Faszination aus. In seiner ursprünglichen Form ist es eine Manifestation von überwältigender Macht, vormoralisch (denn es hat keine zwingenden moralischen Implikationen) und vortheoretisch (denn alle Überlegungen dazu werden ex post, d. h. erst nach dem Erlebnis, angestellt). Im Lauf der Geschichte hat dieses Phänomen nicht nur verschiedenerlei Gestalt angenommen, es ist auch in sehr verschiedener Weise wahrgenommen und erklärt worden und hat die unterschiedlichsten Morallehren hervorgebracht oder legitimiert. Otto argumentiert sehr überzeugend, wenn er sagt, daß der im Lauf der Geschichte zusammengekommenen großen Zahl solcher Erfahrungen und Erlebnisse eine gemeinsame Qualität zugrundeliegt, die Qualität der *Andersartigkeit*.

Ottos Buch konzentriert sich, wie die meisten Schriften, die sich mit der Phänomenologie der Religion befassen, auf das, was Max Weber die Erfahrungen der »religiösen Virtuosen« genannt hat. Es sind dies die großen Gestalten der Religionsgeschichte – Propheten, Heilige, Mystiker und ähnliche. Ottos Hauptbeispiel für religiöse Erfahrungen sind die Vision Jesajas von Jahwes Thron und die Vision Krishnas von der Gestalt des Universums in der Bhagawadgita – nach aller Einschätzung »virtuose Leistungen« religiöser Schöpferkraft, im einen Fall in der jüdischen, im anderen in der hinduistischen Tradition. Man sollte aber auch auf das achten, was Weber (keineswegs abschätzig) »die Religion der Massen« genannt hat – d. h. das religiöse Erlebnis, die religiöse Erfahrung der einfachen Leute, die keine himmlische Heimsuchung für sie reklamieren können. Dies ist natürlich insofern besonders wichtig, als diese Kategorie die Mehrzahl aller Menschen einschließt (ganz gewiß auch mich). Den meisten von uns sind weder Gottheiten noch Engel erschienen, niemand hat aus einem brennenden Dornbusch zu uns gesprochen oder uns bei der Meditation unter einem Baum erleuchtet. Ja nach der Lehre, der wir anhängen, haben wir diese großen Erscheinungen voller Ehrfurcht nacherlebt und aus diesem Nacherleben eine innere Befriedigung, eine Erkenntnis gezogen und vielleicht sogar ein fernes Echo der ursprünglichen Vision vernommen. Das heißt, daß die von »Virtuosen« gemachten Erfahrungen nur dann zu unseren Erfahrungen werden, wenn wir sie sozusagen andeutungsweise nachvollziehen, was keineswegs bedeutet, daß ich diese Erfahrungen von Transzendenz aus zweiter Hand gering achtete. Man kann im Gegenteil sagen, daß es der Sinn jeder religiösen Tradition ist, in Generationen einfacher Menschen nicht nur die Erinnerung an die großen Gründungsereignisse wachzuhalten, sondern ihnen auch die Möglichkeit zu geben, diese Erfahrungen in kleinerem Maßstab zu wiederholen. Vielen von uns sind Trost, Einsicht und sogar ein bescheidenes spirituelles Erlebnis aus der Teilnahme an der Andacht einer ganz normalen Versammlung von Glaubensgenossen erwachsen. Bei allem geziemenden Respekt vor den Virtuosen, ich meine, daß diejenigen unter uns, die nur eine mittlere Geige spielen können, den Anzeichen von Transzendenz, denen sie im Alltag begegnen, besondere Aufmerksamkeit schenken sollten.

Die Ahnung von einer transzendenten Wirklichkeit jenseits der empirischen Welt ist nicht das Resultat eines Glaubensaktes. Sie ist, ganz im Gegenteil, eine Erfahrung von *Realität*, definiert als etwas, das unabhängig von unseren Wünschen existiert; Realität bezeugt sich selbst. Denken wir an das berühmte Gespräch zwischen Bischof Berkeley und Dr. Johnson, welch letzteren die Idee des bischöflichen Philosophen, niemand könne die Behauptung, die Welt existiere nur in den Köpfen der Menschen, widerlegen, rechtschaffen ärgerte. Dr. Johnson trat gegen einen Stein, stieß ihn mit dem Fuß von sich weg und rief: »Hiermit ist sie widerlegt!« Auf der Ebene der philosophischen Theorie hatte Berkeley natürlich recht, wenn er sagte, niemand könne seine solipsistische Hypothese widerlegen; aber Dr. Johnson hatte ebenfalls recht, denn Realität braucht nicht bewiesen zu werden – sie tut sich kund durch ihr Dasein, durch ihre Existenz, dadurch, daß sie es uns ermöglicht, ihr einen Tritt zu versetzen und daß sie ihrerseits dagegenhält. Der Selbstbezeugungscharakter von Transzendenz tritt am eindringlichsten zutage in den furchteinflößenden Erfahrungen der großen Virtuosen: Jesaja brauchte keinen Glaubensakt zu vollziehen, um den furchterregenden Anblick von Jahwes Thron zur Kenntnis zu nehmen, ebensowenig wie Arjuna von der Realität des avatāra überzeugt werden mußte, des »Herabstiegs« eines Gottes, den ihm Krishna als sein göttlicher Wagenlenker vor Augen führte. Erfahrung von sich selbst bezeugender Realität umfaßt jedoch auch weniger spektakuläre und weniger bedrohliche Transzendenzerlebnisse. In allen Fällen ist es die – nicht unbedingt gewünschte oder gesuchte – Erfahrung einer anderen *Realität*, welche diese Erlebnisse zu Erlebnissen macht, in denen das Gefüge der Welt einen Riß zu bekommen scheint.

Der Glaube stellt sich auf zwei Ebenen ein. Die erste betrifft das, was ich das Problem des Morgens danach nennen möchte: Nehmen wir an, mir ist in der Nacht ein Engel erschienen und diese Erscheinung hatte für mich mehr Realität als alles, was ich jemals zuvor erlebt habe; am Morgen können die Dinge trotzdem ganz anders aussehen. Ich stehe auf, putze mir die Zähne, frühstücke, spreche mit meiner Familie, lese die Morgenzeitung – und mit jeder dieser Handlungen verblaßt die Erinnerung an den mir nächtens erschienenen Engel ein bißchen mehr; der Alltag gewinnt seine Macht über mich zurück. Könnte es nicht sein, daß ich das Ganze nur geträumt, nur phantasiert habe? Glauben bedeutet in dieser Situation *Vertrauen in die eigene Erfahrung*. Die zweite Ebene betrifft den Akt, in dem ich zu der Überzeugung (oder zu dem Glauben) gelange, daß die von mir wahrgenommene transzendente Realität nicht nur *existiert*, sondern daß sie *für mich* existiert. Glaube steht hier für *Vertrauen in die letztendliche Güte der Schöpfung*. Eine Formulierung, die, wie ich meine, der lutherischen Definition von Glauben (fides) als Vertrauen (fiducia) sehr nahekommt: Ich vertraue darauf, daß das, was jenseits von dieser Welt ist, mir zum Wohle gereicht, in monotheistischen Begriffen, ich vertraue darauf, daß Gott, der Herr dieser und aller möglichen Welten, zu seiner Schöpfung steht, sie nicht im Stich läßt.

Die Menschen erfahren und erleben die Welt aber nicht nur, sie denken über die von ihnen gemachten Erfahrungen auch nach. Das war immer so. Wenn es jedoch um Erfahrungen geht, welche die Menschen mit dem Transzendenten in Berührung bringen, dann ergibt sich beim Nachdenken eine Schwierigkeit besonderer Art: Reflektiert wird im Medium der Sprache; sie aber wurzelt in der ganz normalen Realität und ist zugeschnitten auf die Belange des alltäglichen Lebens. Das heißt, es ist und bleibt schwierig, eine Erfahrung, welche die normale Realität überschreitet, sie transzendiert, in Worte zu fassen. Al-Ghazali, der den größten Teil seiner Schaffenskraft auf den Versuch verwandte, die Erfahrung des Sufi-Mystizismus mit der Sprache des orthodoxen Islam in Einklang zu bringen, fand zur Beschreibung seiner Lösung eine wundervolle Formulierung. Wortreich Klage führend über die Unaussprechlichkeit mystischer Erfahrungen, beharrte er dennoch auf der Notwendigkeit, sie mit Mitteln der Vernunft zu reflektieren, weil, wie er sagte, »die Vernunft das Maß Gottes auf Erden ist«. Theologie im weitesten Sinne ist der Versuch, religiöse Erfahrungen auf der Skala der Vernunft zu verorten oder sie zumindest in der Sprache der Vernunft auszudrücken. (Viele Theologen gehen – heute wie in früheren Tagen – diese Schwierigkeit nur sehr zögernd an. Nur zu gern verwechseln sie ihre intellektuellen Darlegungen über den Glauben mit dem Glaubensinhalt als solchem. Dies ist einer der Gründe, weshalb die theologische Reflexion nicht den professionellen Theologen überlassen werden darf.)

Welche sinnvollen Aufgaben und Möglichkeiten bleiben der Theologie dann aber in einer pluralistischen Welt?

Solange eine religiöse Tradition den Charakter des Selbstverständlichen hat, ist die theologische Aufgabe relativ einfach. Sie besteht in einer stringenten Darlegung dessen, was als gesichertes Wissen gilt. Genaugenommen ist ihre Basis sehr viel mehr die Gewißheit als der Glaube. Der außenstehende Beobachter kann natürlich diese Gewißheit anzweifeln, für den in der Situation stehenden einzelnen ist die Möglichkeit des Zweifels an den Fundamenten der Lehre jedoch eine rein theoretische Fingerübung. Verglichen mit dem modernen Individuum lebt der traditionelle Mensch in einer Welt, die durch ein hohes Maß an Gewißheit geprägt ist.

Es wäre absolut falsch zu glauben, solche Menschen gäbe es heute nicht mehr. Es gibt sie in großer Zahl in Regionen, die noch nicht voll von der Modernisierung erfaßt sind. Aber selbst in den Ursprungsländern der Moderne, in Europa und Nordamerika, finden sich überraschend viele Menschen, deren Lebensweise mit dem Attribut traditionell durchaus zutreffend beschrieben ist: Sie leben in Verhaltens- und Denkstrukturen, die ihnen als selbstverständlich gelten; ja es gelingt ihnen in vielen Fällen, diese Lebensweise selbst dann noch beizubehalten, wenn sie längst die schwierigen Gewässer einer modernen Gesellschaft befahren. Man kann solche Menschen daran erkennen, daß sie eine eigenartige Ruhe ausstrahlen, die sich von der Nervosität und den Ängsten ihrer übrigen Zeitgenossen in auffallender Weise abhebt. Man sollte die Welten dieser Menschen nicht geringschätzen oder gar verächtlich machen; und was mich angeht, so habe ich keinerlei Interesse mehr daran, sie aufzustören – auch wenn es mir in jungen Jahren als frischgebackener Lehrer großen Spaß bereitete, in unschuldigen Köpfen Zweifel zu säen. Heute sehe ich das anders; solange Traditionalisten nicht versuchen, ihre angeblichen Gewißheiten jedermann aufzunötigen, sollte man sie und ihre Welten persönlich und institutionell respektieren. Wovon ich allerdings nachdrücklich abraten möchte, ist der Versuch von seiten moderner Menschen, so zu werden wie sie – erstens, weil es unehrlich, und zweitens, weil es zwecklos ist. Unehrlichkeit und Vergeblichkeit haften den modernen Versionen des Neotraditionalismus sozusagen konstitutionell an. Der Neotraditionalist muß, indem er Anspruch auf Sicherheit erhebt und nach Gewißheit strebt, seine eigene Erfahrung von Unsicherheit und Ungewißheit verleugnen. Und indem er so tut, als seien die traditionellen Behauptungen richtig und sicher, muß er sein Wissen davon, daß er, wenn er wollte, auch etwas ganz anderes behaupten könnte, konstant unterdrücken. Das ist der Grund, weshalb neotraditionalistische (oder neo-orthodoxe) Theologien in sich widersprüchlich sind, und weshalb ihre Anhänger zu plötzlichen, heftigen Bekehrungen zu anderen Glaubenssystemen neigen.

Mag sein, daß das Streben nach Gewißheit ein in der menschlichen Natur tiefverwurzeltes Bedürfnis ist. Und wenn wir im Lauf unseres Lebens die eine oder andere Gewißheit erlangen, dann sollten wir sie als ein Gnadengeschenk dankbar entgegennehmen. Doch sollten wir keine Gewißheiten simulieren, die in Wirklichkeit nichts anderes sind als das Resultat von mühsamen und nicht endenden Glaubensanstrengungen. Aufs Ganze gesehen hat das moderne Gewißheitsstreben intellektuell wie moralisch verheerende Folgen gezeitigt. Es ist, um noch einmal Erich Fromm zu zitieren, eine »Flucht vor der Freiheit«. Daß dieses Streben nicht nur religiöse Formen angenommen hat, brauche ich nicht extra zu betonen. Tatsächlich waren die meisten Versuche, die Ungewißheiten der Moderne zu überwinden, weltlich orientiert. Der Fanatismus vieler dieser neotraditionalistischen Bewegungen ist eine direkte Folge der ihnen zugrunde liegenden Unehrlichkeit (mit Sartre gesprochen: des »falschen Glaubens«). Der Spruch »Und willst du nicht mein Bruder sein, so schlag ich dir den Schädel ein« bringt dies sehr bildhaft zum Ausdruck.

Ein wichtiger Aspekt der Psychologie des Fanatismus ist die Autoritätsgläubigkeit, der Wille zur Unterwerfung. Wenn ein Mensch eine Gewißheit vortäuscht, über die er in Wirklichkeit nicht verfügt, dann braucht er dringend eine Autorität, die seine anfechtbare Position stützt, sie beglaubigt. Es dürfte die römische Kirche gewesen sein, der diese Beglaubigung am besten gelungen ist, doch gibt es auch weniger großartige Bemühungen in Hülle und Fülle; und häufig verlagert sich der Glaubensgegenstand vom Transzendenten auf die Autorität, die ihn zu repräsentieren behauptet. Diese Verschiebung kann eine menschlich erträgliche Form annehmen, wie geschehen in der geistreichen Bemerkung eines mir befreundeten Anglikaners, der zu mir sagte: »Ob ich an Gott glaube, kann ich nicht mit Bestimmtheit sagen, daß ich an die Kirche von England glaube, weiß ich hingegen genau.« Es gibt aber auch gefährlichere, ja todbringende Versionen dieses Autoritätsglaubens, die keineswegs im Zeitalter der Torquemada ihr Ende gefunden haben. Man kann nicht oft genug betonen, daß die blutdürstigsten Inquisitoren der Moderne streng weltliche Glaubenssysteme repräsentiert haben.

Nichtsdestoweniger gibt es eine Alternative zum Streben nach Gewißheit, die nicht zwangsläufig auf einen zerstörerischen Relativismus hinausläuft. Sie beginnt mit der Hinnahme von Unsicherheit und findet ihre Fortsetzung in dem bereits erwähnten Vertrauen in die eigene Erfahrung. Theologisch gesprochen besteht sie in einem induktiven Verfahren, d. h. in einer Reflexion, die versucht, die eigenen Erfahrungen (und zwar keineswegs nur die sogenannten religiösen) mit den durch die Tradition repräsentierten und vermittelten in Einklang zu bringen. Im Protestantismus gibt es eine mindestens bis zu Friedrich Schleiermacher zurückreichende Denkrichtung, die im genannten Sinne als »induktiv« bezeichnet werden kann – der zentrale Gegenstand theologischer Reflexion ist für sie weniger die religiöse Ideenbildung als die religiöse Erfahrung; der Gedanke, man müsse die Vernunft hinter sich lassen, wenn man das Reich des Glaubens betrete, ist ihr fremd, und sie ist bereit, die eigenen Erfahrungen und die eigene religiöse Erziehung und Vorstellungswelt im Licht der modernen empirischen Disziplinen zu überprüfen. Ich bin fest davon überzeugt, daß dieser liberal-protestantische Ansatz nach wie vor gültig ist, und zwar trotz der Lauheit, die ihm in den Augen derer, die sich nach unumstößlichen Gewißheiten sehnen, unweigerlich anhaftet. Es war diese theologische Position, die den Protestantismus zum ersten Religionssystem in der Geschichte gemacht hat, welches die nüchternen Methoden der modernen historischen Forschung auf seine eigenen heiligen Texte angewandt und gleichzeitig auf deren heilbringender Kraft beharrt hat. In diesem äußerst mutigen Schritt verband sich das Vertrauen in die eigene Erfahrung mit dem Vertrauen auf Gott, der diejenigen nicht verlassen würde, die auf ihn bauten. Das heißt: Weder belüge ich mich selbst, indem ich die Augen verschließe vor dem, was meine Vernunft und meine Lebenserfahrung mir zeigen, noch bin ich bereit zu glauben, daß Gott, der die vollkommene Wahrheit ist, von mir verlangt, daß ich Wahrheiten leugne, auf die ich auf meinem Weg durchs Leben zufällig stoße, und seien sie noch so unvollkommen. Wenn Gott existiert, ist die einzige und alleinige Wahrheit diejenige, die vor seinem Angesicht Bestand hat. Und wenn ich der Heiligen Schrift eine bestimmte Wahrheit zu entnehmen meine und den Ergebnissen ihrer kritischen Analyse eine andere, dann *muß* es einen Weg geben, beide Wahrheiten miteinander in Einklang zu bringen. Ich kann sagen, daß ich dies in einem umfassenden Sinne glaube – glaube in dem Sinn, daß ich darauf vertraue.

Diejenigen von uns, denen keine Engel erschienen und die nicht durch mystische Ekstasen hindurchgegangen sind, können Transzendenz nur aus zweiter Hand bzw. in gedämpfter Form erleben. Die Religionen verhelfen uns dazu, indem sie uns mit ihren Schriften und ihren Gottesdiensten etwas liefern, was Juristen einen »mittelbaren Beweis« (in diesem Fall von Transzendenz) nennen, einen Beweis vom Hörensagen. Dennoch ist nicht zu übersehen, daß die Übereinstimmung zwischen den solchermaßen replizierten *Visionen* der Virtuosen und der Erfahrung, die der einfache Gläubige dabei macht, oftmals überraschend groß ist. Ein Großteil des religiösen Erlebens der Menschen dürfte von dieser Art sein, und ich würde niemals auf die Idee kommen, es für minder zu erachten. Im Gegenteil, einer der wichtigsten Existenzgründe von religiösen Institutionen besteht in ihrer Fähigkeit, diese Art von Erfahrung immer wieder neu zu ermöglichen. Aber so wie es nicht stimmt, daß es außerhalb der Kirche kein Heil gibt, so stimmt es nicht, daß sich Transzendenzsignale nur innerhalb der Kirche finden lassen.

Mir ist seit langem klar, daß die Anzeichen von Transzendenz, die wir im normalen Alltag entdecken können, von großer Wichtigkeit sind: der stete Drang der Menschen, eine sinnvolle Ordnung in der Welt auszumachen, ein System, in dem die von großen Geistern errichteten Kuppelbauten ebenso ihren Stellenwert haben wie die Sicherheit, die eine Mutter ihrem verängstigten Kind gibt; die befreienden Erfahrungen von Humor, Spiel und Spaß; die tiefverwurzelte Fähigkeit zu hoffen; die unerschütterliche Überzeugung, daß es Taten gibt, die unmenschlich und deshalb schärfstens zu verurteilen sind, und die ebenso felsenfeste gegenteilige Überzeugung von der tiefen Menschlichkeit anderer Handlungen, die als gute Taten gepriesen werden; die bisweilen atemberaubende Erfahrung von Schönheit, sei es in der Natur oder in von Menschen geschaffenen Kunstwerken, und vieles mehr. So normal und so wenig übernatürlich uns diese Dinge in summa erscheinen mögen, je einzeln verweisen sie auf eine Realität jenseits des Normalen: Die von mir mittels Vernunft der Welt auferlegte und in sie hineingesehene Ordnung meint eine Ordnung, die da war, bevor mein Verstand auf sie einzuwirken begann. Wenn mein Spiel oder mein Scherzen die tragischen Dimensionen des menschlichen Lebens zeitweise aufzuheben vermögen, dann kann ich auch die Möglichkeit in Betracht ziehen, daß die Tragödie nicht unbedingt das ist, was dieses Leben in letzter Instanz ausmacht und bestimmt. Und wenn ich selbst noch im Angesicht des Todes fähig bin zu hoffen, dann kann ich mich auch mit dem Gedanken tragen, daß mit dem Tod möglicherweise nicht das letzte Wort über mein Leben gesprochen sein wird. Und so weiter.

Nun ist es nicht so, daß diese Erfahrungen die Transzendenz zweifelsfrei oder zwingend belegten. Je einzeln können sie in einer diesseitigen Sprache, die jede Transzendenz entweder ausklammert oder schlichtweg ausschließt, durchaus hinreichend erklärt werden. Ordnung kann sehr wohl das Resultat menschlicher Geistesanstrengungen sein und mehr nicht; möglicherweise gibt es *außerhalb* dieser Ordnung wirklich nichts als den blinden Zufall oder das Chaos. Und vielleicht sind mein Spiel und mein Scherzen nur Versuche, dem Unglück, ein verwundbares, sterbliches Wesen zu sein, für einige Augenblicke zu entfliehen, während am Ende ich es bin, über den man lacht. Ich kann hoffen, was immer ich will, doch werden alle meine Hoffnungen letztlich nicht nur an meinem eigenen Tod zerschellen, sondern ebenso am Verfall und Tod aller Dinge und Menschen, in die ich Hoffnung investiert habe. Diese Erfahrungen als Wegweiser zur Transzendenz zu begreifen, ist deshalb per se eine Glaubensentscheidung, die einerseits keineswegs in dem Bestreben getroffen sein muß, Trugbilder und Illusionen zu schaffen oder die altersgrauen Gottesbeweise durch die Hintertür erneut einzuschmuggeln, die andererseits aber auch nicht ohne jede Basis, sozusagen ein mentaler acte gratuit, ist. Die eigene Erfahrung ernst nehmend, gehe ich das Wagnis ein, zu vermuten, ja zu glauben, daß diese Erfahrung ihrer Intention, ihrem Sinn nach keine Lüge ist.

Von allen Erfahrungen, die ich soeben zu Wegweisern in Richtung Transzendenz erklärt habe, ist es die des Humors, genauer, des Komischen, die mich am meisten fasziniert. Es ist etwas zutiefst Geheimnisvolles und Rätselhaftes um die Komik, vor allem um ihre Kraft, auch und selbst in Situationen größter Furcht und größten Kummers zumindest für einen Augenblick das auszulösen, was so zutreffend als »befreiendes Lachen« bezeichnet wird. Kein Zweifel, wir alle wissen genau, daß Furcht und Kummer, kaum ist der Augenblick des Lachens vorüber, sofort zurückkommen. Für den Moment selbst sind jedoch alle Ängste und Sorgen gebannt; das Lachen, so könnte man sagen, *intendiert* in diesem Moment *Ewigkeit*. Die Frage, die an dieser Stelle zwangsläufig auftaucht, ist die Frage nach dem erkenntnistheoretischen Status dieser Intentionalität. Ist sie eine Illusion? Oder sagt sie die Erlösung für alle Menschen voraus, ja nimmt sie für einen Augenblick vorweg? Ich sehe keine zwingende Antwort, weder auf die eine noch auf die andere Frage. Was man sagen könnte, ist, daß beide Schlüsse einen Glaubensakt erfordern, wobei allein die religiöse Antwort Glauben im Sinne von Vertrauen konstituiert.

Vertrauen in die Transzendenz setzt somit nicht unbedingt einen Glaubensakt voraus. Wer auch heute noch in einer traditionellen Welt mit Göttern lebt, die für selbstverständlich genommen werden, braucht nicht zu glauben, denn er *weiß* um seine Götter, *kennt* sie. Für uns, die wir von der Moderne und vom Pluralismus geprägt sind, gibt es jenseits der Selbsttäuschung vermutlich keinen Weg zurück zu dieser Art von Gewißheit. Die meisten Menschen in unserer Situation versuchen mit ihrem Leben möglichst gut fertigzuwerden und metaphysischen Fragen aus dem Weg zu gehen. Das moderne Amerika hat, mehr als jede andere zeitgenössische Gesellschaft, Techniken und Muster entwickelt, die die Vermeidung aller Dinge und Situationen erleichtern, welche die Standardverfahren einer pragmatischen, auf Problemlösungen abgestellten und im wesentlichen optimistischen Lebensführung beeinträchtigen könnten. Amerikaner sein heißt, auf festen Schuhen durch die Welt zu gehen. Nun könnte man ja denken, daß der Tod ein Ereignis ist, das auch den hartnäckigsten Pragmatiker dazu bringt, metaphysische Fragen zu stellen. Aber selbst der Tod wird in Amerika so verpackt, daß er als etwas Alltägliches erscheint.

Evelyn Waugh war es, der in seinem Roman *The Loved One* die amerikanische Art, mit dem Tod umzugehen, persiflierte und dabei eine großartige Satire schuf. Es gibt aber auch noch eine andere, achtbarere Alternative zum Glauben; gemeint ist der Stoizismus – die tapfere Hinnahme von tragischer Unausweichlichkeit, die Weigerung, sich irgendwelchen tröstlichen Illusionen hinzugeben. Diese Option verdient meines Erachtens großen Respekt.

Die Wahl, die man treffen muß, ist letztlich eine Wahl zwischen einer hermetischen Welt einerseits und einer Welt mit Fenstern zur Transzendenz andererseits. Daß letztere mehr verspricht, mehr Hoffnungen zuläßt, brauche ich nicht extra zu betonen, ein Umstand, der insofern nicht gegen sie spricht, als Hoffnungslosigkeit keinen höheren epistemologischen Stellenwert für sich reklamieren kann. Philosphisch gesprochen könnte man sogar sagen, daß es vernünftiger ist, zu hoffen als zu verzweifeln.

Federico García Lorca hat einen Essay geschrieben über »duende«, ein schwer zu übersetzendes Wort, das in der spanischen Alltagssprache einen Geist bezeichnen kann, das aber auch eine mysteriöse, sich nicht auf Personen beziehende Eigenschaft kennzeichnet, die gewissen Ereignissen oder Orten zugeschrieben wird. Es ist dem sokratischen »Dämon« ebenso verwandt wie dem afroamerikanischen »soul« und mehr oder weniger ein Synonym für Rudolf Ottos »numinose« Dimension. Lorca schildert, wie er mit ein paar Freunden ausgeht, um eine berühmte Sängerin den sogenannten »tief innern Gesang« Andalusiens singen zu hören. Die Darbietung ist zunächst absolut enttäuschend. Eine Frau mittleren Alters von unauffälligem Äußeren singt ohne jedes Feuer einige Flamenco-Lieder. Plötzlich ändert sich alles. Niemand, der es nicht spürt. Die Luft ist auf einmal elektrisch aufgeladen. Auch die Sängerin ist wie verwandelt – ihre Stimme, ihr ganzes Auftreten, ja selbst ihre Erscheinung. Sie wird so schön wie ihr Gesang. Ihr Lied rührt an eine Welt weit jenseits der düsteren Umgebung einer Taverne in einem Armenviertel. »Duende« ist gekommen und erfüllt den Raum.

Jenseits des christlichen Glaubensaktes offenbart sich die Welt als eine heilige, weihevolle Welt voller Symbole; das heißt, sie erweist sich als eine Welt, in der die sichtbare Realität viele Hinweise auf die unsichtbare Anwesenheit Gottes enthält. Der christliche Glaube läßt uns nicht nur wissen, daß Gott uns niemals verläßt, er zeigt uns auch die vielen Beweise, die Gott für dieses Versprechen an vielen Orten ausgestreut hat. Etwas weniger respektvoll ausgedrückt: Der christliche Glaube besagt, daß Gott ein großes Versteckspiel mit der Menschheit spielt, daß er aber auch zahllose Hinweise darauf gibt, wo er sich versteckt hält.

Der erwähnte Essay von Lorca zitiert einen Manuel Torres, der irgendwo geschrieben hat: »todo lo que tiene sonidos negros tiene duende« – in freier Übersetzung: »Wo immer dunkle Töne erklingen, ist auch ›duende‹ gegenwärtig.« Unsere heutige Welt ist ein sehr geräuschvoller Ort. Der Gläubige entwickelt deshalb so etwas wie ein drittes Ohr. Strengt er sich ein wenig an, so kann er mit diesem Ohr die dunklen Lieder Gottes auch inmitten des Lärms seiner weltlichen Existenz vernehmen.

6

DER EINE GOTT, AN DEN WIR GLAUBEN

In unserer Realität lauert jenes »Andere« verborgen hinter den fragilen Strukturen der Alltagsroutine. Um bei der Bewältigung dieses Alltags nicht allzusehr von ihm behindert zu werden, halten wir es – zumeist erfolgreich – dadurch in Schach, daß wir es scheinbar domestizieren oder seine Existenz einfach in Abrede stellen. Und dennoch bekommen wir die andere, transzendente Realität von Zeit zu Zeit flüchtig zu Gesicht; dann nämlich, wenn der normale Lauf des Lebens unterbrochen oder aus dem einen oder anderen Grund in Frage gestellt wird. Und gelegentlich, wenn auch selten, bricht diese transzendente Realität mit Lichtgestalten, deren überwältigende Leuchtkraft uns blendet, sogar ganz direkt in unsere Welt ein. In solchen rätselhaften Erscheinungen, Eliade nannte sie »Hierophanien«, offenbart sich die andere Realität für einen kurzen Moment in, wie es scheint, klar wahrnehmbaren Figuren. Ist eine solche Situation gegeben, dann sprechen die Menschen mit den Göttern, zumindest sieht es so aus, als täten sie es. In der Regel sind die Konturen dieser anderen Realität jedoch alles andere als klar. Und so ist der Transzendenzbegriff, indem er etwas kennzeichnet, was *nicht* zur normalen Realität gehört, gewöhnlich ein negativer Begriff, der deshalb aber noch lange nicht als hohl oder unnütz gelten kann. Er verweist vielmehr auf eine besondere und zumindest partiell beschreibbare Erfahrung, über die nachzudenken sich allemal lohnt. Zum Glaubensgegenstand als solchem dürfte die Transzendenz indes kaum taugen.

Das Nizäische Glaubensbekenntnis enthält eine lange Liste wichtiger Artikel. Der wichtigste betrifft die Benennung des Glaubensgegenstandes und damit den einen Gott, dessen Anerkennung alles weitere bestimmt. Unnötig zu sagen, daß dies weder einen generellen Glauben an das Phänomen der Transzendenz impliziert, noch den Glauben an eine leibhaftige Gottheit, die im Zentrum aller transzendenten Erscheinungen steht. Derjenige, an den zu glauben die Bekennenden beteuern, ist der Gott Abrahams, Isaaks und Jakobs, der Gott, der das Volk Israel aus Ägypten herausführte, der durch den Mund der Propheten zu den Menschen sprach und der der Vater von Jesus Christus, unserem Herrn, ist.

Präziser und konkreter geht es nicht. Denn die christliche Religion, die – wie alle monotheistischen Glaubenslehren – nur *einen* Gott kennt, läßt uns sehr genau wissen, wer dieser Gott ist, nämlich *derjenige*, der sich in den Geschehnissen, von denen die Heiligen Schriften der Juden und der Christen künden, offenbart hat. In vielen dieser Geschehnisse offenbarte er sich, wie den biblischen Texten zu entnehmen ist, in einer so eindringlichen Unmittelbarkeit, daß die Glaubensfrage gar nicht aufkommen konnte. Das Problem war nicht, ob man an diesen Gott glauben, sondern wie man seiner Gegenwart standhalten und seinen gebieterischen Forderungen nachkommen konnte. Dies ist – zu unserem Schaden oder Nutzen – nicht unsere Situation. Wir haben tatsächlich ein Glaubensproblem, bei dem es obendrein nicht nur um die Frage geht, warum wir an Gott glauben sollen, sondern zugleich auch um die Frage, warum es *dieser* Gott sein soll. Schließlich gibt es noch andere Götter, Götter, die der religiöse Supermarkt des modernen Pluralismus in einer bislang unbekannten Auswahl für uns bereithält.

Der Glaube an den Gott aus dem Nizäischen Glaubensbekenntnis hat, seit ein umherziehender Nomadenstamm ihm vor vielen Jahrhunderten an den Rändern der nahöstlichen Zivilisation erstmals begegnete, die meiste Zeit mit anderen Religionen in Konkurrenz gelegen. Gewiß, es gab Zeiten und Orte, da dieser Glaube als eine Selbstverständlichkeit institutionalisiert war. Weil dieser Gott aber immer ein »eifersüchtiger« Gott war, kämpften seine Repräsentanten selbst dann noch geistig und häufig auch körperlich mit den Repräsentanten anderer Gottheiten. Elias' Streit mit Baals Priestern auf dem Berg Karmel steht für einen jahrhundertelangen Abwehrkampf, den Jahwes Getreue geführt haben, um nicht in das polymorphe Universum nahöstlicher Religiosität aufgesogen zu werden. Ähnliche Kämpfe gab es immer wieder in der christlichen Geschichte; der längste und vermutlich blutigste war der Kampf mit jenem anderen, in Arabien beheimateten Monotheismus, der im 7. Jahrhundert christlicher Zeitrechnung seinen Anfang nahm. Zu den intellektuell aufwendigsten Auseinandersetzungen des Christentums mit anderen Religionen gehören ganz gewiß die Auseinandersetzungen mit der griechisch-römischen Welt, mit dem Islam und mit der Moderne. Es könnte sein, daß wir derzeit an der Schwelle zu einer vierten wichtigen Auseinandersetzung stehen, diesmal mit den religiösen Traditionen Süd- und Ostasiens. Wieder ist, was da stattfindet, sehr viel mehr als eine Kontroverse zwischen religiösen Theoriesystemen. Die Theorien selbst sind Versuche, riesige Bestände menschlicher Erfahrungen zu sichten und zu kategorisieren, starke Emotionen und moralische Verpflichtungen eingeschlossen. Worum es letztlich geht, ist die Art, genauer die unterschiedliche Art, in der Realität erfahren wird.

Bei aller Vielfalt der Religionen gibt es zwei Zentren, aus denen die wichtigsten und zugleich divergentesten Glaubenslehren hervorgegangen sind. Die Namen Jerusalem und Benares mögen für eine kurze Kennzeichnung genügen. Ganz ohne Zweifel gibt es eine Vielzahl weiterer Wege zur Transzendenz, nicht zuletzt die überall in der Welt weiterhin vorfindlichen mythischen Vorstellungswelten. Die wirklich interessante Alternative ist jedoch die zwischen den beiden religiösen Strömen, deren Ursprung im einen Fall in Vorderasien, im anderen auf dem indischen Subkontinent liegt. Die Wurzeln der drei großen monotheistischen Religionen liegen entweder in den Transzendenzerfahrungen des alten Israel, oder, und dies betrifft den Hinduismus und den Buddhismus, in jenem anderen Erfahrungsstrom. In sich selbst jeweils immens reiche und vielfältige Welten religiöser Praxis und religiösen Denkens, verkörpern sie gemeinsam die wichtigste Alternative für jeden, der eine religiöse Weltsicht zu entwickeln sucht. Es gibt weitere Kandidaten, für die man optieren kann, so etwa den Konfuzianismus oder den Zoroastrianismus, doch haben diese sich niemals als universell verfügbare Optionen präsentiert, weder in der Vergangenheit noch in der Gegenwart. Jerusalem und Benares stechen heraus; die Stadt, welcher der Gott, dem das Volk Israel in der Wüste begegnete, sein Siegel aufzudrücken bereit war, wo Jesus litt, starb und von den Toten auferstand, und von der aus Mohammed zum Himmel auffuhr; und jene andere Stadt, in die alle Götter in der Morgendämmerung herabsteigen, um in den heilenden Wassern des Ganges zu baden, und vor deren Toren Buddha seine erste Predigt hielt, in der er allen leidenden Menschen die Erlösung versprach. Die großen Botschaften, die von diesen beiden Städten ausgingen, sind bereits in der Vergangenheit miteinander in Berührung gekommen, und sie berühren sich heute in einer ganz neuen und potentiell aufrüttelnden Weise wieder; denn Asien ist für den Westen heute so präsent, so nahe wie niemals zuvor. Diese Nähe wird nicht nur weiter zunehmen, sie wird für diejenigen, die ihren Glauben in den Worten der historischen christlichen Glaubensbekenntnisse bekunden, auch eine äußerst produktive Herausforderung darstellen.

Schon jetzt kann man sagen, daß das Interesse christlicher Theologen an dem, was heute als »Dialog« mit den großen Religionen Süd- und Ostasiens bezeichnet wird, seit dem Zweiten Weltkrieg stetig gewachsen ist. Institutionell wird dieser Dialog sowohl vom Vatikan als auch vom Weltkirchenrat gefördert, die interesssantesten Beiträge stammen jedoch von – vornehmlich in westlichen Ländern, aber auch in Indien und Japan beheimateten – Einzelwissenschaftlern. Es ist hier nicht der Ort, dieses Geschehen im Detail nachzuzeichnen. Eine Verortung meines eigenen Ansatzes im breiten Spektrum einschlägiger theologischer Versuche erscheint mir dennoch als sinnvoll.

»Exklusivismus«, »Inklusivismus« und »Pluralismus« sind drei Etiketten für drei christlich-theologische Grundsatzpositionen. Wie bei allen solchen Typologien gibt es auch hier einzelne Autoren, die durch dieses Raster hindurchfallen. Und dennoch ist diese

Typologie bei der Unterscheidung der Hauptströmungen hilfreich. So beharren die »Exklusivisten« nach wie vor darauf, daß das Christentum die einzige wirkliche Heilslehre sei, das einzige Medium, in dem Gott sich den Menschen direkt offenbare. Diese Position impliziert per se zwar nicht die Verachtung oder einen Mangel an Wertschätzung für nichtchristliche Religionen, doch sind die Grenzen, die sie der christlichen Theologie bei der Aufnahme von nichtchristlichen Elementen setzt, eng gezogen. Karl Barth ist es, der die »exklusivistische« Haltung sozusagen in Reinkultur vertritt, wenn er sämtliche Religionen als je spezifische Äußerungen von Unglauben interpretiert. Als Barth sich einmal über den Hinduismus als Unglauben ausließ, wurde er gefragt, wie er dies sagen könne, ohne jemals einem Hindu begegnet zu sein. Barths Antwort: »A priori!« Eine Haltung, in der eine ganz schöne Portion Arroganz steckt, der ich aber angesichts der Weichlichkeit, die das theologische Milieu heute so nachhaltig kennzeichnet, eine gewisse Bewunderung nicht versagen kann. Und dennoch, so sehr mich Barths Haltung beeindruckt, so wenig überzeugt mich seine Rede. Während ich jedoch bereit bin, ihm in seinem Anspruch auf apriorische Gewißheit intellektuelle Integrität zuzugestehen, bin ich mir bei denen, die ihm nacheifern, da nicht so sicher.

Doch wie immer dem sei, es sind die beiden anderen Positionen, die heute in der protestantischen wie in der katholischen Theologie dominieren. Wenn die »Inklusivisten« auch darauf beharren, daß es das Christentum sei, welches der von den Menschen erfaßbaren religiösen Wahrheit am nächsten komme, so sind sie doch zugleich willens und bereit, die Wahrheit, und betreffe sie auch die Offenbarung, die in anderen Religionen steckt, anzuerkennen. Der angesehenste Vertreter dieser Position dürfte der katholische Theologe Karl Rahner gewesen sein, dessen Einfluß auf das offizielle katholische Denken, wie es sich in diesem Punkt seit dem Zweiten Vatikanischen Konzil präsentiert, nicht unterschätzt werden darf. Und was die »Pluralisten« angeht, so ist ihre Bereitschaft zur Relativierung des christlichen Anspruchs auf exklusive Wahrheit geradezu enorm. Ihr wahrscheinlich provokantester und ganz gewiß phantasievollster Vertreter war John Hick, der einen Wandel im christlichen Denken forderte, vergleichbar der kopernikanischen Wende in der Astronomie: Das Christentum solle nicht länger zum einzigen und absoluten Mittelpunkt des Universums erklärt, sondern als eines von mehreren Systemen betrachtet werden, die um ein gemeinsames Zentrum kreisten, welches Hick, nicht allzu hilfreich, »das Reale« nannte.

Ich will versuchen, die verschiedenen Positionen in ihren Kernpunkten kenntlich zu machen. Die heute zwar nur noch ganz selten explizit verfochtene, implizit aber allgegenwärtige Schlüsselbehauptung ist die altehrwürdige katholische Formel: *extra ecclesiam nulla salus* – »kein Heil außerhalb der Kirche« (nichtkatholische Theologen haben das Wort »Kirche« durch »Christus« oder »christliche Glaubenslehre« ersetzt, was an der Exklusivität nichts ändert). Die Exklusivisten sind diejenigen, die, dem relativistischen Zeitgeist zum Trotz, an dieser Behauptung weiterhin festhalten. Die »Inklusivisten«, vor allem die katholischen, stimmen der Feststellung, daß es außerhalb der Kirche kein Heil gebe, zwar generell zu, definieren den Begriff »Kirche« im Unterschied zu früher aber so weit, daß auch solche Menschen, und zwar in großer Zahl, hineinpassen, die niemals getauft wurden, nicht der Christengemeinschaft angehören, ja vielleicht sogar noch nie etwas vom Christentum gehört haben. Es sind diejenigen Menschen, die Rahner, sehr geschickt, als »anonyme Christen« bezeichnet hat – das heißt als Menschen, die Christen sind, ohne es zu wissen. Treffender beschrieben ist die inklusivistische Position indes, wenn man sagt, sie drehe die klassische Formel um und mache daraus so etwas wie *ubi salus ibi ecclesia* – »wo Erlösung, da Kirche« – soll heißen: Erlösung kann es auch fernab von der jüdisch-christlichen Tradition geben, in religiösen Praktiken und Schriften, deren Wurzeln in Benares oder sonstwo liegen. Die Pluralisten wiederum sind gar nicht erst bereit, von nur einem Heil oder gar nur einer einzigen Kirche zu sprechen, und sei diese noch so sehr erweitert. Eher schon würden sie salus und ecclesia »pluralisieren« und damit die Formel, die sich in diesem Punkt nicht wirklich erweitern läßt, preisgeben. Das Christentum ist für sie eine von vielen menschlichen Bemühungen, die letztendliche Realität zu erfassen, ein Sonderstatus infolge eines Offenbarungsprivilegs ist für sie nicht gegeben, was nicht heißt, das sie (mitsamt Hick) nicht bereitwillig zugäben, daß ihr eigener Zugang zur religiösen Frage weiterhin die christliche Lehre ist.

Niemand freut sich, wenn er in eine Kategorie gepreßt wird, die gewissermaßen zwangsläufig sein Denken simplifiziert und ihn mit Menschen in eine Schublade steckt, mit denen er in ihm wichtigen Fragen nicht übereinstimmt. Hätte ich keine andere Wahl, als mich zu einer der drei Positionen zu bekennen, dann wäre es die inklusivistische. Ich wäre Inklusivist nicht, weil die Wahrheit gewöhnlich in der Mitte liegt, sondern weil die Exklusivisten einen mir fragwürdig erscheinenden Zugang zur Wahrheit für sich reklamieren, während die Pluralisten, indem sie die nicht geringen Widersprüche zwischen den von den verschiedenen Glaubenslehren verkündeten Wahrheiten herunterspielen, die Frage nach der Wahrheit kaum noch stellen. Wenn ich sage, daß ich an jenen einen Gott glaube, der sich in den Geschehnissen zwischen Sinai und Pfingsten offenbart hat, dann impliziert dies den Anspruch auf eine Wahrheit, die andere Wahrheiten notwendig ausschließt – wie z. B. die Behauptungen, daß in der Fülle der Offenbarungen mehr als nur ein einziger Gott Platz habe, oder daß im Zentrum der Realität nicht eine Person stehe, sondern daß dort eine riesige Leere herrsche, oder daß Gottes Offenbarung im Koran ihren absoluten und endgültigen Höhepunkt erreicht habe. Ich kann natürlich sagen, daß ich all das nicht sicher weiß; ich kann sogar von Hypothesen sprechen statt von Glaubensüberzeugungen. Aber selbst wenn ich leiser auftrete und mich bescheidener ausdrücke, bleiben nur zwei Möglichkeiten: Entweder es steckt Wahrheit in meinem Glauben, oder er ist ohne Sinn; wenn aber Wahrheit in ihm steckt, dann schließt er auch den Irrtum ein. Es ist dieses Faktum, vor welchem die Pluralisten die Augen verschließen, während sie gleichzeitig die Erfahrungen, aus denen der Glaube entsteht, bagatellisieren.

Wenn ich sage, daß ich christlichen Glaubens bin, dann heißt das, daß ich glaube, daß die Kernbehauptungen der christlichen

Lehre wahr sind und die Realität widerspiegeln – oder daß sie zumindest näher an der Wahrheit sind als andere, gegenteilige Behauptungen. Wenn ich dies *nicht* meine und denke, dann ist meine Äußerung keine Glaubensbekundung; was ich artikuliere, ist allenfalls eine vage Ahnung, eine gefühlsmäßige Präferenz oder auch ein Geschmacksurteil – von »Glauben« oder »Glaubensbekenntnis« zu reden, ist in all diesen Fällen unangemessen. Wenn ich behaupte, mein Glaube sei wahr, dann kann ich dies nur tun, wenn es eine Übereinstimmung gibt zwischen der christlichen Lehre und meinen eigenen Wahrheits- und Realitätserfahrungen. Paul Tillich wählte den Begriff der »Korrelation«, um diese Entsprechung zu kennzeichnen – eine gute Wahl, sieht man davon ab, daß es ein wenig so scheint, als sei das Geschehen auf der Erde ein vornehmlich intellektuelles Geschehen. Dabei ist in der Religion – siehe meine früheren Ausführungen – die intellektuelle Reflexion der Erfahrung stets nachgeordnet: Zuerst berührt uns das Göttliche, dann denken wir darüber nach. »Berührung« dürfte an dieser Stelle übrigens genau das richtige Wort sein. Ich bekenne mich zum Christentum, weil ich von seinen Symbolen berührt bin, weil die Realität, von der es spricht, mit den Erfahrungen übereinstimmt, die ich in der realen Welt in meinem persönlichen Leben mache. Die Realität »berührt« mich in dem, was ich unmittelbar erfahre, sie wirkt auf mich ein bis hin zur Verletzung. Dies dürfte die Bedeutung der klassischen protestantischen Formulierung sein, die da sagt, das Evangelium »überzeugt« uns; Alfred Schütz ist weniger nachdrücklich, meint aber dasselbe, wenn er ein »Aha-Erlebnis« konstatiert: Ich höre etwas, und was ich höre, stimmt mit dem überein, was ich als Realität erfahren habe – eine Übereinstimmung, die mich sagen läßt: »Ja, so ist es, so ist die Welt beschaffen!«

Wenn ich so spreche, heißt das nicht, daß ich mir meines Standorts in Raum und Zeit nicht mehr bewußt wäre. Ich lebe in einer bestimmten Kultur, habe eine bestimmte Biographie, gehöre einer bestimmten Klasse an usw. und ich weiß sehr gut, daß alle diese Spezifikationen meine Wahrnehmung von der Realität beeinflussen. Und trotzdem, wenn ich sage, daß ich etwas als real im Sinne von wahr erfahren habe, dann impliziere ich damit, daß die von mir in dieser Weise herausgehobene Realitätserfahrung (William James sprach von einem »accent of reality«) die Relativität meiner Situation aufhebt. Es ist meine Situation, die relativ ist; die Wahrheit ist es – per definitionem – nicht. Und so ist es dieses Wahrheitsbewußtsein, das den Maßstab abgibt, an dem ich die Behauptungen anderer auf ihren Wahrheitsgehalt überprüfe: Nicht so zu verfahren hieße meine eigene Erfahrung zu negieren oder zu bagatellisieren und damit zugleich den Wahrheitsanspruch anderer nicht ernst zu nehmen. So kann ich das christliche Credo und den islamischen Glaubensgrundsatz, daß es keinen Gott gibt außer Allah und daß Mohammed sein Prophet ist, ebensowenig gleichzeitig bejahen wie das christliche Credo und die Behauptung, es sei das Nichts der buddhistischen Erleuchtung, welches im Zentrum der Realität stehe. Ich muß nicht sagen, die Erfahrungen, die diesen anderen Behauptungen zugrunde liegen, enthielten keine Wahrheiten. Ich muß diese Behauptungen nur mit meinen eigenen Überzeugungen (Überzeugung im klassisch-protestantischen Wortsinn) vergleichen und sie für mich bewerten. Daß ich mit dieser Bewertung andere Überzeugungen meinen eigenen unterordne, bedeutet keinen Mangel an Respekt für diese anderen Überzeugungen; im Gegenteil, ich nehme sie absolut ernst – zu ihren Bedingungen und auf ihrer Ebene, d. h. in ihrem eigenen Wahrheitsanspruch.

Einfach ausgedrückt: Wenn ich behaupte, alle Religionen seien in ihrem Wahrheitsgehalt gleich, dann sage ich damit, daß es so etwas wie Wahrheit überhaupt nicht gibt. Ich kann diesen Schluß kaschieren, indem ich das Wort »Wahrheit« so umdefiniere, daß nichts, aber auch gar nichts mehr auf eine transzendente Realität verweist – wie geschehen in einer Vielzahl von modernen philosophischen, psychologischen und soziologischen Theorien, wo Wahrheit nichts ist als ein Symbol für diese oder jene immanente Realität. In Wirklichkeit ist es so, daß diese theoretischen Manöver ausgerechnet das Phänomen auslöschen, das sie angeblich erklären sollen. Beteiligten sich Theologen an diesen Exerzitien, so begehen sie eine Art von langsamem epistemologischem Selbstmord – ein

Schauspiel, das einer gewissen Komik durchaus nicht entbehrt. Wenn ich hingegen behaupte, die verschiedenen Religionen seien, was ihren Zugang zur Wahrheit anbetrifft, ungleich, dann muß ich notgedrungen mein eigenes Wahrheitsbewußtsein zum Maßstab für den Wahrheitsgrad der anderen Lehren machen. Ich kann nicht nachdrücklich genug betonen, daß ein solches Verhalten nicht in ethnozentrischer Arroganz oder Engstirnigkeit begründet ist. Es ist nicht mehr und nicht weniger als die notwendige Konsequenz der religiösen Grunderkenntnis, daß eine transzendente *Realität* existiert, und die empirische Anerkennung der Tatsache, daß es unterschiedliche, ja sogar gegensätzliche Darstellungen von dieser Realität gibt. An diesem Punkt angelangt, kann ich einen weiteren Schritt tun: Ich kann die Vermutung anstellen, daß die großen Traditionsströme, in denen sich Jahrtausende oder zumindest Jahrhunderte menschlicher Erfahrung und menschlichen Denkens niedergeschlagen haben, mit großer Wahrscheinlichkeit mehr sind als nur eine lange Geschichte von Illusionen und Sinnestäuschungen. Tue ich diesen Schritt, dann ergibt sich der nächste von selbst: die soeben kurz angesprochene vergleichende Bewertung von Wahrheitsansprüchen.

Da die Worte *behaupten* und *bewerten* auf theoretische Aktivitäten des Geistes verweisen, ist es wichtig, sich immer wieder klar zu machen, daß Religion nicht primär und in erster Linie eine Sache des Theoretisierens über die Welt ist: An erster Stelle steht immer die religiöse Erfahrung, erst danach kommt die religiöse Reflexion. Im Bestreben, andere Religionen kennenzulernen, kann man durchaus aufs Theoretisieren verzichten und statt dessen versuchen, soweit wie möglich an ihrer religiösen Praxis teilzunehmen. Das ist kein sinnloses Experiment, sondern ein in vielen Fällen erfolgreiches Unternehmen mit dem bisweilen beunruhigenden Ergebnis, daß die andere Erfahrung den, der sich ihr aussetzt, so stark berührt, daß er einige, ja vielleicht sogar sämtliche seiner früheren religiösen Überzeugungen revidiert.

So kann ich mich den Pilgern zugesellen, die sich in der Morgendämmerung am Fluß in Benares zusammenscharen, um in eine göttliche Unendlichkeit einzutauchen. Dabei kann ich zumindest schemenhaft von einer Welt Kenntnis erlangen, in der jeder Felsen, jeder Baum und jeder Wassertropfen von übernatürlichen Wesen durchdrungen ist. Ich kann mich an Meditationsübungen beteiligen, in denen die Erfahrung vom verlöschenden Selbst, wie die großen Mystiker sie gemacht haben, und sei es in abgeschwächter Form, nacherlebt wird von Menschen, die sich eingesogen fühlen in ein Meer von Herrlichkeit und Vollkommenheit, in eine endlose Stille, in der es kein Selbst und keine Götter gibt. Es ist ein Heiliger Feigenbaum in jedem von uns – oder in der Sprache jener Tradition: Jeder von uns kann den Körper Buddhas in sich selbst spüren. Ich kann mich auch jenen zugesellen, die in einer Moschee beten, und mich, und sei es noch so unzureichend, an der Unterwerfung unter die gebieterische Majestät jenes einen Gottes beteiligen, der unbarmherzig ist in seiner Rede, in seinem Willen und in seinen Geboten. Ich kann, während ich all das tue, jedes Reflektieren und Theoretisieren sein lassen. Ich möchte sogar noch weitergehen und sagen, daß es Anlässe gibt, bei denen eine solche Aussetzung aller intellektuellen Aktivität genau das ist, was verlangt wird. Aber auch in diesen Fällen gibt es den Morgen danach. Die Reflexion ist nun nicht mehr nur eine Option, sondern eine Pflicht, ein Muß. Ich erinnere noch einmal an Al-Ghazalis wundervolle Kennzeichnung der Vernunft als das Maß Gottes auf Erden: Ausgestattet mit der Gabe der Vernunft sind wir verpflichtet, sie zu gebrauchen. Am Morgen danach, wenn ich mich an die auf jenen anderen Pfaden zur transzendenten Realität gemachten Erfahrungen erinnere, komme ich nicht darum herum, mir meine alten Wahrheitsüberzeugungen ins Gedächtnis zu rufen, Vergleiche anzustellen und Bewertungen vorzunehmen. Im Klartext: Ich theoretisiere und »korreliere«, ganz wie Paul Tillich gesagt hat.

An diesem Punkt scheint mir eine große Herausforderung an das christliche Denken zu ergehen, und ich halte es für ein gutes Zeichen, daß eine wachsende Zahl von Theologen diese Herausforderung annimmt. Wie immer bei solchen Begegnungen besteht das beste Ergebnis nicht unbedingt darin, daß man den anderen, sondern daß man sich selbst besser versteht. Offensichtlich gibt es eine große Zahl von theoretischen Punkten, die sich im Sinne von theoretischen Erfordernissen aus der Konfrontation des christlichen Denkens mit nichtchristlichen Traditionen herauskristallisieren. Ich bin mir keineswegs sicher, wie und wo hier Prioritäten zu setzen sind; vermutlich hängt dies von der jeweiligen Situation derer ab, die theoretisieren – so dürften indische Christen andere Prioritäten setzen als ihre Glaubensgenossen in Japan, Afrika oder den westlichen Ländern. Ich kann hier nur drei dieser Punkte benennen; sie gerieten in mein Blickfeld, als ich mich in den vergangenen Jahren mit diesen Fragen beschäftigte, und ich nenne sie ohne jede Implikation von Priorität oder Exklusivität. Gemeint sind die drei Erfordernisse einer christlichen Theorie der *göttlichen Fülle*, einer christlichen Theorie der *Leere* und einer christlichen Theorie der *Offenbarungen*. In allen drei Fällen gehe ich davon aus, daß die erforderliche theoretische Arbeit nicht nur auf der Grundlage und in Übereinstimmung mit den christlichen Wahrheitsvorstellungen erfolgen muß, sondern *auch* in der Vorstellung, daß auch in anderen Glaubensauffassungen Wahrheit steckt. Mit anderen Worten, ich gehe von einer intellektuellen Anstrengung aus, die weder selbstzerstörerisch noch selbstverherrlichend ist.

Statt von einer christlichen Theorie der göttlichen Fülle zu sprechen, könnte man ebensogut von einer Theorie der mythologischen Matrix oder sogar von einer Theorie des Polytheismus reden. In diesem Zusammenhang ist es wichtig, auf jede Art von Fortschrittsbegriff bewußt zu verzichten – auf Vorstellungen, die besagen, diese oder jene Realitätsauffassung sei »unreif«, »obsolet«, stamme aus »den Kindertagen der menschlichen Gattung« usw. Gewiß, es gibt überzeugende Beweise dafür, daß bestimmte historische Bewußtseinsstufen in der Entwicklung jedes einzelnen Kindes repliziert werden. Doch sollten wir diese Belege nicht mit der Behauptung verwechseln, »wir Spätkömmlinge« oder »wir Erwachsenen« oder wie immer wir uns zu nennen belieben, hätten einen höherstehenden Status der Erkenntnis. Es ist durchaus möglich, daß das Menschengeschlecht in der Morgendämmerung seiner Geschichte über einen Zugang zur Realität verfügte, der später verloren ging, so wie es möglich ist, daß diese Realität in der Kindheit kurzfristig zugänglich ist, während sie danach in einem im wesentlichen traurigen Prozeß des Erwachsenwerdens verlorengeht. Träfe dies zu, dann könnte das, was wir gemeinhin als Fortschritt ansehen, tatsächlich die deprimierende Geschichte eines Verlusts an Erkenntnismöglichkeiten sein. Wäre ich ein polytheistischer Theoretiker, würde ich sagen: Die Götter, die einst zu uns sprachen, sind stumm geworden, sie reden nicht mehr. Vielleicht liegt es daran, daß wir so viel Lärm machen.

Die mythologische Matrix indes gehört ganz gewiß nicht der Vergangenheit an. Im Gegenteil, sie ist ein allzeit ergiebiger Nährboden für Verzauberung und Neuverzauberung. Ob es nur Illusionen sind, die auf diesem Nährboden gedeihen? Ich meine nein. Natürlich ist die christliche Lehre unumstößlich monotheistisch. Der Gott des christlichen Glaubens kann immer nur *ein* Gott sein, und es ist die Welt in ihrer Entität, die nach christlicher Auffassung von dieser allumfassenden *Einheit* Zeugnis ablegt. Das bedeutet aber nicht, daß das christliche Denken bestimmen könnte, wieviele Gesichter Gott annehmen darf, um sich den Menschen zu zeigen. Die Lehre von der Dreifaltigkeit ist ein klarer Beweis für die Überzeugung, daß Gott nicht nur ein Gesicht hat, ja daß er im wörtlichen Sinne mehr als eine »Person« ist. Aber auch andere üppig sprudelnde Belegquellen in der Geschichte des christlichen Denkens zeugen von einer theoretischen Beschäftigung mit dieser Thematik – angefangen vom Johannes-Evangelium im Neuen Testament über die verschiedenen Bewegungen des christlichen Neuplatonismus und die Mystik bis hin zur Ikonodulie im östlichen Christentum. Um dem ersten Gebot Folge zu leisten, braucht man das Universum nicht von jeder göttlichen Erscheinung, die nicht in den kanonischen Büchern verzeichnet ist, zu entblößen.

Ein Kernsatz könnte lauten: Der christliche Glaube hat ein *sakramentales Universum* im Blick.

Sakramente sind nach klassisch-christlichem Verständnis sichtbare Zeichen einer unsichtbaren göttlichen Gnade – Zeichen aber nicht nur im Sinne eines abstrakten Symbols (so wie die Unterschrift unter einem Dokument Einverständnis symbolisiert), sondern einer lebendigen, effektiven Präsenz (vergleichbar der Umarmung, die das Vorhandensein von Zuneigung anzeigt). Kein Christ, der nicht bestätigen kann, daß die Welt voll ist von solchermaßen konkreten Anzeichen für die Gegenwart Gottes; aber auch keiner, der nicht bestätigen muß, daß es unter diesen Zeichen auch falsche und irreführende gibt. Schon im Alten Testament taucht immer wieder die Frage auf, wie man zwischen falschen und wahren Prophezeiungen unterscheiden könne. Das dort verwandte Kriterium hilft uns auch weiter, denn es ist ein Kriterium der Folgerichtigkeit, der *Konsistenz*: Der Gott, der A gesagt hat, kann nicht auch B gesagt haben, wenn B dem Inhalt von A zuwiderläuft. So erschien es den Juden (in zunehmendem Maß, so darf man vermuten) als inkonsequent, daß der Gott, der sich dem Volk Israel in moralischen Geboten offenbart hatte, Menschenopfer verlangen sollte. Wenn dieser Gott Abraham daran hinderte, seinen Sohn Isaak zu opfern, dann gab der Glaube an ihn auch Kriterien an die Hand, mittels derer sich eindeutig feststellen ließ, daß gewisse angebliche Manifestationen göttlicher Fülle und Vielfalt in Wirklichkeit keine waren. So gesehen wird beispielsweise eine inklusivistische christliche Theologie keine Bedenken haben, die in Mittelamerika weitverbreitete Glaubensvorstellung, die Götter verlangten Menschenopfer, abzulehnen und als falsch zurückzuweisen. Steht diese Glaubensvorstellung im Zentrum jener religiösen Weltsicht, dann ist ihre sakramentale Qualität zumindest fragwürdig. Doch schließt dies die Möglichkeit, ja sogar die Wahrscheinlichkeit, daß andere Aspekte dieses (man könnte sagen) mittelamerikanischen Weges zur Transzendenz tatsächlich zur Wahrheit führen, keineswegs aus. Es gibt nach wie vor übernatürliche Erscheinungen über den verlassenen Pyramiden, sei's tief im Dschungel oder auf einsamen Sturmhöhen, und ich für meinen Teil kann mich nicht zu der Feststellung durchringen, sie seien nichts als Reminiszenzen jener menschlichen Qualen, die auf den Opferaltären hinausgeschrien wurden. Aber wie immer dem sei, es macht keinen Sinn, so zu tun, als mache der Dialog zwischen diesen Religionen eine christliche Theorie der heiligen Massaker der Azteken erforderlich. (Glücklicherweise finden die heutigen Konferenzen zur Pflege des interreligiösen Dialogs ohne aztekische Priester statt.

Nicht auszudenken, wie einige unserer multikulturell-sensiblen »Pluralisten« mit ihnen umgingen! Und doch erinnere ich mich, daß die gleichen sensiblen Herrschaften einen ernsthaften Dialog mit dem Marxismus führten, während mehr Menschen im Namen *dieses* Gottes geopfert wurden als durch die mittelamerikanischen Blutkulte über Jahrhunderte hinweg zu Tode kamen.)

Bonaventura, der mittels neuplatonischer Begriffe die Erfahrungen des Franziskus mit der katholischen Lehre in Einklang zu bringen suchte, sprach von Gott als der *fontalis plenitudo*, dem Füllhorn, aus dem all jene Wunder hervorquollen, die Franziskus in seinen mystischen Verzückungen erlebt und in sich aufgenommen hatte. Es ist eine schöne Metapher, nicht nur ihrer Poesie wegen, sondern auch, weil sie den Weg zur theoretischen Reflexion weist. Einer solchen Reflexion kommt in der heutigen Welt besondere Bedeutung zu. Mehr als eineinhalb Jahrhunderte sind moderne Religionstheorien durch Ludwig Feuerbachs Auffassung von Religion als einer Projektion menschlicher (»anthropologischer«) Interessen mesmerisiert worden; keine transzendente Realität versinnbildlichend, symbolisierte sie die höchst irdischen Gegebenheiten menschlicher Existenz. Nicht nur Marx, Nietzsche, Freud und Durkheim haben ihre Religionstheorien auf diesem Feuerbachschen Fundament aufgebaut; auch die neuere christliche Theologie erweist sich zum großen Teil als ein Versuch, von dieser Basis aus zu agieren. Dabei ist es wichtig zu sehen, daß das Feuerbachsche Konzept, aus der Theologie eine Anthropologie zu machen, nicht nur realisierbar, sondern bis zu einem gewissen Grad sogar richtig ist. In religiösen Ideen und Institutionen spiegeln sich tatsächlich eine Vielzahl sozialer und psychischer Interessen wider – die von den genannten Autoren untersuchten eingeschlossen. Doch gilt dies genauso für Ideen und Institutionen etwa der modernen Wissenschaft. Die Erkenntnis, daß Einsteins Relativitätstheorie eine Projektion des sozialen und intellektuellen Relativismus des frühen 20. Jahrhunderts in Deutschland war, enthebt uns noch lange nicht der Frage nach ihrem Nutzen bei dem Versuch, die Bewegungen der Galaxien zu erklären. Niemand, der eine Reduzierung der Astronomie auf Soziologie und Psychologie nicht als albern empfände; doch dürfte die gleichermaßen alberne Reduktion der Theologie auf diese Wissenschaften auch nur denen als minder lächerlich erscheinen, die sich von der Vorstellung, es könne eine transzendente Realität geben, bereits verabschiedet haben. Die Tatsache, daß viele zeitgenössische Theologen genau das getan haben bzw. tun, könnte für eine spätere Generation von Historikern der Geistesgeschichte durchaus zu einer Quelle der Heiterkeit werden.

Eine christliche Theorie der göttlichen Fülle wird (um eine berühmte Marxsche Formulierung zu paraphrasieren) Feuerbach auf den Kopf stellen: Das Symbolisierte wird zum Symbol. Das moderne Denken hat die Religion als ein Aggregat von Symbolen interpretiert; was symbolisiert wird, ist die empirische, genauer, die menschliche Welt. Eine sakramentale Sicht vom Universum zu entwickeln, heißt die Feuerbachsche Auffassung umzukehren (ohne ihren Nutzen für das Verständnis bestimmter empirischer Zusammenhänge zu leugnen). Es ist die empirische Welt in ihrer Gesamtheit, die nun als gigantisches Symbol ins Blickfeld rückt. Was sie, in Gestalt von zahllosen Bildfragmenten, symbolisiert, ist die leuchtende Realität, die hinter dieser Welt hervorscheint – christlich gesprochen, das Antlitz Gottes.

Wer nach einer christlichen Theorie der Leere verlangt, dürfte dies vor allem im Hinblick auf die Auseinandersetzung mit dem Buddhismus tun, speziell mit dem Mahayana-Buddhismus und seiner hochkomplexen und komplizierten Philosophie des Verlöschens *(nirwana)* oder der Leere *(shunyata)*. Tatsächlich gibt es gute Gründe, diese Theorie zu entwickeln, denn die Auseinandersetzung mit diesen Lehren dürfte für die christliche Theologie reiche Früchte abwerfen. Man könnte aber auch allgemeiner an eine Theorie denken, die alle Varianten jener sogenannten »Unendlichkeitsmystik« einschließt, bei der das Individuum erlebt und verspürt, wie sowohl sein Selbst als auch die Welt vergehen und es verschmilzt mit dem, was als die absolute Realität – beschrieben als totale Auslöschung und totale Seligkeit in einem – gilt. Die meisten buddhistischen Schulen begreifen diese Erfahrung als Bestätigung der Lehre vom Nicht-Selbst (im Pali Kanon *an-atta*), die behauptet, das Selbst sei letztlich nichts als eine Illusion. Was aussieht wie die gleiche Erfahrung, ist von anderen Schulen völlig anders interpretiert worden, so wenn in der upanischadischen Lehre das *brahman* und das *atman*, das heißt die Kernrealität des Universums und die Kernrealität des Selbst, letztlich eins sind. Diese Hindu-Version einer offensichtlich kulturübergreifenden Erfahrung ist klassisch auf den Begriff gebracht in der Formel »tat tvam asi« – *du* (das wahre Selbst) bist *jenes* (die göttliche Realität im Zentrum aller Realitäten). Sie taucht als Erfahrung – wenn auch in weniger philosophischen Lesarten – praktisch weltweit in allen Religionen auf, in denen das Transzendente in der religiösen Verzückung erlebt wird.

Aus Gründen, die auf der Hand liegen, ist eine Interpretation dieser Erfahrungen im Kontext der drei großen monotheistischen Religionen äußerst schwierig: Wie kann von einer Vereinigung mit einem ehrfurchtgebietenden Gott gesprochen werden, der sich als der Allmächtige offenbart und in Wort und Tat die Geschichte der Menschen lenkt? Nicht jede Mystik ist von der Art der (nicht-dualistischen) hinduistischen *advaita*-Philosophie, in der Selbst und Gottheit in der Ekstase eins werden. Die franziskanische Mystik ist nur eines von vielen Beispielen für eine völlig andere religiöse Erfahrung, bei der die Zweiheit von Selbst und Gottheit eindeutig erhalten bleibt. Aber wann immer jüdische, christliche oder mohammedanische Mystiker der »Unendlichkeit« nahe kamen, gerieten sie an die Schwelle zur Heterodoxie, was ihnen, falls sie dabei nicht direkt zu Fall kamen, oft genug schwere Unannehmlichkeiten mit ihren jeweiligen religiösen Autoritäten eintrug. So war die kühne mystische Theorie der kabbalistischen Safad-Schule den rabbinischen Wächtern der jüdischen Tradition höchst verdächtig; Meister Eckharts Lehren wurden von der Kirche verdammt (zu seinem Glück erst nach seinem Tode), und fast alle Sufis hatten ihre Konflikte mit den offiziellen Vertretern der mohammedanischen Orthodoxie. Ein paradigmatischer Fall ist der von al-Halladj, der in Ekstase durch die Straßen von Basra lief und dabei immer wieder ausrief: »ana'l-hagg.« Dem Buchstaben nach sagte er: »Ich bin die Wahrheit«; die religiösen Autoritäten deuteten seine

Worte jedoch – vermutlich zutreffend – als »Ich bin Gott« und ließen al-Halladj wegen Blasphemie töten.

Die klügeren Mystiker verzichteten darauf, ihre Erweckungserlebnisse allzu hörbar zu theoretisieren, und ersparten sich damit viele Probleme. Wo sie es dennoch taten, behalfen sie sich zumeist mit einer Variante der neuplatonischen Begriffskategorie von den göttlichen Emanationen. Isaac Luria und seine Schüler in Safad entwickelten die Lehre vom *tsimtsum*, einer Art Kontraktion, der zufolge Gott sein alles durchdringendes Wesen so zusammenzog, daß eine Leere entstand, aus welcher im Schöpfungsakt das Universum hervorgehen konnte. Die mystische Erfahrung versetzt das Individuum zurück in diese Leere, in jenen zeitlosen Augenblick, der darauf wartet, daß Gott sprechen und mit seinen Worten die Welt erschaffen wird. Nach Gershom Scholem sollte diese Lehre die Schule der jüdischen Mystiker davor bewahren, in einen Pantheismus zu verfallen, der sie über die Grenzen des Judentums hinausgetrieben hätte. Ganz ähnliche Ideen finden sich im Sufismus, so z. B. in den Schriften von al-Tustari (ich verdanke dieses Beispiel Gerhard Böwering), wo die mystische Erfahrung als eine Rückkehr zu dem urzeitlichen Augenblick vor der Erschaffung der Welt interpretiert wird, dem sogenannten »Tag des Bundes« zwischen Gott und allen menschlichen Seelen, die herbeigerufen werden, um Gott ihrer Treue und Ergebenheit zu versichern. Alle diese Theorien haben den Zweck, den Glauben an einen persönlichen Gott mit der Erfahrung von unpersönlicher Göttlichkeit in Einklang zu bringen; sie errichten eine Hierarchie der Bedeutungen, in der das Persönliche letztlich dem Unpersönlichen übergeordnet ist. Interessanterweise tauchen ähnliche Theorien auch im theistischen Hinduismus (wie z. B. in Ramanujas Interpretationen de *bhakti*) sowie in einigen chinesisch-buddhistischen »Schulen des reinen Landes« auf. Bei letzteren besteht das Problem in der Frage, wie kann die Verehrung der *boddhisattvas*, jener sehr persönlichen Erlöserfiguren, in Einklang gebracht werden mit der absolut transpersonalen Erfahrung der Erleuchtung.

Im Zentrum des christlichen Glaubens steht ein Gott, der zu den Menschen spricht. Jahwes donnernde Rede auf dem Berg Sinai zeugt ebenso von dieser Tatsache wie der johannitische *Logos*, das Wort, das vor der Schöpfung da war und in Christus Fleisch wurde. Da der »Mystizismus der Unendlichkeit« aber nicht in der göttlichen Rede, sondern in einem großen Schweigen erfahren wird, bleibt der christlichen Theorie keine andere Wahl, als die beiden Glaubensinhalte in eine Rangfolge zu bringen, die dem Wort und mit ihm der Rede Gottes einen höheren Stellenwert zuweist als seinem Schweigen. Nun kann die Leere der mystischen Erfahrung als ein Schweigen interpretiert werden, welches auf Gottes Wort wartet, als eine Leere, die deshalb selig macht, weil Gottes unermeßliche Schöpferkraft sie füllen wird.

Einer der klassischen Mahayana-Texte (Robert Thorman hat ihn unter dem Titel *The Holy Teaching of Vimalakirti* ins Englische übersetzt) beginnt mit der Schilderung einer Zusammenkunft von 32 000 Boddhisattvas, die verschiedene Aspekte dessen diskutieren, was Vimalakirti die »unfaßliche Befreiung« nennt. Jeder Boddhisattva repräsentiert ein »Buddha-Feld«, einen Kosmos, in dem er seine individuelle Erlöserkraft entfaltet, um mit ihrer Hilfe fühlende Wesen von Leiden und Tod zu befreien. Stellen wir uns vor, der Apostel Petrus hätte diesen Kongreß besucht und seine im vierten Kapitel der Apostelgeschichte wiedergegebene Predigt wiederholt, welche mit dem lapidaren Satz endet: »Und ist in keinem andern Heil, ist auch kein anderer Name unter dem Himmel den Menschen gegeben, darin wir sollen selig werden.« Müssen wir Petrus beim Wort nehmen und alle Erlösungsbestrebungen ins Reich der Illusion oder der Idolatrie verweisen? Oder ist es möglich, daß wir auf diesem Konklave von Erlösern plötzlich doch dem gegenüberstehen, mit dem Petrus am Ufer des Sees Genezareth eine so folgenschwere Begegnung hatte? Mir fällt an dieser Stelle ein Gedicht von Hölderlin ein, in dem dieser die griechischen Götter beschwört, in deren Bann er sich immer gezogen fühlte. Nachdem er auf den Spuren dieser Lichtgestalten die Landschaft der klassischen mediterranen Welt durchquert hat, bekennt der Dichter, daß er inmitten von all dieser Seligkeit jemanden vermißt, einen Menschen, in den er sich vor langer Zeit verliebt hat – in seinen Kindertagen, so dürfen wir annehmen, die er in einer physisch und spirituell völlig anderen Landschaft, in der Landschaft des schwäbischen Pietismus, verlebte. Wie kann ein deutscher Lutheraner mit Apollo konkurrieren? Gibt es eine Brücke, die Galiläa mit den gewaltigen himalayischen Bergen der indischen Erlösungslehre verbindet?

Wenn ich von der Erfordernis einer christlichen Theorie der Offenbarungen spreche, dann meine ich damit etwas anderes als die theoretische Reflexion der vorhin erörterten Frage der göttlichen Fülle. Womit ich mich bislang beschäftigt habe, war die vor allen Göttern und vor allen Erlösern existierende mythologische Matrix. Was mich nun interessiert, sind die Rupturen dieser mythologischen Matrix, die sich außerhalb des jüdisch-christlichen Offenbarungsstroms ereignet haben und die andere Erlöserfiguren hervortreten ließen. Im Zentrum des christlichen Glaubens stand – sozusagen naturgemäß – jene Einzelfigur mit Namen Jesus, in deren Leben, Tod und Wiederauferstehung der christlichen Lehre zufolge die erlösende Liebe Gottes sich ein für allemal offenbart hat. Daß angesichts der Leuchtkraft dieser Offenbarung eine andere Erlöserfigur, »ein anderer Name«, damals gar nicht in Betracht kam, ist nur natürlich. Aber wir sind nicht die Apostel. Was ihnen widerfuhr, liegt für uns weit zurück; und ich bin nicht davon überzeugt, daß ihre sinnlichen oder geistigen Wahrnehmungen für uns absolut verbindlich sind. Salopp ausgedrückt, es könnte ja sein, daß Petrus ein wenig übertrieben hat. Obendrein war das christliche Denken von Anfang an bestrebt, ein Bild vom Wirken Christi in der Welt zu lancieren und durchzusetzen, das über die kurze Lebensspanne des Jesus von Nazareth hinausreichte – wie geschehen in der johannitischen Lehre vom ewigen Wort Gottes, in der Entwicklung der Theorie des Heiligen Geistes und der Dreifaltigkeit und in den christologischen Kosmologien der Kirchenväter. Das alles sind Theorien; was ihnen jedoch zugrunde liegt, ist die Erfahrung einer erlösenden Kraft, die zu verschiedenen Zeiten und an verschiedenen Orten ihre Wirkung in der Welt entfaltet, einer Kraft, welche die Christen notwendigerweise mit dem Namen Jesu Christi identifizieren müssen. Es war diese Vorstellung, die das Christentum dazu veranlaßte, die gesamte religiöse Geschichte Israels gewissermaßen zu annektieren. Und doch war diese Annexion aus der Sicht der christlichen Lehre unvermeidlich – auch wenn wir uns heute zu Recht bemühen, ihre Aggressivität gegenüber dem Judaismus abzuschwächen. Die Frage, die uns deshalb im Moment heftig interessieren sollte, scheint mir die Frage zu sein, ob eine ähnliche theoretische Vorsicht nicht auch im Umgang mit den anderen großen Weltreligionen angezeigt ist.

Es hat in den letzten Jahren eine Reihe entsprechender Versuche gegeben. Ich erinnere an die Arbeit von John Hick. Aber auch Raymond Panikkars zahlreiche Schriften weisen in diese Richtung – an vorderster Stelle sein Buch *The Unknown Christ of Hinduism*, ein christologischer Kommentar zur Figur des Ishvara, des Schöpfer-Gottes verschiedener Hindu-Schulen. Und Kenneth Cragg, bekannt für seine Islaminterpretationen, ist gar (in *The Christ and the Faiths*) mit dem Vorschlag hervorgetreten, die kanonischen Bücher als ein »mediterranes Quellenbuch ... für eine Welttheologie« zu betrachten; im Klartext: Es gibt auch noch andere Quellen, Quellen, die außerhalb der jüdisch-christlichen Tradition liegen. Wenn ich hier sage, daß diese zum Teil wirklich mutigen und kühnen Bemühungen nur die ersten Schritte in dieser Richtung darstellen, heißt das nicht, daß ich sie deshalb geringschätze. Und der Gefahren eines unbedachten Synkretismus (um nicht zu sagen einer weichlichen Sentimentalität), die in einem solchen Unternehmen stecken, bin ich mir ebenfalls voll bewußt. Nichtsdestoweniger glaube ich, daß es eine immense Herausforderung ist, die hier schon bald auf die christliche Theologie zukommen wird.

Christ zu sein bedeutet, vom Antlitz Christi in einem solchen Maße gefangen zu sein, daß man nur noch beteuern kann, Gott spiegele sich in ihm. Wer dieses Antlitz einmal, und sei's noch so flüchtig, zu sehen bekam, wird immerdar nach ihm suchen. Federico García Lorca spricht in seinem »Poem über die Saeta« von dem braunen Christus (Christo moreno). Lorca sieht, wie »aus der Lilie von Judäa die Nelke von Spanien« wird, eine Wandlung, in deren Verlauf dieses Antlitz neue Farben und neue Formen annimmt. Das heißt, wir dürfen auch andernorts nach ihm Ausschau halten. Wenn Gott in Christus war, dann muß er überall sein, wo erlösende Kraft die Realität verändert. Dieser kosmische Christus, Retter dieser und aller möglichen Welten (die »unfaßbaren« der indischen religiösen Phantasie eingeschlossen), ist überall und ewig. Das ist es, was in der Einleitung zum Johannes-Evangelium gesagt wird, jener christlichen Lehre vom ewigen Wort Gottes, welches sozusagen die gesamte griechische Erfahrungswelt annektierte: »Im Anfang war das Wort, und das Wort war bei Gott; alle Dinge sind durch dasselbe gemacht und ohne dasselbe ist nichts gemacht, was gemacht ist.« Anders gesagt, das Wort kennt keine Grenzen in Zeit und Raum, Christus kennt keine Grenzen in Zeit und Raum: Er ist allgegenwärtig.

TEIL III

DIE KONSEQUENZEN DES GLAUBENS FÜR DEN GLÄUBIGEN

7

DIE FRAGE DER KIRCHENZUGEHÖRIGKEIT

Wenn jemand eine religiöse Haltung im Sinne der benannten christlichen Glaubensgrundsätze einnimmt, welcher der zahllosen christlichen Kirchen, Gemeinschaften und Bewegungen, die heute in einer verwirrenden Vielfalt die Szene bevölkern, soll er sich zurechnen? Muß er überhaupt einer Kirche angehören? Setzt der christliche Glaube die Gemeinschaft zwingend voraus? Die letzte und zugleich wichtigste Frage kann sowohl soziologisch als auch theologisch beantwortet werden. Die soziologische Antwort muß, aus Gründen, die wir sogleich darlegen wollen, eindeutig positiv ausfallen. Theologisch dürfte die Sache komplizierter liegen.

Aus soziologischer Sicht ist der Zusammenhang zwischen religiöser Erfahrung und religiösen Institutionen durchaus zwiespältig. Einerseits blieb religiöse Erfahrung ein hochgradig flüchtiges Phänomen, gäbe es keine Institutionen, die sie konservierten; allein die Institutionalisierung der Religion ermöglicht ihre Überlieferung von Generation zu Generation. Andererseits ist nicht zu verkennen, daß eine der zentralen Funktionen von religiösen Institutionen just darin besteht, die religiöse Erfahrung, und damit die angebliche Basis dieser Institutionen, zu entschärfen, sie harmlos zu machen und so letztlich zu verfälschen. Als eine Grundtatsache menschlichen Lebens betrifft der institutionelle Imperativ natürlich keineswegs nur die Religion. Nichts Menschliches vermag zu überleben, es sei denn in institutioneller Form. Wer so spricht, verwendet den Begriff der Institution in seiner gebräuchlichen soziologischen Bedeutung – als eine Einrichtung, die den Menschen

Denk- und Handlungsmuster vorgibt, die in einer bestimmten Gruppe von Personen von allen geteilt werden können. Solche normativen Muster ermöglichen es uns, die Intentionen der jeweils anderen Gruppenmitglieder zu erkennen, eine gemeinsame Basis für Vorhaben aller Art zu finden und jede neue Generation in eine allgemeine und damit allen gemeinsame Logik hineinwachsen zu lassen. Gäbe es keine Institutionen, wäre jedes menschliche Zusammentreffen ein neues und unberechenbares Ereignis – vergleichbar der ersten Begegnung von Adam und Eva am Anfang der Zeit. Institutionen, so hat Arnold Gehlen gesagt, »entlasten« uns – das heißt, sie ersparen es uns, die soziale Ordnung, wenn nicht gar die Welt selbst, bei jeder menschlichen Interaktion neu zu erfinden. Daß wir ohne einen sozialen, sprich institutionellen Bezugsrahmen, in den wir unsere persönlichen Erfahrungen einbetten können, selbst diese Erlebnisse kaum erinnern würden, hat Maurice Halbwachs überzeugend nachgewiesen. Die Menschen sind zutiefst soziale Wesen. Und das bedeutet, daß sie, um leben zu können, einer institutionellen Ordnung bedürfen.

Kehren wir für einen Moment zum Problem »des Morgens danach« zurück – zur Frage des Umgangs mit Transzendenzerfahrungen unmittelbar nachdem sie über uns kamen. Meine Vermutung ist, daß selbst die größten Virtuosen sich mit der Interpretation dessen, was ihnen widerfahren war, schwer taten. So suchte Paulus nach seiner Begegnung mit dem wiederauferstandenen Christus auf der Straße nach Damaskus Zuflucht bei der Christengemeinde jener Stadt; es dürfte hier gewesen sein, wo er damit begann, den Sinn dieses unerhörten Ereignisses zu ergründen. Und von Mohammed wird überliefert, er sei über den Engel, der auf dem Berg Hira zu ihm sprach, so maßlos erschrocken gewesen, daß er in Panik nach Hause rannte und seine Frau bat, ihn zu verstecken, damit der Engel ihn nicht ein zweites Mal finden könne – es dürfte das Gespräch mit dieser verständigen und tiefreligiösen Frau gewesen sein, in welchem er begann, über den Sinn seines Erlebnisses nachzudenken. Ein Soziologe könnte sagen, die erste mohammedanische Gemeinde habe aus nur zwei Personen bestanden, aus Mohammed und Chadidscha, wobei letztere, wenn es denn einen solchen Titel gäbe, als Mutter des Islam zu bezeichnen wäre. Bei genauem Hinsehen können wir feststellen, daß alle Mystiker nach einer Voraberklärung, in der sie verkünden, ihr Erlebnis lasse sich keinesfalls in Worte fassen, von dem, was sie erlebt haben, in einer Sprache berichten, die voll und ganz die Sprache ihrer speziellen religiösen Tradition ist, womit sie streng genommen die von ihnen gemachte Erfahrung *institutionalisieren*. Theresia von Avila glaubte, Jesus gesehen zu haben; daß sie, hätte sie in Indien gelebt, dem ihr erschienenen transzendenten Wesen einen anderen Namen gegeben hätte, ist eine Überlegung, die keinen besonderen geistigen Kraftakt erfordert.

Und was für die Virtuosen gilt, gilt erst recht für die Allgemeinheit – für den großen Haufen oder *hoi polloi* (die Vielen) des Religionsbetriebs, dem Transzendenz (wenn überhaupt) zumeist in einem institutionellen Rahmen von Anbetung und Belehrung begegnet. Kein Wunder, keine Engel, keine Verklärungen; nur ein schwacher Abglanz von Transzendenz in einem flüchtigen und zumeist einmaligen Erlebnis von etwas Wunderbarem: ein in Erinnerung gebliebener Sonnenuntergang, ein befreiendes Lachen, ein lange zurückliegender Augenblick in einer Kirche oder eine Textpassage, die man irgendwann gelesen hat. Unnötig zu sagen, daß derlei Erlebnisse sehr viel flüchtiger und weniger gewichtig sind als die gewaltigen Heimsuchungen, wie z. B. Paulus oder Theresia sie erfahren haben. Um ihnen einen Sinn verleihen und sie damit auch in Erinnerung behalten zu können, brauchen wir einen Bezugsrahmen, den wir im Normalfall der institutionalisierten Glaubenslehre entnehmen, in der wir (durch Geburt oder ein späteres Ereignis) verwurzelt sind. Religiöse Institutionen sind dazu da, die von ihnen vertretene Lehre in dieser Weise *verfügbar* zu machen. Sie machen es möglich, daß das Gründungserlebnis samt Botschaft vom Normalmenschen nachvollzogen werden kann, auch wenn das Urereignis viele Generationen zurückliegt. So kann man sagen, daß die religiöse Erleuchtung in einer ihr gemäßen Institution in des Wortes doppelter Bedeutung »repräsentiert« ist: Die Institution repräsentiert sie, indem sie sie symbolisiert, und sie re-präsentiert sie, indem sie ein lange zurückliegendes Ereignis in die

Gegenwart holt, um es hier und jetzt verfügbar zu machen. Ohne religiöse Institutionen gingen die Erleuchtungen auch der größten Propheten oder Mystiker spätestens dann verloren, wenn diese aus der Welt scheiden. In kurzen Worten: ohne religiöse Institutionen keine Geschichte der Religion bzw. keine Religionsgeschichte.

Religiöse Institutionen sind aber auch deshalb notwendig, weil sie es sind, die den Religionen eine Plausibilitätsstruktur verleihen. Dies gilt, wir weisen noch einmal darauf hin, allerdings nicht nur für religiöse Glaubenslehren; jeder Glaube bedarf eines solchen sozialen Rückhalts. Was man allenfalls sagen kann, ist, daß die Religionen seiner infolge des außerordentlichen und (für die meisten Menschen) metaempirischen Charakters ihrer Behauptungen in besonderem Maße bedürfen. Um mir ein Urteil über meine Mitmenschen bilden zu können, brauche ich – auch wenn ich täglich mit ihnen Umgang habe – den Beistand der Gesellschaft. Ohne diesen sozialen Rückhalt müßte das Vertrauen zwischen ihnen und mir in jedem einzelnen Fall, in jeder einzelnen Interaktion neu hergestellt werden. Nun habe ich die Götter aber niemals zu Gesicht bekommen; mein Bedarf an sozialer Unterstützung für meinen Glauben an sie ist folglich besonders groß, vor allem dann, wenn ich diesen Glauben laut bekunden soll. Und so kann der Soziologe es sich erlauben, das bereits erwähnte Diktum: »Kein Heil außerhalb der Kirche« etwas respektlos zu übersetzen in: »Keine Plausibilität ohne die richtige Plausibilitätsstruktur.« Dies gilt für alles, was Menschen plausibel (im Sinne von glaubhaft) erscheint – für den religiösen Glauben gilt es in verstärktem Maße. Aus dieser Perspektive ist die christliche Kirche in erster Linie der Ort, an dem Christen sich zusammenscharen, um sich wechselseitig zu versichern, daß sie recht haben, während alle anderen – Griechen, Juden, Mohammedaner oder Agnostiker – sich im Irrtum befinden.

Die Funktion religiöser Institutionen erschöpft sich jedoch nicht in der Bewahrung, Weitergabe und Glaubhaftmachung besonderer religiöser Erfahrungen; sie haben sie auch in geordnete Bahnen zu lenken. Daß im Zentrum der religiösen Erleuchtung das Außerordentliche steht, jenes Andere, das die für selbstverständlich genommenen Gewißheiten des Alltagslebens zerschlägt, haben wir bereits gesagt. Wäre es gestattet, sich solchen Erfahrungen unbegrenzt hinzugeben, dann würde ein normales Leben unmöglich. Anders ausgedrückt, die Religion ist eine stete Gefahr für die soziale Ordnung. Der Zweck von religiösen Institutionen besteht deshalb nicht zuletzt darin, diese Gefahr einzudämmen. Propheten oder Mystiker dürfen nicht länger frei und nach Belieben umherstreifen; die Institution setzt ihnen zeitliche und räumliche Grenzen, die religiöse Erleuchtung wird säuberlich *registriert* und planmäßig *segregiert*. Nur wenn sie solchermaßen zurechtgestutzt ist, verträgt sie sich mit dem normalen sozialen Leben; dann allerdings vermag sie es sogar zu legitimieren. Max Weber hat diesen Domestizierungsprozeß in seiner berühmten Charisma-Theorie sorgfältig analysiert und ihn mit dem deutschen Wort »Veralltäglichung« treffend gekennzeichnet: Was die Grenzen der Alltagswirklichkeit überschreitet, wird auf deren Terrain zurückgedrängt; was sich von Bekanntem und Gewohntem allzu heftig unterscheidet (oder zu unterscheiden scheint), wird seinerseits zur Alltagserscheinung gemacht. Religiöse Institutionen bedienen sich dieses Tricks wahrhaft gekonnt. So wird, wie die im Neuen Testament wiederholt geschilderten Reaktionen derer bezeugen, die Jesus Christus einst predigen hörten, das religiöse Urereignis seiner Rede als erschreckend und zutiefst bedrohlich erfahren: Sie waren erschrocken, bestürzt und offensichtlich tief beunruhigt. Das griechische Wort dafür lautet *thaumazein* und beschreibt die Reaktion auf ein magisches oder übernatürliches Geschehen. Generationen später kann ein Christ jene erschreckenden Reden in seiner Bibel nachlesen oder sie in der Kirche aus dem Munde des Priesters vernehmen, um dabei äußerstenfalls eine leichte Erregung zu verspüren – eine Erregung, die sich aber mühelos in die Gewohnheiten und Denkmuster des Alltagslebens integrieren läßt. Die Kirche sorgt dafür, daß nichts »Schlimmeres« passiert.

Eine gute Illustration dieses Prozesses liefert die Bibelforschung mit ihren Reflexionen über den Stellenwert der Prophezeiung im alten Vorderen Orient. Zwar lassen sich, vor allem was Israel angeht, unterschiedliche Sichtweisen ausmachen, doch gibt es eine herrschende Meinung, die das Phänomen institutionell erklärt.

Der biblische Terminus »Schule der Propheten« scheint auf eine solche Institution hinzudeuten – eine Institution, welche Menschen, die im Namen Gottes sprachen, an eine unter priesterlicher Herrschaft stehende heilige Stätte band. Man kann sich vorstellen, wie es zu dieser institutionellen Regelung kam. Gehen wir davon aus, daß die Propheten sich ursprünglich frei und ohne Einschränkungen bewegen konnten. Daß sie überall, d. h. auch an heiligen Stätten, auftauchen und ihre Botschaften, die sie in göttlichem Auftrag verkündeten, hinausschreien konnten, häufig, wenn nicht sogar immer, im Zustand der Besessenheit. Eine in höchstem Maße beunruhigende Situation. Priester sind dazu da, seelische Erregungen zu dämpfen. Wer weiß, welcher priesterliche Genius die aus heutiger Sicht auf der Hand liegende Lösung fand: Da wir diese Kerle nicht loswerden können, setzen wir sie einfach auf die Lohnliste, wir erlauben ihnen, ihr Geschäft dienstags und donnerstags von Mittag bis Sonnenuntergang zu betreiben, und weisen ihnen dafür einen Platz auf dem Hof vor dem Seiteneingang des Tempels an; so können wir sie stets im Auge behalten. Vielleicht können wir sogar Eintritt verlangen. Dieses Muster ist seit jener Zeit von den verschiedensten Priesterschaften erfolgreich praktiziert worden.

Es gibt »starke« und »schwache« Institutionen, eine Unterscheidung, die kein Werturteil enthält, sondern rein deskriptiv ist. Eine Institution ist stark, wenn die Internalisierung ihrer Verhaltens- und Denkmuster so weit fortgeschritten ist, daß diese für selbstverständlich, für offensichtlich genommen werden und deshalb allem Anschein nach auch nicht weiter reflektiert zu werden brauchen. Ein Soziologe würde sagen, daß eine solche Institution genau das tut, was Institutionen generell tun sollen, nämlich Individuen von der Last allzu vieler Entscheidungen befreien. Menschen, die in einem solchen institutionellen Kontext leben, können es sich leisten, »spontan« zu agieren, ohne von Selbstzweifeln oder Unsicherheit gequält zu werden. Eine schwache Institution »programmiert« zwar auch das Verhalten, tut dies aber im Gegensatz zur starken Institution viel weniger nachdrücklich. Der Grad der Internalisierung ist geringer, weil sie weniger tief geht; die für selbstverständlich genommenen Muster sind leichter aufzubrechen; Fragen aller Art tauchen auf. Die Folge: Die einzelnen Menschen fangen an zu grübeln, fühlen sich unsicher. Natürlich gibt es zwischen »starken« und »schwachen« Institutionen fließende Übergänge, aber je näher man einem der beiden Pole kommt, um so sichtbarer wird die Differenz.

Ein alter amerikanischer Witz mag den Unterschied erhellen: Zwei Freunde treffen sich irgendwo im Süden Kaliforniens auf der Straße. Der eine sieht sehr unglücklich aus und wird vom andern gefragt, warum er so traurig dreinschaut. »Ich habe einen Job gefunden. Einen fürchterlichen Job.« »Was ist denn so fürchterlich daran?« »Nun, hör dir an, was ich zu tun habe. Ich arbeite auf einer Orangenplantage. Dort sitze ich den ganzen Tag im Schatten unter einem Baum, und die anderen Jungen bringen mir Orangen. Ich sortiere die großen in einen ersten Korb, die kleinen in einen zweiten und die mittleren in einen dritten Korb. Und das tue ich den ganzen Tag.« Sein Freund sagt: »Ich verstehe nicht. Das hört sich doch gut an. Was stört dich denn an dieser angenehmen Tätigkeit?« »*Die vielen Entscheidungen*, die ich treffen muß!« lautete die Antwort.

Wer wissen möchte, was Modernisierung bedeutet, muß bei diesen institutionellen Unterschieden ansetzen. Sie sind es, die den Modernisierungsprozeß auf eine paradoxe Weise prägen: Während einige Institutionen ständig an Stärke zunehmen, werden andere immer schwächer. So sind die modernen großen Wirtschafts- und Staatsgefüge wahrhaft »starke« Institutionen. Nach ihrer eigenen, kaum zu durchbrechenden und häufig schwer verständlichen Logik handelnd, erscheinen sie denen, die in (oder unter) ihnen leben, als ungeheuer mächtig. Es ist diese Übermacht moderner Institutionen, die Marx vor Augen hatte, als er von »Verdinglichung« und »Entfremdung« sprach: Solche Institutionen gerieren sich als unabhängige Mächte – unabhängig vom Willen und Tun derer, die ihre Klientel bilden. Kein Wunder, daß diese Menschen sich ihnen hilflos ausgeliefert fühlen. (Marx irrte, als er dieses Charakteristikum speziell dem *Kapitalismus* zuschrieb, denn es betrifft die *Moderne* in einem viel allgemeineren Sinne. Inzwischen ist sichtbar geworden, daß sozialistische Institutionen als nichtkapitalistische Organisationsformen der Moderne sehr viel »verdinglichter« und »entfremdeter« sind als alles, was Marx kritisiert hat.) Gleichzeitig jedoch werden andere Institutionen immer schwächer. Generell davon betroffen sind all diejenigen Institutionen, die nicht Teil der wirtschaftlichen und politischen Megastrukturen sind. Institutionen also, die beispielsweise das Privatleben der Menschen regeln oder (um einen derzeit beliebten Terminus zu benutzen) in den Bereich der »Zivilgesellschaft« fallen und für Familienfragen, Sexualitätsmuster, zwischenmenschliche Beziehungen, Bildung und Erziehung, ästhetische Normen und Religion zuständig sind. In diesen Sphären findet ein Prozeß statt, den Arnold Gehlen (vielleicht etwas überzogen) mit dem Begriff »Entinstitutionalisierung« gekennzeichnet hat, ein Geschehen, welches die Menschen dazu zwingt, als Individuen darüber nachzudenken und zu entscheiden, wie sie diese Lebensbereiche organisieren wollen. Wie bereits dargelegt, spielt der Pluralismus eine wichtige (wenn auch nicht die alleinige) Rolle bei der Entstehung von »schwachen« Institutionen.

Die Situation, in die der einzelne Mensch durch die Entinstitutionalisierung gerät, ist, so Gehlen weiter, alles andere als einfach, denn sie bürdet ihm zu viele Entscheidungen auf. Es entsteht ein Zustand, der von den Soziologen als ein Zustand der *Anomie* oder Normlosigkeit bezeichnet wird – die Individuen müssen ohne starke soziale Bindungen und ohne klare Verhaltensregeln auskommen. Gehlen wußte auch einen Namen für den allgemein üblichen Ausweg aus dieser mißlichen Situation: »Sekundärinstitutionen« hieß die Lösung. Gemeint sind relativ schwache Institutionen zur Regelung von Lebensbereichen, die vordem von starken Institutionen dominiert wurden. Übersetzte man Gehlens Terminus technicus in die Umgangssprache, so könnte von »do-it-yourself-Institutionen« die Rede sein. Beispiel: Während des größten Teils der Menschheitsgeschichte war es der institutionelle Zusammenhang der Familie (oder allgemeiner, der Verwandtschaft) und damit die älteste und über Jahrhunderte hinweg »stärkste« Institution, welche die Muster der Kindererziehung verbindlich vorgab. Das heißt, wenn ein Kind geboren wurde, wußten die verantwortlichen Erwachsenen genau, was sie zu tun hatten. Ob, was sie taten, gut oder schlecht war für das Kind, steht hier nicht zur Debatte. Entscheidend an diesem Punkt ist, daß es keine Unsicherheit gab, keinen Reflexionsbedarf und keine Alternative. Ganz anders liegt der Fall heute in unseren hochmodernen sozialen Zusammenhängen. Ein Kind wird geboren, und kaum jemand weiß, was zu tun ist. Vor allem die Eltern wissen es nicht. Eher schon sind es deren Mütter, die, falls sie alt genug sind, um aus weniger modernen Verhältnissen zu stammen, feste Vorstellungen in dieser Frage haben. Aber diese Vorstellungen sind suspekt, gerade weil sie aus einer weniger modernen und deshalb weniger »aufgeklärten« Quelle kommen. Die jungen Eltern können sich an Angehörige ihrer eigenen Generation wenden, die möglicherweise schon Kinder haben, doch werden die Ratschläge, die sie bekommen, vielfältig bis zur Widersprüchlichkeit sein. Mag sein, daß besonders mutige Eltern sich angesichts dieser Schwierigkeiten tatsächlich für ein »do-it-yourself-Konzept« entscheiden, indem sie die Kindererziehung völlig neu erfinden und sich dabei von den jeweiligen Umständen anregen lassen. Die meisten modernen Eltern sind aber nicht so mutig (oder sie sind einfach zu beschäftigt). Und was ist dann? – Kein Problem, denn es gibt, sieh da, jene »Sekundärinstitution«, die darauf wartet, zu helfen! Es ist, in einem Wort gesagt, die Kindererziehungsindustrie. Sie besteht (insbesondere in Amerika) aus einem riesigen Netz von öffentlichen und privaten Organisationen einerseits und angeblichen Fachleuten in Gestalt von Betreibern von Kliniken, Personalvermittlungen, Kindertagesstätten und Kindergärten, Beratern und Therapeuten aller Art sowie hauptamtlichen Ratgebern bei den Medien andererseits. So gesehen war Dr. Benjamin Spock viele Jahre lang in und mit seiner Person eine Institution, die vermutlich mehr Autorität besaß als der Papst.

Doch das führt uns zurück zu unserem Hauptthema, dem Pluralismus; denn was diese Sekundärinstitutionen von ihren Vorläufern unterscheidet, ist ihre riesige Anzahl. Tatsächlich sind sie in kapitalistischen Gesellschaften so zahlreich, daß es einen Markt gibt, auf dem sie miteinander konkurrieren; und selbst in den nicht marktbestimmten Sektoren moderner Gesellschaften, d. h. auch und speziell in wohlfahrtsstaatlichen Organen, ist es so, daß verschiedene Experten- und Ratgebergruppen um die Gunst der Bürokratie und die zu vergebenen Steuergelder buhlen. Und so haben unsere frischgebackenen Eltern die Wahl zwischen Still- und Flaschennahrungsprogrammen, Füttern nach Bedarf und Füttern nach Plan, viel Zuwendung und Erziehung zur Eigenständigkeit, Betonung oder Nichtbeachtung der »Geschlechtsidentität« usw. Gemäß der dem Pluralismus inhärenten Logik müssen sie sozusagen wählen zwischen verschiedenen »Sekten« in Sachen Kindererziehung. Daß diese Sekten Institutionen sind, ist nicht zu bezweifeln, aber es sind schwache Institutionen.

Die Religion ist von diesem Prozeß der »Entinstitutionalisierung« aus vielen – von uns bereits genannten – Gründen nachhaltig betroffen. Um genau zu sehen, was passiert ist und weiter passiert, sollten wir von einem Schlüsselwort, dem eben benutzten Begriff der »Sekte«, Gebrauch machen, weil er die Szene schlaglichtartig erhellt. Wie H. Richard Niebuhr in seiner klassischen Schrift über die sozialen Ursprünge des Sektenwesens darlegt, verweist dieser Begriff auf das, was möglicherweise das Schlüsselphänomen in der amerikanischen Religionsgeschichte ist – das Phänomen des Pluralismus. Niebuhr definiert Sekte als eine Religionsgemeinschaft, die gewillt ist, nicht nur die de-facto-Existenz, sondern auch die Rechtmäßigkeit anderer Religionsgemeinschaften anzuerkennen. Diese Anerkennung ist den meisten Glaubensgemeinschaften, die sich in diesem Land ansiedelten, nicht leicht gefallen; doch sahen sich alle früher oder später gezwungen, sich mit der Realität des Sektenwesens abzufinden. Daß dem in den meisten Fällen keine moralische Bekehrung zur Toleranz zugrunde lag, braucht nicht betont zu werden. Eher schon war es der Zwang der Umstände, der dazu führte – zunächst, in der Kolonialzeit, die schiere Inhomogenität der Siedlerbevölkerung, später dann auch die Verfassung, die dem Zwang der Umstände den Zwang der Gesetze, d. h.

den Rechtszwang, hinzufügte. Doch wie wir gesehen haben, fordert diese Toleranz einen hohen Preis auf der Ebene des religiösen Bewußtseins. Institutionell gesehen wird die Religion zur »freiwilligen« und »privaten« Aktivität. Die Zugehörigkeit zu einer bestimmten Religionsgemeinschaft ist nicht mehr die selbstverständliche Frucht des Zufalls der Geburt. Das Individuum entscheidet selbst, welcher Gemeinschaft es angehören will; und selbst wenn es die Gemeinschaft ist, in die es hineingeboren wurde (immer noch der häufigste Fall), so weiß es doch, daß auch dies seine Entscheidung ist. Wichtiger noch, die Religion ist infolge der Säkularisierung fast gänzlich aus den starken Institutionen der Wirtschaft und des Staates vertrieben worden. Sie wird zur Privatsache – präzise ausgedrückt, sie fällt in den Bereich mit der größten »Entinstitutionalisierung«.

Der Einfluß des Sektenwesens im hier verstandenen Sinne auf die Frage der Kirchenzugehörigkeit ist zwiespältig. Zwar entspannt sich die Lage dadurch, daß die Entscheidung weniger zwanghaft ist. Doch ist dies insofern ein ambivalentes Ergebnis, als es viele Gründe gibt, dieses Resultat zu beklagen, und viele Gründe, darüber froh und dankbar zu sein. Ein Grund, weshalb der Entschluß, dieser oder jener Kirche beizutreten, heute eine weniger schwere Entscheidung ist, liegt offensichtlich darin, daß religiöse Überzeugungen im Wandel von der »Konfession« zur »Präferenz« oberflächlicher geworden sind. Niemand riskiert heute (um mit Luther zu sprechen) Haus und Hof, Weib und Kind oder auch seinen guten Ruf für das, was zu einer *Meinung* unter *Meinungen* geworden ist. Aus religiöser Sicht kann dies zwar als eine Verarmung, eine Trivialisierung erfahren werden; doch dürfte es schwer fallen, sich nach einem Zeitalter (wie dem Luthers) zurückzusehnen, in dem religiöse Differenzen mit dem Schwert ausgetragen wurden, in der Folterkammer und auf dem Scheiterhaufen. Schließlich ist es ebenso bedauerlich wie wahr, daß Menschen mit unerschütterlichen Glaubensvorstellungen eine Neigung zu solchen harschen Mitteln der Überzeugung haben. Ganz anders die Situation des Autors und der Leser dieses Buches, die in einer Demokratie leben. Sie können über ihre religiösen Optionen, die Frage der kirchlichen Bindung eingeschlossen, in aller Ruhe und in der Fast-Gewißheit nachdenken, daß ihnen, was immer sie beschließen, gerade deshalb nichts geschieht, weil sie in einer pluralistisch-demokratischen Gesellschaft leben. Es gibt andere Gesellschaften, in denen eine solche Trivialisierung der Religion auf eine sehr rabiate Weise verhindert wird; ist dies die Alternative, so ziehe ich für meinen Teil die Trivialität vor.

Die soziale Errungenschaft der religiösen Option hat dennoch ihren Preis, und ein Teil dieses Preises besteht in der bereits erwähnten Schwierigkeit, ein Leben in Ungewißheit führen zu müssen. Das Sektenwesen hat eine schale, oberflächliche Etikette entstehen lassen, deren Devise im Titel des klugen Buches von John Murray Cuddhihy über die gegenwärtige religiöse Szene in Amerika präzise eingefangen ist – er lautet: *No Offense*. Dieses Bekenntnis zur Belanglosigkeit ist das theologische Gegenstück zur Bitte um Entschuldigung dafür, daß man überhaupt lebt. Die Schwelle der Empörung auch über den ausgefallensten Blödsinn wird immer niedriger. Jedes noch so nichtige Thema wird ernsthaft diskutiert, in der akademischen Welt ebenso wie in den Medien. Kein Wunder, daß manche Menschen, nachdem sie lange genug fröhlich in diesem Morast von Relativitäten herumgewatet sind, in diesem oder jenem Fanatismus eine attraktive Alternative erblicken. Eine der großen Aufgaben des Pluralismus scheint mir deshalb in der Entwicklung einer religiösen Lebensweise zu bestehen, welche beide Alternativen, Relativismus wie Fanatismus, ausschließt.

Nun kann man gewiß sagen, daß der Zustand der christlichen Kirchen nicht überall der gleiche ist; vor allem in den Ländern der Dritten Welt, wo die Christen in der Minderheit sind, ist ihre Situation eine ganz besondere. Was jedoch Amerika angeht, so erweisen sie sich, zumindest aus dem hier angelegten Blickwinkel betrachtet, als wenig mitreißend. Die Frage, um die es geht, ist simpel: Welcher Kirche kann ein gläubiger Christ beitreten, dessen religiöse Position liberal ist (nicht in einem politischen Sinne, sondern im Sinne der altliberalen protestantischen Tradition), der aber nicht bereit ist, die diversen säkularen und säkularisierenden Programme mitzutragen, auf die große Teile des Protestantismus sich eingeschworen haben.

Ein solcher Christ sitzt, soziologisch gesprochen, zwischen zwei Stühlen – dem etwas müden sogenannten »Hauptstrom-Protestantismus« (sicher eine unscharfe Bezeichnung) auf der einen und der nach wie vor vitalen, ja vor neuer Lebenskraft geradezu strotzenden Evangelikalen-Bewegung auf der anderen Seite. Beide Strömungen sind angesichts der von uns konstatierten theologischen Verzerrungen wenig attraktiv. Der »natürliche« Platz eines solchen Christenmenschen wäre zweifellos irgendwo im Hauptstrom, welcher, soziologisch gesprochen, die episkopalen Sekten ebenso einschließt wie die lutherischen, auch wenn größere Gruppierungen innerhalb dieser Richtungen (im einen Fall die Anglokatholiken, im anderen die Missouri-Synode) sich bei dieser Zuordnung unbehaglich fühlen. Doch ist diese Welt des »Hauptstrom-Protestantismus« heute in einem solchen Maße säkularisiert, daß das Wort »Kirche« für viele der Gruppierungen, die hier zwar angesiedelt, in Wirklichkeit aber nichts anderes sind als freiwillige Vereinigungen zur Propagierung irgendwelcher politischer und psychotherapeutischer Programme, nur noch eine historische Bedeutung hat. Gewiß, man muß unterscheiden zwischen den konfessionellen oder interkonfessionellen Großorganisationen einerseits und den kleinen Ortsgemeinden andererseits, welche den Programmen und Manifesten, die von den nationalen Führungsspitzen konzipiert werden, wenig Beachtung schenken. Wenn man nur auf das schaut, was diese Führungsspitzen, angeblich im Namen ihrer gesamten Klientel, verlautbaren, kommt man zwangsläufig zu dem Schluß, daß die religiöse Welt nicht nur bis in die letzte Pore hinein politisiert ist, sondern daß ihre Politisierung eine äußerst enge, doktrinäre Politisierung ist. Einen alten politischen Spruch abwandelnd, könnte man sagen, daß es sich um den zum Gebet versammelten linksextremen Flügel der Demokratischen Partei handelt, wobei allerdings unklar bleibt, was unter »Gebet« in diesem Kontext zu verstehen ist. Gleichzeitig kann man in viele Kirchen gehen, die einer dieser nationalen Organisationen angegliedert sind, und dort an einem Sonntagsgottesdienst teilnehmen, ohne mit den von den Zentralen lancierten Programmen auch nur von Ferne Bekanntschaft zu machen. Tatsächlich ist es so, daß auf den Kirchenbänken nach wie vor Menschen sitzen, die von diesen Programmen glücklicherweise nie etwas gehört haben. Die Möglichkeit, eine solche Gemeindekirche zu finden und die Ohren vor der Propaganda der Großorganisationen entweder zu verschließen oder ihr Paroli zu bieten, bleibt natürlich bestehen. Es ist die sogenannte parochiale Option; »parochial« nicht abschätzig im Sinne von provinziell, sondern wörtlich im Sinne der Pfarrgemeinde, des Kirchspiels. Viele amerikanische Protestanten dürften diesen Weg gehen, allerdings nicht, ohne auch hier auf – mindestens zwei – Probleme zu stoßen: Erstens ist es vielerorts äußerst schwierig, überhaupt eine solche Kirche zu finden. Und zweitens zieht, im Falle der erfolgreichen Suche, die getroffene Entscheidung in der Regel eine Art von »innerer Emigration« aus der allgemeinen religiösen Szene nach sich, die vielen Gläubigen ein theologisches oder ein persönliches Unbehagen bereitet.

Wenn sich der protestantische Hauptstrom als energie- und kraftlos präsentiert, so vermitteln die Evangelikalen, zumindest auf den ersten Blick, den Eindruck von blühender Gesundheit. Der Geist der Überzeugung und des Selbstvertrauens ist nicht aus ihrer Welt gewichen. Die Kräfte der Säkularisierung werden, so gut es geht, draußen gehalten, und der Neuling wird mit Wärme und Enthusiasmus willkommen geheißen. Mag sein, daß dieses anfängliche Bild von Gesundheit etwas täuscht. Einiges deutet (wie in James Hunters Studien zu sehen) darauf hin, daß auch hier eine »kognitive Kontaminierung« stattfindet. Dennoch ist das Hauptproblem der einzelnen Gläubigen ein religiöses und theologisches Problem. Natürlich wäre das Gefühl, Teil einer tiefreligiösen, eindeutig christlichen Gemeinschaft zu sein, sehr viel angenehmer als das Bewußtsein von einer »inneren Emigration«. Und das Wissen, daß der Evangelikalismus im Unterschied zum »Hauptstrom-Protestantismus« eine immens erfolgreiche, ja die weltweit erfolgreichste religiöse Bewegung unserer Tage überhaupt ist, würde jenes angenehme Gefühl noch weiter verstärken. Aber die vor unserem liberalen Christenmenschen sich auftürmenden religiösen und theologischen Hindernisse sind gewaltig. Nicht nur müßte er einer langen Liste von kaum verdaulichen Behauptungen zustimmen, vom Grundcharakter der biblischen Texte angefangen bis hin zu den Details im Leben Jesu Christi; er müßte sich auch an einem sehr speziellen religiösen Leben beteiligen, dessen verschiedene Spielarten die Ekstasen der Pfingstbewegung ebenso einschließen wie den etwas gedämpfteren Emotionalismus der in den Südstaaten beheimateten Baptisten mit ihren Betfrühstücken. Als Evangelikaler »wiedergeboren« zu werden, ist für einen liberalen Protestanten kein leichtes Unterfangen. Glauben und tun zu müssen, was die evangelikale Orthodoxie vorschreibt, mag einigen, die sich genötigt sehen, aus religiösen Vereinigungen zu fliehen, in denen jede nichtfeministische Sprechweise Aggressivität auslöst, wo Predigten politische Tiraden und »Gebete« Präambeln zu Parteiprogrammen sind, und wo das Gemeindeleben eine Symbiose aus Aktivismus und Gruppentherapie darstellt, als das geringere Übel erscheinen. Viele theologisch Liberale sind es, wie die Fakten zeigen, nicht, die sich so entscheiden. Die plausiblere Lösung des Problems scheint darin zu bestehen, daß man sich *nicht* neu bindet.

Was wir hier beschrieben haben, das Wort von den »Optionen« zeigt es an, impliziert einen Käufermarkt der religiösen Institutionen. Dies ist keine neue Erkenntnis; Beobachter der amerikanischen religiösen Szene (mich eingeschlossen) sind bereits früher zu ihr gelangt, doch wurden ihre Auffassungen zumeist mit einem Unterton der Mißbilligung zur Kenntnis genommen. Sicher, es steckt eine gewisse Flapsigkeit in diesen Feststellungen, welche religiöse Sensibilitäten verletzt. Aber ist diese Haltung des Aussuchens und Auswählens, des Optierens für und gegen einzelne Kirchen, der »inneren Emigration« oder des totalen Rückzugs wirklich so verwerflich? Kehren wir zu der zuvor gestellten theologischen Frage zurück: *Muß* der christliche Glaube in Gemeinschaft mit anderen Menschen praktiziert werden? Und wenn ja, in *welcher* Gemeinschaft?

Die große Mehrzahl aller Christen hätte die erste Frage jederzeit und immer wieder mit einem donnernden »Ja« beantwortet. Von ein paar exzentrischen Häretikern abgesehen, durchzieht die christliche Geschichte in diesem Punkt eine fast völlige Einmütigkeit. Stellt man jedoch die zweite Frage, dann löst sich diese Einmütigkeit in einen Chor von widersprüchlichen und häufig mörderischen Ansprüchen auf. Der beständigste, am lautesten vorgetragene und wohl auch mörderischste war natürlich der Anspruch der römisch-katholischen Kirche. Eine jahrhundertelange institutionelle Geschichte bedeckt aber selbst die empörendsten Anmaßungen mit einer Patina der Plausibilität, und der römische Anspruch ist offensichtlich gar nicht so empörend. Nicht von ungefähr gibt es seit der Reformation immer wieder Menschen, die die protestantische Verwirrung und Unruhe fliehen, um sie gegen etwas einzutauschen, was ihnen als die ruhige Autorität Roms erscheint. Unglücklicherweise erfordert dieser Gang eine Reihe von intellektuellen und sozialen Opfern, die zu bringen nur wenige liberale Protestanten bereit sind. Dennoch, die Verhaltensanpassungen, die Rom verlangt, dürften – insbesondere seit der Lockerung der Disziplin nach dem Zweiten Vatikanischen Konzil – zumindest für Laien weniger beschwerlich sein als diejenigen, zu denen der Evangelikalismus zwingt. Rom kann sich neben der Tatsache, daß es eine kirchliche Gemeinschaft ist, schließlich auch als eine Kultur präsentieren, deren barocker Glanz wenig Konkurrenz etwa von seiten einer südstaatlichen baptistischen Subkultur zu befürchten hat. Die erforderlichen intellektuellen Opfer sind allerdings erheblich. Gerade wegen seines kultivierten Intellektualismus war Rom besonders geschickt darin, unterschiedliche Sichtweisen und Standpunkte unter einen Hut zu bringen – solange eines außer Frage stand: die Anerkennung der eigenen Autorität. Der römische Katholizismus steht und fällt mit seinem Autoritätsanspruch. Ihn anzuerkennen erfordert jedoch eine enorme Glaubensanstrengung, einen kontraempirischen Glaubensakt hinsichtlich der Vorstellungen Jesu Christi von der Zukunft seiner Bewegung, der Rolle von Petrus und den ersten Bischöfen von Rom und – wichtigster Punkt – von der Präsenz Gottes in der menschlichen Realität.

Wenn man die Ursprünge des Christentums, das verfügbare Geschichtswissen nutzend, durch die historische Brille betrachtet, dann sind die empirischen Voraussetzungen des römischen Autoritätsanspruchs im besten Falle äußerst fragwürdig. Wenn überhaupt, so dürfte es nur wenige theologisch unabhängige Historiker geben, die aus dem vorhandenen Belegmaterial den Schluß ziehen, Jesus habe eine Organisation schaffen wollen, die, und sei's auch nur von Ferne, der späteren Urkirche glich – oder gar, er habe Petrus eine besondere Autorität verliehen, bestimmte Sakramente institutionalisiert oder die Anweisung zur Bekehrung der ganzen Welt gegeben. Auch der Status des Bischofs von Rom zu Beginn der christlichen Geschichte ist heftig umstritten – wobei völlig unklar ist, was ein generell akzeptierter Primat anderes beweisen würde als die Vorherrschaft der Metropole des Römischen Reiches. Aber eine theologische Position, wie ich sie in den Anfangskapiteln zu skizzieren versucht habe, dürfte große Mühe haben, die Vorstellung in ihr Konzept zu integrieren, Gott wirke auf Erden ausschließlich oder auch nur vornehmlich durch eine Organisation, die in juridischen Termini definiert werden könne. Wer *dies* glaubt (und damit das akzeptiert, was die Evangelikalen uns glauben machen wollen), muß an eine göttliche Offenbarung glauben, die sehr viel klarer, sehr viel eindeutiger ist als die ungenauen Andeutungen, die den meisten von uns zuteil werden. Gewiß, so wie der Glaube an den christlichen Gott einen Glaubensakt voraussetzt, so kann es auch einen Glaubensakt zugunsten spezieller christlicher Kirchen wie z. B. der evangelikalen Kirche geben. Doch sehen viele von uns (verstockten) protestantischen Liberalen den zweiten Schritt als eine Zumutung an. Da sämtliche historischen Glaubensbekenntnisse den Glauben an die Kirche bekräftigen, kann man sich dieser Bekundung anschließen, ohne eine genaue juridische Definition des Standorts dieser Kirche im trüben Strom der menschlichen Ereignisse vornehmen zu müssen.

Wenn die christliche Lehre wahr ist, dann ist das Universum eine riesige Liturgie zur Lobpreisung seines Schöpfers. Es wurde für diesen Zweck geschaffen, und es *ist* dieser Zweck. Diese Liturgie schließt alle Menschen ein, die ein solches Weltverständnis haben, und sie schließt (in der »inklusivistischen« Version religiöser Pluralität) auch diejenigen ein, die Gott unter anderen, sprich fremden

Namen lobpreisen. Die kosmische Liturgie umfaßt die Lebenden und die Toten, die Engel und alle in dieser oder anderen Welten beheimateten Wesen. Wenn die christliche Lehre wahr ist, dann muß derjenige, der von dieser Wahrheit überzeugt ist und sie bekräftigen will, sich der Gemeinschaft, die ihr Lob singt, anschließen. Diese Gemeinschaft muß auch in der Menschenwelt konkrete Formen annehmen, das heißt, es muß Orte geben, an denen die Gläubigen sich versammeln, Kultstätten, an denen sie Gott mit den ihnen zur Verfügung stehenden Mitteln lobpreisen. Anders ausgedrückt, die kosmische Gemeinschaft zur Lobpreisung Gottes muß empirische Beweise ihrer Existenz liefern. Was die christlichen Liberalen nicht nur von den Katholiken, sondern auch von jeder anderen Orthodoxie trennt, ist das hohe Maß an Spezifität, das die Strenggläubigen diesen empirischen Existenzbekundungen aufzwingen möchten.

Paul Tillich sprach vom »protestantischen Prinzip«, um das Beharren der Reformatoren darauf zu kennzeichnen, daß die je existierende Kirche nicht verabsolutiert werden dürfe, sondern immer reformbedürftig bleibe (*ecclesia semper reformanda*). Verglichen mit der juridischen Ekklesiologie Roms stellt dieses protestantische Prinzip eine beträchtliche Relativierung der Kirche in ihrer bis dahin geltenden Form dar. In lutherischer Sprache: Die Grenzen der Kirche können nicht in einer abstrakt juridischen Weise gezogen werden, denn sie liegen – zumindest sehr viel eher – dort, »wo das Evangelium in der richtigen Weise verkündet und die Sakramente in der richtigen Weise gespendet werden«. Unnötig zu sagen, daß das Wort »richtig« die Geschichte der lutherischen Lehre insofern nachhaltig beeinflußt hat, als es einen zwar anderen, letzten Endes aber nicht weniger juridischen Weg zur Festlegung der konkreten Grenzen der Kirche wies. Der protestantische Liberalismus hat, so kann man wohl sagen, diese Relativierung weiter vorangetrieben. Sein Verständnis davon, wie die zum Lobe Gottes angetretene Gemeinschaft der Außerirdischen mitsamt den vielen Erzengeln eine Heimstatt in der irdischen Welt finden könne, ist sehr viel lockerer, sehr viel weniger konkret. Meines Erachtens könnte man bei der alten lutherischen Diktion bleiben, man bräuchte das heikle Wort »richtig« nur mit einer liberaleren Interpretation zu versehen. Man könnte zum möglicherweise besseren Verständnis aber auch noch eine andere lutherische, ursprünglich auf die Sakramente gemünzte Formulierung heranziehen.

In Differenz zu den Schweizer Reformatoren und zu Rom vertraten die frühen Lutheraner die Auffassung, Christus sei beim Heiligen Abendmahl gegenwärtig »in, mit und unter« den empirisch vorhandenen Elementen des Brotes und des Weines. Das in den Auseinandersetzungen mit dem Protestantismus nochmals geschärfte Verständnis Roms von der Eucharistie war ein völlig anderes. Die römische Kirche sah das Abendmahl als eine übernatürliche Verwandlung von konkreten Stoffen an, ein Geschehen, das in dem Begriff »Transsubstantiation« in sehr treffender Weise eingefangen ist. Nicht so die Schweizer, für sie war die Eucharistie reine Symbolik, ein Gedenken an das, was geschah, als Jesus mit seinen Jüngern zum letzten Mal speiste. Was meine Person angeht, so scheint mir die Anwendbarkeit der lutherischen Formel sehr viel breiter. Das Nachdenken über die Präsenz Gottes in der empirisch-irdischen Welt und in der Gemeinschaft, der er sich in Christus offenbart hat, wird mit ihrer Hilfe leichter.

Man kann die Kirche als ein Wunder begreifen. Tut man es, dann braucht man deshalb aber noch lange nicht die Augen zu verschließen vor den oftmals unerquicklichen konkreten Erscheinungen, die eine im Grunde wundervolle Realität zeitigt. Man könnte im Gegenteil sogar sagen: je garstiger die konkreten Manifestationen, desto wunderbarer das Wunder. So brauchen die unappetitlichen Tatsachen des Borgia-Vatikans, Torquemadas und der Inquisition sowie einer langen Reihe trunksüchtiger Bischöfe, geistesschwacher Theologen und krimineller Päpste den Glauben des frommen Katholiken, daß Gott trotz alledem diese spezielle Gemeinschaft dazu ausersehen habe, den Schlüssel zur Erlösung solange zu verwahren, bis Christus im Triumph auf die Erde zurückkehre, nicht zu unterminieren. Um das Wort in einem zunächst nicht vorgesehenen Sinn zu gebrauchen, ein solcher Glaube »transsubstantiiert« die Welt. Er postuliert den Primat des Unsichtbaren selbst im Hier und Jetzt einer bislang nur partiell erlösten Welt. Die sichtbare Welt (des Brotes und des Weines, der Päpste und der Kardinäle) erscheint unverändert; aber das ist nur der äußere Schein: Hinter der sichtbaren Fassade hat sich ein großes Wunder ereignet, und es ereignet sich vermittels der Kirche immer wieder von neuem. Dieses Wunder wurde von Jesus erstmals ins Werk gesetzt und über die Apostel weitergegeben an eine lange, bis in unsere Tage sich fortsetzende Kette von Bischöfen (unter denen der Papst eine Vorrangstellung innehat).

Im Gegensatz dazu kann man in »Schweizer« Manier in der Kirche auch eine rein empirische Erscheinung sehen, eine Ansammlung von Menschen, die eine spezielle Tradition in der Intention wachhalten, sich wechselseitig in ihrem Glauben zu bestärken und vielleicht auch zu inspirieren. Ein solches Verständnis braucht nicht säkularisiert zu werden (selbst die radikaleren Schweizer Protestanten sahen keine Veranlassung, es zu tun), wiewohl man feststellen kann, daß diese Säkularisierung heute des öfteren stattfindet. Die wachgehaltene Tradition darf alles sein – nur nicht antiklerikal; Gebete und Predigten können so viele Verweise aufs Übernatürliche enthalten, wie sie wollen. Der Status der konkreten Gemeinschaft dieser Christen ist dennoch einzig und allein ein soziologischer Status. Paradoxerweise hat ein solches Kirchenverständnis *weniger* Toleranz für die menschlichen Schwächen zur Folge als die katholische Kirchenauffassung – und nicht etwa mehr, wie man zunächst erwarten würde. Bei einigem Nachdenken löst sich dieses Paradox allerdings auf. Wenn man an die Kirche als ein Wunder glaubt, dann sind die Fehler und Schwächen der für sie verantwortlichen irdischen Menschen durchaus zu verkraften. Wenn sie hingegen als eine Ansammlung von hochgesinnten Personen gilt, die sich auf keine wunderbaren Ereignisse berufen und stützen können, dann sollten sie entweder wirklich hochgesinnt sein, oder das ganze Unternehmen verliert seine Glaubwürdigkeit.

Wenn man die lutherische Formel auf die Kirchenfrage anwendet (in einer zugegebenermaßen liberalen Tonart, die ihre Erfinder gewiß schockiert hätte), dann gelangt man zu einer Position, die in etwa in der Mitte liegt zwischen den Wundergläubigen einerseits und den »Soziologen« andererseits. Die ersteren verlangen uns zuviel Glauben ab, die letzteren zuwenig. Alle Fehler und Schwächen Roms im Namen einer Autorität zu akzeptieren, deren historische Ansprüche zweifelhaft sind und deren gegenwärtige Realität äußerst problematisch ist, ist zuviel verlangt. Wer andererseits das Christentum seiner kosmischen Bezüge beraubt, die verheißene Erlösung als eine rein irdische Angelegenheit und die konkret sichtbare Christengemeinschaft als bloßes soziologisches Phänomen begreift, verharmlost seine Bedeutung nachhaltig. Es ist möglich zu glauben, daß Christus in der Kirche gegenwärtig ist »in, mit und unter« ihren oftmals deprimierenden empirischen Elementen. Das Brot ist altbacken, und der Wein ist sauer. Hier geschieht kein Wunder, passiert keine Transsubstantiation. Und doch findet sehr viel mehr statt als eine Gedenkfeier. Es gibt eine wirkliche Beziehung zu den Engeln, zu einem kosmischen Chor, der sich durch alle Sterne hindurch und über sie hinaus in Wirklichkeiten aufschwingt, die weit jenseits unseres Fassungsvermögens liegen. Daß die irdischen Entwürfe dieser ewigen Liturgie unterschiedliche Formen annehmen, unterschiedliche Sprachen sprechen und bisweilen wenig Ähnlichkeit mit den großen historischen Traditionen des christlichen Glaubens haben können, braucht nicht extra betont zu werden.

Die Antwort auf die Frage, *welcher* Kirche man beitreten sollte, bleibt so gesehen unbestimmt. Es gibt keine autoritative Antwort, die für jeden Menschen Gültigkeit besäße. Protestantisch gesprochen – um noch einmal diese Tradition zu bemühen – könnte man sagen, daß Kirchenzugehörigkeit eine Sache der »Berufung« ist, eine Frage dessen, wozu man sich persönlich und als Individuum aufgerufen fühlt. Berufungen differieren. Es kann eine legitime christliche Berufung sein, in der eigenen ursprünglichen Gemeinde zu bleiben, selbst wenn diese Gemeinde sich zu einem wenig attraktiven Ort entwickelt hat. Es kann aber ebenso legitim sein, die bisherige kirchliche Bindung zu lösen, um eine neue einzugehen, die mehr Freude und weniger Frustration verspricht. Man kann sich ebensogut zur inneren Emigration aufgerufen fühlen wie (Simone Weil hat ein beredtes Zeugnis davon abgelegt) zum einsamen Außenseitertum. Berufungen sind per definitionem relativ. Diese Relativierung weist tatsächlich eine eigentümliche, vielleicht sogar beunruhigende Affinität zu den soziologischen Gegebenheiten des modernen Pluralismus auf. Was ich hier sagen möchte, ist, daß wir uns davon nicht allzusehr verwirren lassen sollten. Es ist eine alte, ja sogar orthodoxe christliche Erkenntnis, daß Gottes Wege häufig rätselhaft (»wunderbar«) sind. Wenn Gott sich in alter Zeit der Assyrer und ähnlich unangenehmer Vermittler bediente, dann ist durchaus vorstellbar, daß er heute die sozialen und mentalen Strukturen einer pluralisierenden Konsumkultur zu seinem Werkzeug macht.

8

DAS PROBLEM MORALISCHEN HANDELNS

Der Pluralismus macht alle Gewißheiten zunichte. Es dürfte jedoch die Sphäre der Moral sein, in der sich dies am nachhaltigsten und nachteiligsten bemerkbar macht; schließlich gibt es kaum eine menschliche Handlung, in die nicht irgendwelche moralischen Erwägungen einflößen. Vielen Menschen gelingt es, im Alltag die sogenannten »tieferen« Fragen beiseite zu schieben und sich so gegen die Krise abzuschotten, in die der Pluralismus die Religion gestürzt hat. Sich der Moralfrage in gleicher Weise zu verweigern, ist sehr viel schwieriger. Was den religiösen Pluralismus anbelangt, so kommt die amerikanische Gesellschaft als Ganze trotz der von uns aufgezeigten Spannungen und Unzufriedenheiten damit inzwischen ganz gut zurecht. Was ihr hingegen erheblich zu schaffen macht, ist der moralische Pluralismus, der im Moment lautstark in den Vordergrund tritt. Die Abtreibungsdebatte wirft ein grelles Licht auf diese Schwierigkeit. Völlig zu Recht sehen sämtliche Parteien die Streitfrage als ein zutiefst moralisches Problem an. Umfragedaten zu diesem Thema sind unzuverlässig, weil viel mehr als sonst üblich davon abhängt, wie die Fragen gestellt sind. Dennoch kann kein Zweifel daran bestehen, daß ein erheblicher Teil der amerikanischen Bevölkerung Abtreibung mit Tötung gleichsetzt, während ein anderer, ebenfalls erheblicher Teil ein fundamentales weibliches Menschenrecht darin erblickt. Kein Wunder, daß der Streit von beiden Seiten mit großer Heftigkeit geführt wird und ein Kompromiß, jene große pluralistische Tugend, bislang nicht recht vorstellbar ist. Der Streit veranschaulicht zugleich die Verknüpfung zwischen den religiösen und den moralischen Dimensionen des Pluralismus, denn prominente Gläubige und Kleriker sind auf beiden Seiten der Kampflinie zu finden. Und trotzdem herrscht generell die Erwartung vor, die Religion werde letztlich doch eine klare moralische Leitlinie vorgeben, die uns davor bewahre, in den Relativierungen des Pluralismus unterzugehen. Die Religion ist für viele Menschen nach wie vor die glaubhafteste Instanz für die Aufstellung moralisch verläßlicher Wegweiser im Irrgarten eines pluralistischen Zeitalters.

Hinter dieser Erwartung steckt ein traditionelles Verständnis vom Zusammenhang zwischen Religion und Moral, demzufolge die letztere von der ersteren abhängig ist. Die Moral, so die Vorstellung, leitet sich von der Religion her. Stärker zugespitzt: Als verläßliche Basis für die Moral kommt *einzig und allein* die Religion in Betracht. Eine darüber hinausgehende, ebenfalls traditionelle christliche Spezifizierung dieser Auffassung besagt, allein das Christentum sei imstande, ein solches verläßliches Moralsystem zu liefern. Daß die Moralprinzipien, nach denen gelebt werden soll, von Konfession zu Konfession und von Sekte zu Sekte stark differieren, kann nicht verwundern; tatsächlich reichen sie von Naturrechtsvorstellungen über den fundamentalistischen Glauben, daß die Bibel ein klares Moralgesetz beinhalte, bis hin zu der liberalen Idee von einer christlichen Ethik, die immer »kontextuell«, d. h. vom Zusammenhang abhängig sei. Kurioserweise gehen alle diese Positionen trotz vieler Differenzen von der gleichen Grundannahme aus – der unauflöslichen Verknüpfung von Religion und Moral.

Um es noch einmal zu sagen, es gibt ein Paradox. Es stimmt, daß Religion und Moral miteinander verkoppelt sind. Schaut man sich die Moralsysteme quer durch die Menschheitsgeschichte an, dann zeigt sich, daß die meisten von ihnen (genau betrachtet fast alle) religiös begründet sind. Die Menschen lernten, dieses zu tun und jenes zu lassen, *weil* die Anweisungen dafür von den Göttern herstammten oder, etwas abstrakter, von einer göttlich begründeten universellen Ordnungsinstanz. Es stimmt jedoch nicht, daß Religion und Moral zwangsläufig miteinander verkoppelt sind. Eine

Analyse des Wesens der religiösen Erfahrung (ich stütze mich wiederum auf Rudolf Otto) zeigt, daß ihr innerster Kern mit Moral nicht das Geringste zu tun hat. Alle Moral ist auf die Realität des Alltagslebens ausgerichtet; die religiöse Erleuchtung transzendiert diese Realität in radikaler Weise, ihr Orientierungspunkt ist eine *andere* Realität, eine Realität, in der – per definitionem – irdische Moralprinzipien und -gesetze bedeutungslos sind.

Das Paradox löst sich auf, wenn man den Blick auf den Zusammenhang zwischen (den von mir so genannten) normativen und kognitiven Realitätsdefinitionen richtet. Die ersteren sagen uns, wie wir handeln sollen, die letzteren, wie die Welt realiter beschaffen ist. Ich glaube, man kann zeigen, daß alle normativen Definitionen an spezielle kognitive Definitionen gekoppelt sind. Zum Beispiel: Das vermutlich älteste Moralprinzip der Welt, das Inzesttabu, ist seiner allgemeinen Definition nach eine Norm, die mir sagt, daß ich eine nahe Verwandte nicht heiraten darf. Aber wer ist eine »nahe Verwandte«? Es kann, je nach Gesellschaft, eine Kusine fünften Grades sein. Um dieser Norm entsprechen oder ihr zumindest einen Sinn abgewinnen zu können, muß ich wissen, *wer* überhaupt meine Kusinen fünften Grades sind. Mit anderen Worten, die normative Definition »Inzest ist Unrecht« stützt sich auf ein Set von kognitiven Definitionen über das Wesen von Verwandtschaft, denen ihrerseits weitere kognitive Definitionen zugrunde liegen, in denen das Wesen des Menschen, die Sozialordnung, in der er lebt, und vielleicht sogar die Grundstruktur des Universums erklärt sind. Ein weiteres Beispiel: Abtreibungsgegner sagen, alles Leben sei heilig: Befürworter einer freien Entscheidung sprechen von dem heiligen Recht einer jeden Frau, über ihren Körper selbst zu bestimmen. Dabei setzen beide normativen Aussagen kognitive Postulate voraus, ohne die sie keinen Sinn machen. Das Postulat der Abtreibungsgegner besagt, ein sechs *Tage* alter Fötus ist ein Mensch, der vollen Anspruch auf den Schutz des Gesetzes hat; das Postulat derer, die die Abtreibung freigeben wollen, lautet, ein sechs *Monate* alter Fötus ist nur ein Teil eines weiblichen Körpers. Beide Positionen basieren auf spezifischen Annahmen, die eher kognitiv als normativ oder moralisch sind, Annahmen in bezug auf das, was *ist*, und nicht auf das, was *sein soll*. Wie dieses Beispiel zeigt, wird jede Debatte über Moral so lange fruchtlos bleiben, wie keine Einigkeit über die Realitäten besteht, auf die die Moral sich bezieht.

Religion erklärt und definiert das Wesen von Realität. In diesem Sinne ist sie *kognitiv*, denn sie sagt uns, was *ist*. Aber nicht nur das, ihre Definition von Realität ist auch die weitest mögliche, denn sie schließt alles ein, was ist, natürlich auch die Realitäten des Alltagslebens. Das ist der Sinn des vielzitierten Worts vom Christenmenschen, der alles »sub specie aeternitatis« sieht, d. h. unter der Perspektive der Ewigkeit. Wer jedoch die Welt im Lichte dessen betrachtet, was die christliche Lehre über sie offenbart, der muß auch die Beziehungen zwischen den Menschen in diesen allumfassenden Bezugsrahmen stellen. Und dies geht nicht ohne moralische Implikationen ab. Das heißt, wenn ich, um nur die wichtigste dieser unvermeidlichen Implikationen zu nennen, erstaunlicherweise glaube, daß Gott mich liebt, folgt daraus, daß er auch meine Mitmenschen liebt. Die sich zwangsläufig daraus ergebenden moralischen Implikationen für mein Verhalten diesen Mitmenschen gegenüber liegen auf der Hand. Unnötig zu sagen, daß dieser Effekt nicht auf das Christentum beschränkt ist. Wenn ich beispielsweise an die vom *samsara* bestimmte hinduistische Realitätsauffassung glaube, an jenen endlosen Kreislauf von Inkarnationen, dann wird dies unweigerlich auch mein Verständnis vom *dharma* bestimmen, den moralischen Verpflichtungen, die ich in der Gesellschaft habe. Und so weiter. So gesehen sind Religion und Moral tatsächlich miteinander verkoppelt. Doch ist der Weg von hier zu denen, die glauben, es seien die Götter oder ein allen Erdenbewohnern eingeschriebenes Naturgesetz, die den Menschen genau spezifizierte Rechts- und Moralprinzipien direkt vorgegeben hätten, ein ziemlich weiter Weg.

Die Feststellung, auch die divergentesten und oftmals einander diametral entgegengesetzten Imperative« seien christlich begründet und gerechtfertigt worden, ist ein Gemeinplatz. Als konkretes Beispiel für eine solche widersprüchliche Legitimierung mag denn auch ein einziger, allerdings drastischer Fall genügen, der drastischste, den ich aus eigenem Erleben kenne. Es war in den späten fünfziger Jahren, ich hatte soeben meine erste Stelle als Dozent an einer Universität im Süden der USA angetreten, als die Stadt, in der ich lehrte, sich binnen weniger Wochen mit zwei großen Ereignissen konfrontiert sah – einem Besuch von Martin Luther King, der damals gerade seine große Bürgerrechtsbewegung initiierte, und (möglicherweise nicht zufällig) einem Treffen des Ku-Klux-Klan. Das erste Ereignis fand in einer schwarzen Kirche statt, und ich war tief beeindruckt vom religiösen Gepräge des Geschehens. Vor und nach Kings Rede wurden Gebete gesprochen, Bibeltexte vorgelesen und Kirchenlieder gesungen. Bei letzteren handelte es sich vornehmlich um alte protestantische Erweckungschoräle, »Rock of Ages« und »The Old Rugged Cross« eingeschlossen. Der Ku-Klux-Klan traf sich am Stadtrand, und ich begab mich, nicht ohne ein gewisses Angstgefühl, gemeinsam mit einem Kollegen dorthin. Sah man von der absolut widerwärtigen Rhetorik ab, so passierte nichts direkt Furchterregendes. Die Veranstaltung war, ähnlich wie die in der schwarzen Kirche, sogar von einer spezifisch protestantischen kollektiven Heiterkeit geprägt (John Murray Cuddihy sprach treffend von »dem protestantischen Lächeln«). Höhepunkt des Treffens war natürlich des Entzünden des Kreuzes. Mir sträubten sich die Haare, als diese Versammlung ausgerechnet »The Old Rugged Cross« zu singen begann.

Um nicht mißverstanden zu werden, möchte ich hier ausdrücklich feststellen, daß meine Geschichte keinerlei moralische Äquivalenz zwischen den beiden Begebenheiten impliziert. Das christliche Fundament der Bürgerrechtsbewegung steht für mich nach wie vor außer Frage, während ich der Ideologie des Hasses, wie sie vom Ku-Klux-Klan vertreten wird, jede derartige Grundlage abspreche. Aber das ist hier nicht der Punkt. Hier geht es darum, daß die *genau gleichen* Symbole eines altmodischen südlichen Protestantismus dazu benutzt wurden, zwei einander diametral entgegengesetzte politische Programme zu legitimieren. Ganz gewiß kein einmaliger Fall in der christlichen Geschichte. Im Gegenteil, wann immer sogenannte christliche Völker gegeneinander in den Krieg zogen, waren Kirchenfunktionäre zur Stelle, die die Banner der gegnerischen Armeen mit den identischen christlichen Symbolen segneten. Gleiches läßt sich von anderen religiösen Traditionen vermelden. Tatsächlich zeigt sich immer wieder, daß die Anliegen, für die Menschen in den Kampf ziehen, moralisch durchaus nicht alle gleichwertig sind. Sie sind es sogar ganz entschieden nicht. Aber wieder ist das nicht unser Punkt. Was uns interessiert, ist die Tatsache, daß religiöse Legitimationen, die in christliche Begriffe gekleideten eingeschlossen, vorsichtig ausgedrückt außerordentlich elastisch sind. Sie lassen sich mühelos in jede Richtung biegen, um egal welches Programm zu heiligen. Die meisten dieser Legitimationen sind das, was deutsche Philosophen *Leerformeln* genannt haben – »leere Formeln«, so abstrakt, daß sie mit jedem momentan opportunen Inhalt gefüllt werden können. Die Ausnahmen betreffen Fälle, in denen die religiös begründeten Gebote sehr spezifisch sind, wie etwa bei der Kusine fünften Grades, die nicht geehelicht werden darf. Solcherlei Spezifitäten werden von vielen Christen als unsinnige Fundamentalismen betrachtet und schlichtweg abgelehnt, während andere, vor allem in den gebildeten Schichten, immer wieder Wege finden, *diejenigen* Kusinen fünften Grades auszumachen, die man dennoch heiraten kann.

Eine der Strategien, die liberale Protestanten und andere anwandten, um einer Diskussion über die kognitiv peinlichen übernatürlichen Elemente in der christlichen Tradition aus dem Weg zu gehen, war die Konzentration auf den angeblich ethischen Kern ihrer Religion. Mit anderen Worten, sie übersetzten die Theologie in Moral. Ich habe bereits deutlich gemacht, daß ich diese Strategie für selbstzerstörerisch halte, meine allerdings feststellen zu können, daß die Analyse der christlichen Lehre einen solchen ethischen Kern, wenn überhaupt, bisher nur in sehr allgemeiner Weise zutage gefördert hat. Eine Lieblingsbeschäftigung liberaler Theologen im späten neunzehnten und frühen zwanzigsten Jahrhundert bestand, zumindest solange die Gelehrsamkeit der Neutestamentler dem noch keinen Riegel vorgeschoben hatte, darin, die sogenannte »Ethik Jesu« zum Kern des Christentums zu erklären. Die Neigung zum Konsens ist bei Neutestamentlern durchaus nicht größer als bei anderen Intellektuellengruppen, doch kann man sagen, daß zwei Ergebnisse ihrer gemeinsamen Arbeit die Konzentration auf die »Ethik Jesu« nachhaltig erschwert haben. Das eine war die Entdeckung, daß die moralischen Lehren Jesu sehr viel weniger originell waren als zunächst angenommen. Zwar hatte Jesus seine eigene Art, Dinge auszudrücken und moralische Argumente zuzuspitzen, doch lassen sich seine moralischen Einlassungen zum großen Teil auf jüdische Quellen zurückführen. Das andere und vermutlich wichtigere Ergebnis neutestamentarischer Gelehrsamkeit war die Erkenntnis, daß Ethik und Moral für Jesus keineswegs an erster Stelle standen. Seine Botschaft handelte nicht von Moral. Er wollte, wie er selbst immer wieder sagte, die Ankunft des Reiches Gottes ankündigen, eines kataklystischen Ereignisses, das die Welt radikal verändern würde. Sofern dies eine »Ethik« implizierte, handelte es sich um ein Bündel von Leitlinien, die den Menschen helfen sollten, sich auf die angekündigte Umwälzung vorzubereiten und sie in der richtigen Haltung zu erwarten. Ferdinand Mount schreibt in seinem Buch *The Subversive Family* das Christentum sei mit seinen totalitaristischen Ansprüchen immer familienfeindlich gewesen. Die Großartigkeit der Bergpredigt konzedierend, spöttelt er in einer seiner zahlreichen frechen Nebenbemerkungen, sie müsse für Junggesellen verfaßt worden sein, denn ein Mensch mit familiären Pflichten könne sich unmöglich an sie halten. Man mag Mounts These von der familienfeindlichen Tendenz des Christentums anzweifeln, das Junggesellenargument trifft ohne Frage ins Schwarze. Es erweiternd, könnte man sagen: Die Bergpredigt ist ein Richtlinienkatalog für Junggesellen, der ihnen sagt, wie sie die letzte Woche vor dem Ende der Welt verbringen sollen. Das mindert nicht ihre Großartigkeit, nimmt uns jedoch die Möglichkeit, die »Ethik Jesu« heute ins Zentrum des christlichen Glaubens zu stellen.

Nach meinem Dafürhalten stehen christlicher Glaube und Moral in einem mehr indirekten Zusammenhang, der sich, ich wiederhole mich, in erster Linie aus der Abhängigkeit der normativen von den kognitiven Definitionen von Realität erklärt. Was die christliche Urgemeinde erlebte, war ein radikaler Wandel in der

Wahrnehmung der Wirklichkeit. Wenn man den Berichten in den vier Evangelien und der Apostelgeschichte, und sei's nur in Teilen, Glauben schenken darf (und ich glaube, man darf), dann ereignete sich dieser Wandel jäh, sozusagen über Nacht, als eine direkte Folge der Niederlage und der Verzweiflung, die der Tod Jesu bedeutete. Die Geschehnisse von Ostern und Pfingsten, die sich mit den Methoden der historischen Forschung nicht rekonstruieren lassen, müssen diesen Wandel entweder verursacht oder bestätigt haben. Das heißt, die christlichen Glaubensvorstellungen – daß Gott in Christus Mensch geworden und dieser Christus von den Toten auferstanden war – veränderten die Sicht der Gläubigen von der Welt in dramatischer Weise. Gott, der die Welt erschaffen hatte, war in diese Welt gekommen, hatte in ihr gelitten, war in ihr gestorben und hatte für immer über das Leiden, die Sünde und den Tod triumphiert; mehr noch, die Segnungen dieses gewaltigen Erlösungsdramas wurden jedem gläubigen Menschen zuteil. Dies ist eine kognitive Revolution, keine normative. Hier gibt es kein neues Recht, keinen neuen Moralkodex, keine neue Moralphilosophie. Was sich aus diesem kognitiven Wandel indes zwangsläufig ergibt, sind normative Implikationen. Einige waren sofort erkennbar, bei anderen dauerte es lange, bisweilen Jahrhunderte, ehe sie den Menschen voll bewußt wurden. Die wichtigste dieser normativen Implikationen ist, wiewohl sie die verschiedensten Lebenssituationen betrifft, von geradezu erschreckender Einfachheit: Sie besagt, daß, wie Gott mit seinem unermeßlichen Erlösungsakt bewiesen hat, der Wert eines jeden Menschen unermeßlich ist.

Von Friedrich Neumann stammt eine sehr interessante Beobachtung: Wenn wir überlegen, in welcher Weise das Gewissen zu uns spricht, dann sind es zumeist Imperative, die wir vor Augen haben: »tu dies«, »laß das«. Aber das ist eine verzerrte Wahrnehmung, denn das Gewissen spricht nicht im Imperativ, sondern im Indikativ – *es weist auf etwas hin*. Ich meine, daß in dieser Beobachtung eine wichtige Erkenntnis steckt, auch wenn sie das zutiefst rätselhafte Phänomen des Gewissens nicht erschöpfend erklärt. Unser Gefühl, wir sollten dieses tun und jenes lassen, wird ausgelöst durch *Szenen, die in unser Blickfeld geraten* und die diese moralischen Implikationen in sich tragen. Jemand hat einmal gesagt, die Mutter eines neugeborenen Kindes befinde sich in einer moralisch privilegierten Position, weil sie genau wisse, was zu tun Gott ihr aufgegeben habe. Sie weiß es aber nicht, weil Gott ihr konkrete Anweisungen für ein richtiges Verhalten in dieser Situation erteilt hat, etwa in Gestalt irgendwelcher imperativer Normen, sondern weil *das Kind da ist* und mit seinem Dasein nach Schutz, Fürsorge und Liebe verlangt.

Umgekehrt gibt es Szenen, die nach moralischer Mißbilligung und Abhilfe geradezu schreien. Dostojewski schildert eine solche, wenn er uns die absolute Notwendigkeit vor Augen führt, der Peinigung eines Kindes Einhalt zu gebieten. Die Zahl der Beispiele, die wir geben könnten, kennt keine Grenzen, die vielen Szenen menschlicher Grausamkeit, Unterdrückung und Ungerechtigkeit zeugen davon. Unser Gewissen weist uns auf diese Vorgänge hin, macht uns auf sie aufmerksam und fordert uns auf, sie zu mißbilligen, für Abhilfe zu sorgen oder Widerstand zu üben. Nun wissen wir genau (und moderne historische, sozialwissenschaftliche und psychologische Studien liefern reiches Belegmaterial dafür), daß nicht alle Menschen das gleiche Gewissen haben, oder konkreter, daß das Gewissen geprägt ist durch Geschichte, Kultur und die je individuelle Biographie. Mit anderen Worten, worauf uns unser Gewissen hinweist, hängt von unserem Platz in der Welt ab. Ich bezweifle, daß eine Naturrechtstheorie diesem alles beherrschenden Faktum der moralischen Relativität adäquat Rechnung zu tragen vermag. Unzweifelhaft hingegen ist, daß den Religionen im Lauf der Geschichte eine entscheidende Rolle bei der Formung der verschiedenen Gewissensvarianten zugefallen ist. Einfach ausgedrückt, die Situationen, die ein moralisches Urteil herausfordern, sind je nach Weltsicht verschieden. Die christliche Weltsicht hat über viele Jahrhunderte hinweg das Gewissen der Menschen auf Vorgänge aufmerksam gemacht, in denen der unermeßliche Wert von Menschen geleugnet oder mit Füßen getreten wurde. Das christliche Gewissen äußert sich meines Erachtens im wesentlichen mit einer Stimme, die »nein« sagt, oder genauer, die sagt: »Schau dir dieses Geschehen an – so etwas darf nicht sein!«

Von hier bis zur legalistischen Interpretation christlicher Moral ist es ein weiter Weg. Und doch ist es kurioserweise diese indikativische, per Hinweis gewonnene Erkenntnis, die ein Gefühl der absoluten oder zumindest menschenmöglichen Gewißheit entstehen lassen kann. So ist, um zu Dostojewskis Beispiel zurückzukehren, die Gewißheit, daß es unrecht ist, ein Kind zu quälen, eine absolute. Sie bedarf keines intellektuellen Beweises, ja noch nicht einmal eines Glaubensaktes. Sie verlangt nach einer Handlung, die dem, der das Kind peinigt, in seinem schändlichen Tun Einhalt gebietet, und lädt dem, der sich dieser Aufgabe entzieht, eine nicht wiedergutzumachende Schuld auf. Wiederum wissen wir genau, daß nicht alle Menschen so empfanden und empfinden, nicht in der Vergangenheit und leider auch heute nicht. Trotzdem hat die Ausbreitung der christlichen Weltsicht, des christlichen Gottes- und Menschenverständnisses, diese Gewißheit fest installiert. Die christliche Lehre schuf und prägte das Gewissen, welches alsdann darauf bestand, auf Szenen aufmerksam zu machen, die, einmal wahrgenommen, moralisch untragbar wurden. Ist diese Erkenntnis erst einmal da, wird sie ihrerseits zum festen Bestandteil der Weltsicht. Wie augenscheinlich, kann diese Sichtweise von dem religiösen Glauben, der sie zunächst hervorgetrieben hat, abgelöst werden. Alle möglichen Menschen, die keinerlei Bindung ans Christentum haben, teilen heute diese Auffassung, was sie indes nicht zu »anonymen Christen« (im Sinne Karl Rahners) macht. Die Erklärung dieses Faktums ist ebenso einfach wie umfassend: Der christliche Glaube war bei der Entdeckung bestimmter Wahrheiten über das Wesen des Menschen von großem Nutzen, und Wahrheit beglaubigt bzw. legalisiert sich selbst.

Diese Überlegungen führen zu einem etwas überraschenden, wenn auch vorläufigen Schluß: Wiewohl der Pluralismus beide, Religion *und* Moral, in eine Relativierungskrise gestürzt hat, ist es für die meisten Menschen leichter, eine gewisse moralische Gewißheit zu erlangen als eine religiöse. Und doch liegt der Grund dafür auf der Hand. Wenn unser Gewissen uns auf eine bestimmte Szene aufmerksam macht, dann entrollt sich das Geschehen in einer so direkten und empirisch faßbaren Weise vor uns, wie dies im Falle der Transzendenz niemals möglich ist. Der Peiniger und sein Opfer gehören derselben sozialen Realität an. Sie sind entweder physisch anwesend, oder wir kennen sie aus den Medien. In beiden Fällen sind sie, zumindest potentiell, mögliche Adressaten unserer eigenen Handlungen – direkt, wenn sie körperlich anwesend sind, indirekt, falls dem nicht so ist. Dieses empirische Vorhandensein ermöglicht eine Gewißheit, die im Reich der Religion sehr viel schwerer zu erlangen ist. Streng logisch gesprochen können moralisch begründete Postulate (»es ist zutiefst unrecht, ein Kind zu quälen) ebenso einen Glaubensakt erfordern, wie religiöse Vorstellungen dies tun (»Ich glaube an die Menschwerdung Gottes in Jesus Christus«). Wenn wir jedoch vor die Behauptung vom Unrecht der Peinigung die beiden Wörtchen »ich glaube« setzen, dann verfälschen wir das Wesen dieser moralischen Erkenntnis, denn ich *glaube* nicht, daß diese Handlung schändlich ist, ich *weiß* es. Und so bin ich zwar bereit, mir jedes religiöse Theorem respektvoll anzuhören, würde es aber ablehnen, mit Folterknechten oder Verfechtern der Folter in ein höfliches Gespräch einzutreten. Mir scheint, daß die meisten Menschen in unserer pluralistischen Lebenssituation sich dieser Differenz fast instinktiv bewußt sind. Das Publikum wird sich vielleicht amüsiert, aber sicher nicht geschockt zeigen von einem Talkmaster, der sagt: »Mr. Smith, Sie glauben also, daß Kohlköpfe reinkarnierte Menschen sind. Das ist sehr interessant. Können Sie uns mehr darüber sagen?« Ich glaube nicht, daß viele Zuhörer ruhig blieben, wenn derselbe Talkmaster ein Gespräch mit einem Mr. Smith führte, dessen Hobby darin bestünde, Kinder zu quälen. Das abendländische Gewissen ist von solchen Einsichten geprägt. Die Schrecken des Totalitarismus, ihrerseits selbst ein Produkt westlicher Zivilisation, können zwar als Gegenargument ins Feld geführt werden, sind aber als solches nicht überzeugend. So mußten die Nazis (das Gegenargument par excellence) nicht nur einen massiven und anhaltenden Propagandafeldzug führen und die Menschen in Furcht und Schrecken halten, um ihrer barbarischen Moral den Anschein von Akzeptabilität zu verleihen, sie waren daneben auch heftig bestrebt, ihre Grausamkeiten soweit wie möglich vor der Öffentlichkeit geheimzuhalten.

Als Simone Weil im nazibesetzten Frankreich einen Unterschlupf suchte, fand sie einen solchen auf dem Bauernhof von Gustave Thibon, einem offensichtlich ziemlich verschrobenen katholischen Intellektuellen, der dem Landleben zugeneigt war. In der Einleitung zu einer posthum erschienenen Aufsatzsammlung Simone Weils bekennt Thibon, daß er, obwohl kein Antisemit, mit Juden nie zurechtgekommen sei, daß er Menschen, die politisch links standen, nicht leiden mochte und daß er Berufsphilosophen mit besonderem Argwohn betrachtete. Er lernte die etwas ungeschickte junge Frau, die in sein Haus kam mit dem absolut unrealistischen Angebot, hier als Landarbeiterin tätig zu sein, im Laufe der Zeit respektieren; aber das war nicht der Grund, weshalb er sie aufnahm, ohne sie näher zu kennen. Er tat es, weil er es für eine selbstverständliche Pflicht hielt einem Menschen gegenüber, der zu Unrecht verfolgt wurde, und er tat es trotz der Gefahr, in die er sich selbst damit brachte. Es gab viele solche Fälle in Europa in den dunklen Tagen der Naziherrschaft. Und dennoch waren sie leider die raren Ausnahmen in einer generell düsteren Geschichte der kläglichen Vermeidung jedes Engagements, wenn nicht gar der Gleichgültigkeit bin hin zur Kollaboration. Die Ausnahmen sind ermutigend, weil sie von moralischer Gewißheit zeugen auch im Angesicht von selbstverständlichem Übel. Sie machen Mut in einer Zeit, in der der moralische Relativismus täglich wächst. Die Einschätzung, daß die Entwicklung dieses Relativismus in dem halben Jahrhundert, das seit dem Zweiten Weltkrieg vergangen ist, sich stark beschleunigt hat, dürfte völlig korrekt sein.

Es wäre falsch, diese Entwicklung, die eine direkte Auswirkung des Pluralismus auf die Moralsphäre ist, zu bagatellisieren. Sie stellt im Gegenteil ein sehr ernstes Problem dar. Und trotzdem scheint mir, daß der Pluralismus auch hier eine Herausforderung ist und nicht nur eine Heimsuchung. Die Relativierung moralischer Gewißheiten in vielen Lebensbereichen zwingt in derselben Weise zur Reflexion, wie auch der religiöse Pluralismus dies tut. Reflexion kann schmerzhaft sein; sie kann aber auch befreiend wirken. Die pluralistische Situation ermöglicht eine »prise de conscience« (zu deutsch: Bewußtseinsbildung) im Reich der

Moral; wobei zu beachten ist, daß das Wort »conscience« im Französischen sowohl eine normative als auch eine kognitive Konnotation hat.

Wenn wir uns wieder der heutigen christlichen Szene zuwenden, dann sind es zwei moderne Versionen von christlicher Moral, die das Bild bestimmen. Man könnte sie als die legalistische und die utopische Version bezeichnen. Ich halte beide für Mißverständnisse oder auch für falsche Auslegungen, zumindest wenn man vom Neuen Testament ausgeht. Die Paulus-Briefe legen ein ganz anderes Verständnis nahe – ein nichtlegalistisches, ohne relativistisch zu sein, und ein nichtutopisches, ohne die Sorge um das Wohlergehen der Menschen vermissen zu lassen. Es ist ein Verständnis, das auf dem »neuen Sein in Christus« beruht, d. h. auf einer Existenz, die aus dem Wandel in der Wahrnehmung der Realität resultiert, welchen der christliche Glaube bewirkt. Es ist eine unsichere, verwundbare Existenz, gerade weil sie auf dem Glauben beruht. Sowohl der Legalismus als auch der Utopismus sind Versuche, sie durch eine bestimmte Art von Sicherheit zu stabilisieren. Nach Paulus' Verständnis von christlicher Existenz ist dies jedoch eine falsche Sicherheit, in der letztlich nur ein Mangel an Glauben zum Ausdruck kommt.

Die meisten christlichen Orthodoxien tendieren heute zum Legalismus. Bei den Katholiken ist es die Kirchenlehre, an die sie glauben und die sich autoritativ auf alle Bereiche erstreckt, in denen moralische Entscheidungen fallen. Den Protestanten gilt nicht die Kirche, sondern die Bibel als unfehlbare moralische Instanz. Wenn man es schafft, einer der beiden Lehrmeinungen zu folgen, dann ordnen sich die Dinge gleichsam von selbst. Man weiß genau oder meint zumindest genau zu wissen, was man zu tun hat. So scheint, um ein wichtiges Beispiel zu nennen, eine beruhigende Sicherheit in bezug auf die Frage zu herrschen, was sexuell erlaubt ist und was nicht. Die Relativierungsprozesse unseres Zeitalters haben für viel Verwirrung in diesem Bereich gesorgt, zu dem das konkrete Sexualverhalten ebenso gehört wie das, was man heute die »Geschlechtsidentität« nennt – und damit auch die Frage, was es heißt, ein Mann oder eine Frau zu sein, oder wie man sinnvoll mit einer »sexuellen Anlage« umgehen soll, die in keine der beiden Kategorien passen will. Wenn man es schafft, an diese Autoritäten zu glauben, bedeutet dies eine große »Entlastung« (ironisch gesprochen: fast eine »Befreiung«), denn man ist damit in der Lage, das eigene Verhalten so zu organisieren, daß es dem, was die Kirchenlehre oder die Bibel (vermeintlich) sagen, bis ins kleinste Detail entspricht.

In theologisch liberalen Kreisen gilt heute weithin die Auffassung, daß religiöse Institutionen, die versuchen, das Leben ihrer Mitglieder zu reglementieren, ihre Glaubwürdigkeit verlieren bzw. daß die »schwierigen« Kirchen den kürzeren ziehen. Ein Gedanke, der sicher nicht gänzlich falsch ist. So gibt es massive Belege dafür, daß die römisch-katholische Kirche infolge ihrer »schwierigen« Lehrmeinungen in sexuellen Fragen, insbesondere zum Thema Empfängnisverhütung, an Glaubwürdigkeit verloren und einen entsprechenden Mitgliederschwund zu verzeichnen hat. Aufs Ganze gesehen scheint mir jedoch die gegenteilige Auffassung plausibler, wie am Protestantismus deutlich abzulesen ist. Hier nehmen die »schwierigen« Kirchen an Umfang und Lebendigkeit zu, während die »einfachen« in beiderlei Hinsicht Einbußen erleiden. Die Auflösung dieses Rätsels liefert das Herzstück der religiösen Psychologie: Ein Gott, der nichts von mir verlangt, tut vermutlich auch nicht viel für mich. Anders ausgedrückt: Die Plausibilität von Glaubensbestimmungen wächst mit der Größe des Opfers, das ihre Einhaltung dem Gläubigen abverlangt (ein Grund, weshalb beispielsweise Freud darauf beharrte, daß seine Patienten ihm ein Honorar zahlten).

Der Utopismus scheint, zumindest auf den ersten Blick, ein völlig anderes Phänomen zu sein. Hier wird aus der vermeintlichen christlichen Ethik eine Verpflichtung auf ein Weltverbesserungsprogramm, das eine legalistische Reglementierung des persönlichen Verhaltens nicht notwendig einschließt. Dem Prinzip nach kann ein solches Programm jedweden Inhalt haben, einen konkret politischen ebenso wie einen abstrakten, auf einen generellen sozialen Wandel abzielenden. So können wir dem Christentum höchst unterschiedliche Moralforderungen an uns ansinnen: Die

Anzettelung einer Revolution ebenso wie die Unterdrückung einer solchen; die Befreiung des eigenen Volkes von fremder Herrschaft und die Unterjochung eines fremden Volkes. Unsere moralische Aufgabe könnte auch in einer Veränderung der Beziehungen zwischen den Geschlechtern, in der Erhaltung der Natur, in der Beseitigung von ökonomischer und rassischer Ungleichheit oder in der Befreiung der Gesellschaft von Alkohol, Tabak oder Cholesterin bestehen. Welches Ziel die utopische Kampagne auch immer verfolgt, sie vereinfacht die moralische Ökonomie in ungeahnter Weise. Beispiel: Man kämpft für die Revolution oder eine andere Sache und gerät mit moralischen Normen in Konflikt, die damit nichts zu tun haben, wie z. B. dem Gebot, nicht mit den falschen Personen ins Bett zu gehen. Kein gravierendes Problem, denn diese mit dem utopischen Projekt nicht unmittelbar verknüpften Dinge sind per definitionem weniger wichtig, wenn nicht gar Banalitäten. Letztlich wird die Moral durch das bestimmt, was der Sache nützt, d. h. alle Aktivitäten werden am Ende nach ihrer Zweckdienlichkeit beurteilt. Aber auch das bedeutet eine große moralische »Entlastung«, die es dem Einzelnen leichter macht, moralische Entscheidungen zu treffen und in die Tat umzusetzen. Damit *vereinfachen* sowohl der Legalismus als auch der Utopismus das moralische Leben in angenehmster Weise, was denn auch ihre anhaltende Attraktivität erklärt.

Im Prinzip können utopische Programme von links oder von rechts kommen oder auch politisch überhaupt nicht lokalisierbar sein. Aus soziologischen Gründen, die wir hier nicht im einzelnen darlegen können, waren die utopischen Ideen, die sich in der jüngeren christlichen Geschichte als die attraktivsten erwiesen, entweder direkt linken Ursprungs, oder sie gediehen am besten in einem generell linken Milieu. So war die Befreiungstheologie in ihrer ursprünglichen lateinamerikanischen Version der gezielte Versuch, ein marxistisches Verständnis von der heutigen Welt in ein christliches Programm für moralisches Handeln zu integrieren. Zwar waren die letzten Jahre für den Marxismus keine besonders glücklichen Jahre, doch blieb die Linksorientierung in Fragen der Sozialmoral sowohl bei den protestantischen als auch bei den katholischen Intellektuellen samt Kirchenpersonal vorherrschend. Die gleichen »linken« Gefühle kennzeichnen utopische Bewegungen, die ihrer Logik nach gar nicht auf der politischen Linken angesiedelt sein dürften, wie z. B. den radikalen Flügel der Feministinnen, die homosexuelle Befreiungsfront, die Umweltschützer und die schwarzen Nationalisten Amerikas. Ein anderer wichtiger Punkt ist, daß heute natürlich längst nicht alle utopischen Konzepte religiös orientierte oder legitimierte Programme sind. Im Gegenteil, der modernste Utopismus trägt säkularen Charakter (im Falle linker Utopisten geradezu militant säkularen Charakter), und die Christen, die sich einer utopischen Sache verschreiben, haben diese in der Regel nicht selbst erfunden. So ist die von den Befreiungstheologen vorgetragene Weltsicht in toto übernommen aus der betont säkularen, wenn nicht atheistischen Tradition des Marxismus; ihr Zutun bestand darin, daß sie das Engagement an den – der marxistischen Analyse zufolge dringend erforderlichen – politischen Aktivitäten zur moralischen Pflicht erhoben.

Mir scheint indes, daß die christliche Lehre eine Moral enthält, die *weder* legalistisch *noch* utopisch ist. Sie wurde von Paulus in den frühen Tagen des Christentums am besten verstanden und in der Protestantischen Reformation im 16. Jahrhundert, vor allem in ihrer lutherischen Version, machtvoll zurückgewonnen. Ich kann diese Position hier nicht detailliert entfalten, möchte aber sagen, daß nach meinem Verständnis der Legalismus wie der Utopismus dem Christentum viel von seiner weltverändernden Kraft genommen haben. Der Legalismus tat dies, indem er die christliche Religion auf eine weitere Morallehre reduzierte, der Utopismus, indem er sie zu einer weltlichen Kampagne herabminderte, die sich von anderen Kampagnen weniger durch ihren Inhalt unterscheidet als durch die kompromißlose Grimmigkeit ihrer Protagonisten. Merkwürdigerweise *säkularisieren* beide, der Legalismus wie der Utopismus, jeder auf seine Weise das christliche Evangelium, indem sie seine Botschaft von der Transzendenz auf die Verhältnisse im Diesseits transponieren. Ich halte dies für eine grandiose Fehlinterpretation nicht nur des Neuen Testaments, sondern des traditionellen Kerns allen christlichen Lebens und Denkens über Jahrhunderte hinweg. Denn das Reich Gottes, das Jesus in seinem irdischen Leben ankündigte und dessen seine Jünger in den nachösterlichen Ereignissen ansichtig wurden, ist *nicht* von dieser Welt.

Max Weber unterscheidet in seinem berühmten Aufsatz »Politik als Beruf« zwischen einer »Gesinnungsethik« und einer »Verantwortungsethik«. Beide Ethiken liefern Kriterien für die moralische Bewertung von Handlungen, doch sind diese Kriterien grundverschieden voneinander. Eine »Gesinnungsethik« beurteilt den moralischen Rang oder Wert einer Handlung nach der Intention des Akteurs. Eine »Verantwortungsethik« richtet den Blick auf die vermutlichen Folgen der Handlung. Als Beispiel für die erste Variante nennt Weber Tolstoi, einen absoluten Pazifisten, für den Gewaltanwendung grundsätzlich nicht in Frage kam, egal welche Folgen sein Gewaltverzicht möglicherweise zeitigte. Diese Position hat in pazifistischen Kreisen seitdem viele Anhänger gefunden; aber nicht nur hier, denn als ethische Position eignet sie sich auch zur Beurteilung von Handlungen, bei denen keine potentielle Gewaltanwendung im Spiel ist. Als Beleg für die zweite Variante, die »Verantwortungsethik«, verweist Weber auf Machiavelli, der den Staatsmann preist, der sein eigenes Heil für das Wohl seiner Stadt oder seines Staates zu opfern bereit ist. Ein großes Wort! Bescheidener ausgedrückt: Ein Mensch, der nach einer solchen Ethik handelt, stellt das Wohl anderer über seine persönliche moralische Reinheit. Insbesondere im Reich der Politik und des politischen Handelns heißt dies, die Tatsache zu akzeptieren, daß es Situationen gibt, in denen man der eigenen Moral zuwiderhandeln und schmutzige, ja sogar blutige Hände in Kauf nehmen muß. Eine unter Menschen, die aktiv in Politik und Wirtschaft mitmischen, nicht ungewöhnliche Sichtweise. Die Beliebtheit der Romane von John le Carré läßt sich möglicherweise aus seiner steten Wiederholung genau dieser Erkenntnis erklären. Seine melancholischen Geheimagenten, gefangen in der düsteren Gewaltsamkeit von Spionage und verdeckten Operationen, denken unablässig über die Unmöglichkeit nach, sich in dieser Welt die Hände nicht schmutzig zu machen.

Eine streng legalistische Ethik entgeht der Weberschen Dichotomie: Wer ausschließlich dem Diktat des »Gesetzes« folgt (wie immer es lauten mag), braucht weder seine Gefühle noch die Konsequenzen seiner Handlungen als wichtige Kriterien in sein moralisches Kalkül einzubeziehen. In Abwesenheit einer legalistischen Ethik gilt sie jedoch, die Dichotomie Webers. Sie gilt für den Christen, der die Vorstellung ablehnt, die Lehren Jesu oder der Bibel als Ganzer oder auch der Kirche seien ein solches »Gesetz« und damit ein verläßlicher und generell anwendbarer Verhaltenskodex. Welche der beiden ethischen Varianten Webers ist dann aber die plausiblere? Ich möchte ohne jede Einschränkung behaupten, es ist die zweite, die »Verantwortungsethik«. Am Tag des Jüngsten Gerichts, so dürfen wir annehmen, werden unsere Gefühle, Motivationen und Intentionen zwar ganz sicher in Rechnung gestellt werden. Bis dahin jedoch sind sie in dieser Welt, wenn überhaupt, nur von geringem moralischem Interesse. Die christliche Lehre sieht vor, daß wir uns in erster Linie und vorrangig um unseren Nächsten kümmern und *nicht* um unsere persönliche Reinheit. Mehr noch, Sorge um die eigene weiße Weste ist eine moralisch beklagenswerte Form von Eigenliebe, vor allem dann, wenn sie mit einer Geringschätzung der Folgen unserer angeblich so reinen Handlungen einhergeht.

In den letzten Jahren hat die erwähnte Dichotomie eine große Rolle gespielt in der Debatte über den Stellenwert der Menschenrechte in der amerikanischen Außenpolitik. Die gleiche Diskussion hat zwar auch in anderen Demokratien stattgefunden, sie wird aber in den Vereinigten Staaten mit besonderer Heftigkeit geführt. Der Grund: die spezielle amerikanische Tradition des Utopismus, die auf die Doppelquelle des amerikanischen politischen Ethos, den Puritanismus einerseits und die Aufklärung andererseits, zurückgeht. Unser vorhin angesprochenes Beispiel der Folter ist auch hier erhellend. Leider gibt es weltweit eine ganze Anzahl von Ländern, deren Regierungen von der Folter als einem Mittel des politischen Zwangs routinemäßig Gebrauch machen. Eine Gegenposition lautet, die angemessene Reaktion solchen Regimen gegenüber sei die öffentliche Verurteilung in Kombination mit Pressionen, die vom Wirtschaftsboykott bis zur militärischen Intervention reichen könnten. Eine andere Position besagt, zwar dürfe, wenn die amerikanischen Machtinteressen es erforderten, keine dieser Repressalien prinzipiell ausgeschlossen werden, doch müßten bei allen entsprechenden Überlegungen stets die reellen Erfolgschancen der geplanten Handlungen im Vordergrund stehen, vor allem die Chancen, das Verhalten dieser Regierungen wirklich beeinflussen und ihren Opfern wirklich helfen zu können. In diesem Fall könne die einzuschlagende Strategie durchaus in einem Verzicht auf eine öffentliche Verurteilung bestehen, das Ganze in dem Bestreben, mittels Geheimdiplomatie oder anderer nicht direkt sichtbarer Mittel eine Veränderung zu bewirken. Ein wichtiger Punkt: Diese Strategie wird immer eine Wahrscheinlichkeitsrechnung hinsichtlich der möglichen Konsequenzen erfordern, selbst wenn alle Beteiligten genau wissen, daß es sehr schwer ist, ein solches Kalkül anzustellen. In einer Reihe von Fällen (Iran und Nicaragua sind prominente Beispiele) hat eine Menschenrechtspolitik, die auf Gefühlen basierte anstelle von Kalkülen hinsichtlich der zu erwartenden Folgen, zwar den Sturz eines abscheulichen Regimes herbeigeführt, doch folgte sofort ein noch abscheulicheres nach.

Man kann eine »Verantwortungsethik« selbst dann praktizieren, wenn man überzeugt ist, daß die Folter ein absolutes Übel darstellt. Ein Christ kann sich dazu berufen fühlen, im Sinne seiner Lehre gegen solche Übeltaten, die für ihn ja auch Gottlosigkeiten sind, aufzustehen als ein Zeuge, der *gegen sie aussagt*, der aber nicht über praktische Fragen ihrer Verhinderung und deren Folgen nachdenkt. Mit anderen Worten, es kann eine authentisch christliche Entscheidung sein, sich wie Tolstoi zu verhalten. In der christlichen Geschichte war diese Entscheidung, die richtiger »Berufung« hieße, sehr oft eine Entscheidung für ein Leben im Kloster. Daß diese Option im Protestantismus entfiel, halte ich für ein bedauerliches Resultat der Reformation. Doch fühlen sich die meisten von uns nicht zu einem klösterlichen, weltabgewandten Leben berufen. Vor allem dann, wenn wir aufgerufen sind, politisch zu handeln (und das gilt in einer Demokratie praktisch für jeden Bürger), ist die Tolstoische Option nicht nur nicht praktikabel, sie kann sogar großen Schaden verursachen. Das Reich Gottes ist nicht von dieser Welt; umgekehrt ist diese Welt aber auch noch nicht das Reich Gottes. Es ist sogar eine sehr schmutzige Welt. Und doch ist sie es, in der wir agieren müssen. Wir können gar nicht anders, als uns die Hände schmutzig zu machen.

Das klassische protestantische Verständnis dieser Probleme war entschieden nichtutopisch. Dabei dürfte Luthers Position nicht nur die klarste im protestantischen Lager gewesen sein, sondern zugleich auch die der Paulinischen Sichtweise von einem christlichen Leben am direktesten verhaftete. Innerhalb der lutherischen Theologie schlägt sie sich nieder in der Doktrin von den beiden Reichen, welche ihrerseits in der Lehre von der Rechtfertigung durch den Glauben und nur durch den Glauben wurzelt. Das Reich der Gnade gehört noch der Zukunft an, auch wenn es sich in der Christengemeinde, die sich ums Evangelium geschart hat, bereits erahnen läßt. In der irdischen Welt können wir bestenfalls das Reich der Gerechtigkeit erstreben – einer Gerechtigkeit, die im Diesseits immer unvollkommen und relativ sein wird, befleckt durch menschliche Sünde und Torheit. Auch unsere Taten und Werke in dieser Welt entschuldigen und rechtfertigen uns nicht. Gerechtfertigt allein durch den Glauben, bleiben wir dennoch Sünder. Das heißt, der Christenmensch ist immer beides zugleich, gerecht und sündig, *simul iustus et peccator*. Es liegt eine große Befreiung in diesem Moralverständnis, denn es enthebt uns sowohl unserer legalistischen Angst als auch der ichzentrierten Sorge um unsere persönliche moralische Reinheit. Es gibt uns die Freiheit, unser Bestes zu tun in einer unvollkommenen Welt und auf die Vergebung Gottes zu hoffen, wenn wir, fast zwangsläufig, mit unseren gutgemeinten Projekten scheitern. Das Kriterium des Bestmöglichen ist unsere größte Chance, die Gesamtmenge der Ungerechtigkeit in der Welt zu verringern; mit anderen Worten, das Kriterium muß immer lauten: Was nützen unsere Taten den anderen und nicht etwa uns selbst.

Nichts von dem hier Gesagten bringt die Krise, die der moralische Pluralismus heraufbeschworen hat, zum Verschwinden. Was für die religiöse Gewißheit gilt, gilt auch für die moralische: Beide Gewißheiten sind in unserem pluralistischen Zeitalter schwer zu erlangen. Was mir als klare und eindeutige Ungerechtigkeit erscheint, kann von anderen, mir im Alltag durchaus eng verbundenen Personen völlig anders gesehen werden – ein Umstand, der meine eigene Wahrnehmung unausweichlich unter eine Art Erkenntniszwang setzt. In der Diskussion über die religiöse Erfahrung legte ich den Akzent auf das Element des Vertrauens – gemeint war Vertrauen in die eigene Erfahrung. Das gleiche gilt für meine moralische Erfahrung – für jene klaren, normalerweise negativen Wahrnehmungen, auf die mein Gewissen mich aufmerksam macht. Die Wahrnehmung der Folter als einem absoluten Übel mag hier als paradigmatische moralische Erfahrung dienen. Ich vertraue auf diese Erfahrung. Da ich ein soziales Wesen bin, könnte mein Vertrauen allerdings ins Wanken geraten, wenn ich mit Menschen zusammenlebe, die dies anders sehen. Was ich in diesem Fall tun muß? Ich muß die vorhin erwähnte »*prise de conscience*« vornehmen, um mich an das zu erinnern, was ich weiß; und ich muß glauben, daß das, was ich weiß, die Wahrheit ist. Dies ist keine Formel für Immunität gegen die Korrosionseffekte der Relativität. Wenn die Relativität ein stürmisches Meer von Ungewißheiten ist, dann läßt der Glaube die Wassermassen nicht auf magische Weise zurückweichen, so daß wir trockenen Fußes ans andere Ufer gelangen können. Er gibt uns nur den Mut, auf unserem kleinen Boot Segel zu setzen in der Hoffnung, daß wir, statt zu ertrinken, durch die Gnade Gottes jenes andere Ufer erreichen.

EPILOG:

DIE LAST DES SCHWEIGENS

Am Ende seines berühmten Aufsatzes über »Wissenschaft als Beruf« läßt Max Weber einige gönnerhafte Bemerkungen über diejenigen fallen, die reumütig »in die weit und erbarmend geöffneten Arme der alten Kirchen« zurückkehren, und er bekräftigt seine eigene Entschlossenheit, der Entzauberung der Welt ohne Ausflüchte ins Auge zu sehen und »der Forderung des Tages gerecht (zu) werden«. Der große deutsche Soziologe bezeichnete sich selbst einmal als »religiös unmusikalisch«. Das klingt fast unglaubwürdig bei einem Mann, der einen so großen Teil seiner wissenschaftlichen Arbeit auf die sorgfältige und äußerst einfühlsame Untersuchung des religiösen Ausdrucks der Menschen verwandt hat. Doch wie immer dem sei, hier verwirft er die, wie ihm deucht, billigen Tröstungen der Religion zugunsten »einer schlichten intellektuellen Rechtschaffenheit« und der Bereitschaft, die Herausforderung eines Zeitalters ohne Propheten anzunehmen. Und trotzdem anerkennt er, sozusagen subkutan, das Faktum einer gewissen Sehnsucht nach autoritativen Wahrheitsverkündern, wie sein kurioses Zitat einer Passage aus dem 21. Buch des Jesaja belegt, einer Passage, die er (vermutlich zutreffend) als ein altes edomitisches Wächterlied kennzeichnet, das irgendwie Eingang in die Heiligen Schriften der Juden gefunden hat. Es ist eine kurze, aber seltsam eindrucksvolle Textpassage:

> »*Es kommt ein Ruf aus Séîr in Edom: Wächter,*
> *wie lang noch die Nacht? Der Wächter spricht:*
> *Es kommt der Morgen, aber noch ist es Nacht.*
> *Wenn ihr fragen wollt, kommt ein ander Mal wieder.*«
> (zitiert nach Max Weber)

Ein dunkler Text, der einen verwundert fragen läßt, warum Weber ihn in seiner wichtigsten Abhandlung über die Rolle des Wissenschaftlers in der modernen Welt zitiert. In der Bibel steht er in einer Sammlung von Orakelsprüchen, von Weissagungen, gemünzt auf verschiedene Völker im alten Vorderen Orient. In der überarbeiteten Standardversion der Bibel trägt die Textpassage die gewiß nicht falsche Überschrift »Weissagung gegen ....« Die wörtliche Übersetzung des hebräischen Überschriftstextes hieße »die Last über Duma«. Auch wenn es sicher zutrifft, daß mit »Last« hier das Gewicht einer Weissagung gemeint ist, die sich gegen dieses oder jenes Ziel des Zornes Gottes richtet, halte ich in diesem Fall die ältere, wörtliche Übersetzung doch für die wesentlich bessere. »Die Last über Duma«: Worin besteht sie? Wer trug sie? Ist es eine Last, die auch wir zu tragen haben?

Das Buch *Jesaja* gleicht mehr einer Büchersammlung als einem einzelnen Buch. Dominiert von zwei gigantischen Figuren, dem *Ersten Jesaja* und dem sehr viel späteren *Deutero-Jesaja*, sind auch eine Reihe anderer Texte in das Buch mit dem erhabensten Namen in der israelitischen Prophetie eingegangen (sich hinter großen Namen zu verstecken, war eine gängige Praxis unter den Schriftgelehrten in der Antike). Doch wie dunkel der uns vorliegende Text auch sein mag, eins ist klar, er stammt von keinem der beiden mächtigen Jesajas. Geschrieben in einer Mischung aus Hebräisch und Aramäisch, die auf ein späteres Datum hindeutet, dürfte er im 5. oder 4. Jahrhundert vor Christi Geburt entstanden sein (Weber ortete seine Entstehung in der Zeit des babylonischen Exils und damit ganz sicher zu früh). Séîr (synonym gebraucht mit Edom) ist ein den Edomitern gehörender hügeliger Landstrich südöstlich des Toten Meeres. Das von Weber zitierte Lied oder Gedicht könnte angesichts dieser Geographie durchaus edomitischen Ursprungs sein. (Weber war selbst dieser Meinung.) Auch spricht einiges dafür, daß der Text tatsächlich einem Wächterlied entstammt. Was man auf den ersten Blick wahrnimmt, ist ein Gespräch zwischen einem Wächter und dem Erzähler, der begierig darauf wartet, daß der Morgen heraufzieht.

Wir wissen, wo Séîr bzw. Edom lagen. Beide werden des öfteren, je für sich oder synonym, im Alten Testament erwähnt. Josua zufolge hatte Gott dieses Land Esau, dem Bruder des Erzvaters Jacob gegeben (vielleicht, so könnte man vermuten, als Ausgleich für das väterliche Erbteil, um das Jacob seinen Bruder betrogen hatte). Wir wissen aber nicht, wo Duma lag oder ob es überhaupt ein geographischer Ort war. Ich erhebe keinerlei Anspruch darauf, Bibelkenner zu sein, möchte aber eine Vermutung wagen. Die wörtliche Bedeutung von Duma ist »Schweigen«. Wenn wir einmal annehmen, daß es sich bei Duma *nicht* um einen geographischen Ort handelte, dann könnte die Überschrift der Passage in wörtlicher Übersetzung »die Last des Schweigens« lauten. Verfahren wir so, dann bekommt der Text plötzlich sehr viel Sinn. Und wir können auch verstehen, warum Weber so fasziniert war von ihm.

Dieser Sinn erschließt sich, wenn wir eine andere bekannte Bibelstelle heranziehen, in der ebenfalls von Séîr die Rede ist. Da sie dem *Pentateuch*, d. h. den 5 Büchern *Moses* entstammt, wäre sie sicher jedem, der dieses kleine Liedchen ins Buch *Jesaja* hätte einschmuggeln wollen, geläufig gewesen. Die Stelle ist Teil des Segens, den Mose kurz vor seinem Tod den Kindern Israels spendet, wie wir im 33. Kapitel des *Deuteronomiums*, also des 5. Buches *Mose*, nachlesen können:

> *Der Herr ist von Sinai gekommen*
> *und ist ihnen aufgegangen von Séîr,*
> *er ist hervorgebrochen von dem Berge Pharan*
> *und ist gekommen mit viel tausend Heiligen;*
> *zu seiner rechten Hand ist ein feuriges Gesetz an sie.*

Mose erinnert hier Israel an die großen Werke Gottes, der die Juden aus Ägypten herausgeführt, ihnen auf dem Berg Sinai ein Gesetz gegeben und sie ins gelobte Land geleitet hat. Diese Passage, die den Anfang eines langen Kapitels bildet, in dem jeder Stamm gesondert gesegnet wird, spricht von einer oder mehreren machtvollen Erscheinungen Jahwes. Nach Sinai, dem Höhepunkt der Offenbarung, die Israel durch Mose zuteil wurde, soll Jahwe zu den Hügeln von Séîr »aufgegangen« sein. Welcher Gegensatz zu der Erwähnung von Séîr im Buch *Jesaja!* Im *Deuteronomium* erscheint Séîr im Kontext einer überwältigenden Anwesenheit Gottes, »zu seiner rechten Hand ein feuriges Gesetz«. Bei Jesaja spricht derjenige, dessen Ruf aus Séîr erschallt, weder von einem feurigen Gesetz noch von viel tausend Heiligen, geschweige denn von Gott selbst. Von nichts erfahren wir als von der besorgten Frage an einen Wächter nach dem Anbruch des Tages. Man ist fast versucht zu sagen, Séîr habe zwischen diesen beiden Texten eine Säkularisierung erlebt, aus einem Ort der Offenbarung Gottes sei ein Ort geworden, an dem die Menschen im Finstern säßen und warteten. Der Glanz und die Herrlichkeit eines sich offenbarenden Gottes scheint in weite Ferne gerückt.

»Die Last des Schweigens«: Ist zuviel Phantasie im Spiel, wenn man sagt, diese Last sei die Stille, die Séîr überkommen hat, nachdem Gott fortgegangen ist? Es ist das Schweigen, das eintritt, wenn Gott nicht mehr spricht. *Das* ist die Last. Wie entsetzlich sie ist, diese Last, hat Israel unzählige Male in seiner Geschichte erfahren müssen! Aber Phantasie hin, Phantasie her. Die Realität hat uns schnell wieder, wenn wir bedenken, daß, egal welches Datum zwischen dem 6. und 4. Jahrhundert wir als Entstehungsdatum des Textes ausmachen, es nur ganz wenige und relativ kurze Perioden gegeben haben dürfte, in denen jüdische Menschen sich nicht verzweifelt wünschten, Gott möge sein Schweigen brechen. Gleiches gilt wohl für die gesamte jüdische Geschichte seit damals bis in unser Jahrhundert hinein, dessen Greuel noch frisch sind. »Wie lang noch die Nacht?« wird der Wächter gefragt. Es könnte eine Frage nach der Uhrzeit sein. Doch scheint das Bedürfnis zu wissen, wie spät es ist, kein unbestimmtes, formelles Bedürfnis zu sein. Die Frage wird vielmehr drängend gestellt (im Urtext wird sie mehrfach wiederholt), weil der Fragende den Morgen voller Ungeduld erwartet. In der von mir hier gewagten Interpretation ist auch klar, um welchen Morgen es sich handelt: um den Morgen, an dem Gott in seiner ganzen Herrlichkeit über den Hügeln jener kahlen Landschaft wiedererscheint. Wann endlich wird dieser Morgen kommen? Das Pathos des kleinen Dialogs rührt von der schlichten Antwort des Wächters her: Er weiß es nicht.

Zwischen uns und der Zeit, da dieses Lied spätestens geschrieben oder in die Schriften der jüdischen Propheten aufgenommen wurde, liegen viele Jahrhunderte. Wenn wir es jedoch so verstehen, wie ich es soeben interpretiert habe, dann gewinnt es plötzlich auch für uns Bedeutung. Ganz ohne Zweifel unterscheidet sich unsere Situation nachhaltig von der des jüdischen Volkes in der Zeit zwischen dem Babylonischen Exil und der Geburt Jesu. Die pluralistische Dynamik, die wir in diesem Buch ausführlich erörtert haben, verdeutlicht ganz von allein, wie groß dieser Unterschied ist. Doch warten auch wir im Finstern auf den Anbruch des Tages, an dem Gott kommt.

Wächter treten im Alten Testament des öfteren in Erscheinung, sowohl leibhaftig als auch metaphorisch. An einer anderen Stelle des Buches *Jesaja*, nämlich im 52. Kapitel, welches der mächtigen Stimme des Deutero-Jesaja um die Mitte des 6. Jahrhunderts zuzuschreiben sein dürfte, als der größte Teil Israels sich im Babylonischen Exil befand, sind es wiederum Wächter, denen es zufällt, die Wiederkehr Gottes in seiner ganzen Herrlichkeit zu verkünden:

Wie lieblich sind auf den Bergen
die Füße der Boten, die da Frieden verkündigen,
Gutes predigen, Heil verkündigen,
die da sagen zu Zion: Dein Gott ist König!

Deine Wächter rufen laut mit ihrer Stimme
und rühmen miteinander;
denn man wird's mit Augen sehen,
wenn der Herr Zion bekehrt.

Auch wir haben heute unsere »Wächter«. Einige von ihnen tun so, als wüßten sie, wie lange die Nacht noch dauert, wann der von uns ersehnte Morgen heraufzieht; doch zeigt sich immer wieder, daß sie es nicht wissen, daß sie falsche Auskünfte geben. Andere versuchen – noch schlimmer – uns einzureden, daß es nichts gäbe, auf das wir warten könnten, daß die Nacht, die uns umfängt, alles sei und der Morgen Gottes niemals kommen werde. Wir haben aber auch ehrliche Wächter, wie derjenige einer war, der im alten Séîr seine Runden drehte, Wächter, die uns sagen, daß sie nicht wissen, wie lange die Nacht noch dauert. Eine Antwort, die heute so entmutigend ist, wie sie es seinerzeit war. Und doch endet unser kleines Wächterlied mit einem Hoffnungsschimmer: »Wenn ihr fragen wollt, kommt ein ander Mal wieder«, denn der Morgen *wird* kommen. Die Last des göttlichen Schweigens wird von uns genommen werden, denn Gott wird wiederkehren in seiner ganzen Herrlichkeit in der Morgendämmerung, »zu seiner rechten Hand ein feuriges Gesetz«.

DANKSAGUNG

Die Theologie gleicht, zumindest in meinen Augen, einer Krankheit, die, über Jahre hinweg latent bleibend, in mehr oder minder regelmäßigen Abständen immer wieder neu ausbricht. Dieses Buch führt Themen fort, mit denen ich mich bereits in *A Rumour of Angels* (1969) und in *The Heretical Imperative* (1979) beschäftigt habe. Der Leser mag selbst entscheiden, ob in dem, was ich diesmal zu sagen habe, irgendwelche interessanten Neuigkeiten stecken.

Den unmittelbaren Anstoß zur vorliegenden Schrift gab eine Einladung der Harvard University, die William Belden Noble Lectures im Studienjahr 1991/92 abzuhalten. Kapitel 4, 5 und 6 enthalten die Texte dieser Vorlesungen. Als ich sie, die zugleich das Herzstück meiner Argumentation sind, nach getaner Arbeit in Harvard überlas, beschloß ich, den Rest des Buches sozusagen um sie herum zu schreiben. Ich danke Peter Gomes, Pfarrer an der Memorial Church in Harvard, der Einladung aussprach. Daß ihn keine Schuld trifft an den zweifelhaften literarischen Folgen seiner noblen Geste, brauche ich nicht zu betonen.

Zwei Kapitel gehen auf zwei – in ihrer Form kaum veränderte – bereits früher publizierte Artikel zurück. Der Prolog erschien unter dem Titel »Worldly Wisdom, Christian Foolishness« in: *First Things*, August-September 1990, und der Exkurs ist die Übernahme eines Aufsatzes aus Band 51 der *Partisan Review*, den ich im Jahr 1984 zum fünfzigjährigen Bestehen der Zeitschrift beisteuerte.* Für die freundliche Genehmigung seines Wiederabdrucks an dieser Stelle bedanke ich mich in aller Form.

Auch dieses Buch wäre, wie alles, was ich in den vergangenen drei Jahrzehnten geschrieben habe, nicht zustande gekommen ohne die ebenso konstruktive wie kritische Unterstützung von Brigitte Berger.

---

* In deutscher Übersetzung (in geringfügig ausführlicherer Fassung) zuerst publiziert in *Zeitschrift für Soziologie*, Jg. 17, H. 2, April 1988, S. 132–142. Dieser Exkurs wurde in das vorliegende Buch in der Übersetzung von Herbert Knoblauch, Ska Wiltschek und Jörg R. Bergmann übernommen.